Eleven

ONCE AÑOS DE REFLEXIONES SOBRE PERSONAS Y
MANAGEMENT CONTADOS EN 150 ENTRADAS DE BLOG

RAÚL CASTRO

Prólogo de Pablo Herrero

BOOKS

© Edición: Morlis Books®
© Diseño de portada: Morlis Books®
© Diseño de interiores: Morlis Books®

© Autor: Raúl Castro Rodríguez
Primera edición (2019).

© *Eleven* es una publicación escrita por Raúl Castro Rodríguez y editada por Morlis Editores, S.C., Campo Real 1606, Plaza Pabellón interior 18, El Refugio, Querétaro, Querétaro. 76146.
www.morlisbooks.com

No se permite la reproducción total o parcial de esta obra ni su incorporación a un sistema informático ni su transmisión en cualquier forma o por cualquier medio (electrónico, mecánico, fotocopia, grabación u otros) sin autorización previa y por escrito del autor. La información, la opinión, el análisis y el contenido de esta publicación es responsabilidad de los autores que la firman y no necesariamente representan el punto de vista de la casa editorial.

ÍNDICE

AGRADECIMIENTOS		9
PRÓLOGO		11
INTRODUCCIÓN		15
2008		19
16/12/08	POST O PRESENTACIÓN	20
16/12/08	LAS PERSONAS	21
16/12/08	CAMBIANDO HÁBITOS	23
21/12/08	EL EQUIPO	26
2009		29
30/01/09	RAYAR LA CANCHA	30
03/02/09	CONFIANZA	32
07/02/09	SALTARSE LAS REGLAS	35
14/02/09	LOS CAMBIOS	38
17/02/09	SÍ, SÍ, PERO NO APARCA…	40
19/02/09	ATACAR VS. DEFENDER-SE	42
24/02/09	LIDERAR CON EL EJEMPLO	45
18/03/09	CAMINANDO	47
04/04/09	OBAMA, SU CUÑADO, LA RANA Y EL ESCORPIÓN	50
14/04/09	LEVANTARSE	52
18/04/09	YO SOY UN VENDEDOR	53
10/05/09	IR "PÁ NÁ"… ES INTENTARLO	56
27/06/09	BREVE PARÉNTESIS	57
15/07/09	DE REGRESO	60
12/09/09	ACTITUD, RIGOR Y DISCIPLINA	62
16/09/09	THE BETARI BOX	65
17/09/09	IMPOSSIBLE IS NOTHING	66
07/11/09	LOS BENEFICIOS DEL COACHING	68
27/11/09	DAR Y RECIBIR	70
02/12/09	DAR EL PASO	73

2010 — 75

Fecha	Título	Pág.
02/03/10	Y AHORA, ¿QUÉ VAIS A HACER?	76
17/03/10	FORMATEAR LA UNIDAD	78
19/04/10	SOBRE VALORES Y ENTRENAMIENTO	81
21/05/10	DE LA SUERTE Y EL TRABAJO BIEN HECHO	83
27/05/10	LOS SUEÑOS... Y LOS REGALOS	85
03/07/10	CAMBIAR DUELE	86
26/08/10	¡SI QUIERE USTED TRIUNFAR, SEA UN BORDE!	89
01/09/10	GESTIONAR BIEN LA DIVERSIDAD PARA LEVANTARSE	91
08/09/10	UN LÍDER EXCELENTE	92
19/09/10	FLUIR	93
04/10/10	DE LAS PALABRAS A LOS HECHOS Y LOS YSI	95
24/10/10	ESTAR O NO A LA ALTURA	97
08/11/10	LA SUERTE	99
14/11/10	ESTÁS DESPEDIDO	101
20/11/10	10.000	102
06/12/10	LA FIDELIDAD DE LOS EMPLEADOS	103
30/12/10	LAS PERSONAS, LOS SUEÑOS Y EL ESPERANZADOR FUTURO	105

2011 — 108

Fecha	Título	Pág.
16/01/11	LOS EMPRENDEDORES	109
29/01/11	DESARROLLAR EL TALENTO DE NUESTRA GENTE	110
13/02/11	LA LEALTAD DE LAS PERSONAS	112
23/03/11	TIEMPOS DIVERTIDOS. FECHAS SEÑALADAS	114
30/04/11	UNIDAD CONFORTABLE	116
23/07/11	LA PUERTA ABIERTA	118
26/08/11	CATALIZADORES DEL CAMBIO	120
05/09/11	HACER QUE LAS COSAS PASEN	123
24/09/11	HONESTIDAD Y HUMANIDAD	126
13/10/11	ESFORZARSE Y DISFRUTAR	128
01/11/11	EXISTO, LUEGO TRABAJO	131
21/11/11	¿ES IMPORTANTE CUIDAR EL CÓMO?	133
27/12/11	UN AÑO, UNA EXPERIENCIA IMPAGABLE	135

2012 — 139

28/01/12	DE LOS CAMBIOS Y LAS OPORTUNIDADES	140
12/02/12	DEL MIEDO A PERDER…	142
08/03/12	DE ACERTAR O APRENDER	145
08/04/12	DE LAS NUEVAS OPORTUNIDADES QUE TE DA LA VIDA	147
15/04/12	¿QUIÉNES SOMOS, DE DÓNDE VENIMOS, A DÓNDE VAMOS?	150
03/05/12	ENTRE HACER Y NO HACER	152
15/05/12	DE QUE DES LA MANO Y TE COJAN EL PIE	155
05/06/12	DE LA GENTE INGENIOSA QUE SE "GANA" LA VIDA	157
17/06/12	NEGOCIANDO EL FUTURO	160
08/07/12	DE LAS MUSAS AL TEATRO	162
07/08/12	EL SECRETO DE LOS BUEYES	164
13/09/12	¿SIRVE DE ALGO LA EXPERIENCIA O EN ESTOS TIEMPOS YA NO?	167
01/10/12	EL FUTURO YA ESTÁ AQUÍ	170
08/10/12	¿QUÉ QUIERES SER DE MAYOR? ¿CUCARACHA, ZORRA O ERIZO?	172
27/10/12	SUPERMAN SE PONE POR SU CUENTA	174
06/11/12	¿ES LA VIDA CUESTIÓN DE SUERTE?	177
01/12/12	¿ES LA CREATIVIDAD LA CLAVE PARA SALIR DE ESTA SITUACIÓN?	179
15/12/12	¿TRABAJOS O EMPLEOS? ¿QUÉ ES LO QUE FALTA?	181
31/12/12	OTRO AÑO QUE SE VA, NUEVOS RETOS QUE LLEGAN	183

2013 — 186

20/01/13	IBERIA, VODAFONE, TELEMADRID: EL CARTERO SÓLO LLAMA DOS VECES	187
27/02/13	DEL "KNOW HOW" AL "KNOW WHO"	189
15/04/13	¿PROCRASTINAS?	191
13/05/13	DESDE LA OTRA ORILLA	193
31/05/13	SUPER MARIO Y LAS DECISIONES	196
15/06/13	CINCO PRINCIPIOS IRRENUNCIABLES PARA UN DIRECTIVO	198
28/10/13	LA NUEVA EMPLEABILIDAD DEL SIGLO XXI	201
30/11/13	¿ES USTED OBJETIVISTA O RELATIVISTA?	203

2014 — 206

08/01/14	SOBRE PLANES, APRENDIZAJES Y DESEOS	207
14/01/14	LA MILLA EXTRA	208
02/02/14	APRENDIENDO A DESAPRENDER	210
26/02/14	EMPRENDER CON LOS DEDOS DE UNA MANO	211
04/04/14	TODO SUMA	213
15/06/14	EL GRAN PARQUE DE ATRACCIONES QUE ES EL MUNDO	215
07/07/14	TIEMPOS DE CAMBIO	216
31/08/14	¿APORTAS UNA SOLUCIÓN O SÓLO FORMAS PARTE DEL PROBLEMA?	218
28/09/14	CARTA A GARCÍA	220
09/11/14	¿CON TUS GAFAS O CON LAS MÍAS?	222
15/12/14	ESTO TAMBIÉN PASARÁ	225

2015 — 228

03/01/15	CREAS U OBEDECES	229
02/02/15	ME EQUIVOQUÉ	231
02/04/15	INNOVACIÓN Y EMPRENDIMIENTO: ¿UN MATRIMONIO OBLIGADO?	233
27/04/15	¿QUIERES SABER CÓMO SOY? INVÍTAME A JUGAR	235
01/06/15	GESTIONANDO LA DIVERSIDAD	237
24/06/15	CARRERAS PROFESIONALES ¿CONVENCIONALES?	241
09/07/15	¿PARA QUÉ SIRVEN LAS REDES PROFESIONALES?	243
09/08/15	TODO ESTÁ EN NUESTRO CEREBRO	245
09/09/15	¿CONOCIMIENTOS? ¿HABILIDADES?	247
18/10/15	ME HAN DESPEDIDO ¿ME ECHO A LLORAR O ME ALEGRO?	250
02/11/15	¿CREES QUE PODRÍAS TRABAJAR SIN JEFE?	252
05/12/15	¡A SUS PUESTOS!	254
30/12/15	¿VIVES COMO PIENSAS?	256

2016 — 259

19/01/16	¿REPROCHAS O DAS FEEDBACK?	260
19/02/16	¿CONDUCES MIRANDO AL RETROVISOR?	262
26/03/16	MILLENNIALS	263
26/04/16	NEVER STOP EXPLORING	265

Fecha	Título	Página
09/06/16	CUANDO LAS EMPRESAS ESCUCHAN…	267
27/06/16	NUNCA TOMES CAFÉ SÓLO	269
06/07/16	PILLA A TU GENTE HACIENDO COSAS BIEN	271
08/08/16	EL ENTRENAMIENTO EN LAS EMPRESAS	273
22/08/16	COMIENZA LA TEMPORADA	275
25/09/16	NO DESMOTIVES A TU EQUIPO	276
17/10/16	¿TE PARECE IMPORTANTE HACER UNA BUENA SELECCIÓN "DPERSONAS"?	279
06/11/16	LIDERAZGO CONTROLADOR	282

2017 — 285

Fecha	Título	Página
02/01/17	LA GERENTE QUE CAMBIÓ LAS UVAS POR POST-IT	286
16/01/17	EL DIRECTIVO QUE SE CREÍA IMPRESCINDIBLE	289
01/02/17	CUANDO TRABAJAS CON EGOÍSTAS	291
26/02/17	SOBRE NUEVAS FORMAS DE TRABAJAR	293
11/03/17	INSPIRAR PARA CONSEGUIR RESULTADOS EXCELENTES	295
30/04/17	SACRIFICARSE TE DA LIBERTAD	297
09/06/17	LIDERAR SONRIENDO	298
19/07/17	LOS MOMENTOS DE LA VERDAD	300
11/04/17	APRENDER, RECORDAR Y PASAR PÁGINA	302
01/06/17	¿DESAPARECERÁ RECURSOS HUMANOS?	304
29/06/17	¿DEBE EL MANDO MEDIO DESOBEDECER?	306
02/08/17	CAMBIAR	308
25/08/17	ABRIMOS OFICINA EN LOS ESTADOS UNIDOS	310

2018 — 312

Fecha	Título	Página
11/04/18	IQ O EQ, ¿QUÉ ES MEJOR?	313
16/04/18	¿CON QUIÉN PUEDO HABLARLO?	315
04/05/18	LOS CONFLICTOS EN LAS EMPRESAS	317
11/05/18	ENTRENAR PARA GANAR	318
31/05/18	UN LÍDER EXTRAORDINARIO	320
08/06/18	EL MÉTODO DEL CASO	322
13/06/18	TRABAJAR EN REMOTO	324
22/06/18	EL EQUIPO AL SERVICIO DEL LÍDER	326
28/06/18	MATAR LA VACA	328
05/07/18	LA GENTE SE VA DE SUS JEFES	330

16/08/18	ARRASTRANDO LOS PIES	332
14/09/18	LAS SOCIEDADES QUE APRENDEN, AVANZAN	334
14/10/18	LOS 7 PASOS PARA CREAR UN DEPARTAMENTO DE RRHH	335
05/12/18	¿ADMIRAS A TU JEFE?	338
10/12/18	PREPARANDO 2019	341
2019		**344**
03/05/19	3 AÑOS	345
13/05/19	¿MENTALIDAD FIJA? O DE CRECIMIENTO…	346
28/07/19	LA OBLIGACIÓN DE ESTAR ACTUALIZADO	348
06/09/19	AGILE LEADERSHIP	350
12/10/19	ACABAR Y EMPEZAR: EL CAMBIO CONSTANTE	351
EPÍLOGO		**355**

AGRADECIMIENTOS

Quiero empezar este espacio agradeciendo a mi tribu. Empezando por nuestra líder, Ruth, mi amor y compañera, con la que por más de treinta años hemos compartido camino y vida. Con ella y gracias a que está a mi lado, he podido vivir todo lo que he vivido. Es imposible expresarle aquí mi agradecimiento por tanto.

A mis hijos Víctor y Pablo por cómo nos han seguido el paso, extrayendo de cada experiencia la esencia de lo vivido y lo aprendido. Estoy seguro que tendrán una vida plena y rica, gracias a su forma de ser y entender la vida.

A mis padres, que siempre me respetaron y me permitieron decidir mi futuro, y a los padres de Ruth, que hicieron lo propio con ella. A los cuatro les debemos y queremos mucho, y se lo decimos siempre que podemos.

A nuestros hermanos y cuñados que siempre nos han apoyado. *Ignacio: no pasa un solo día que no te recordemos. Asun está haciendo una extraordinaria labor con vuestros hijos. Tienes que sentirte muy orgulloso de ellos. Estás cada día con nosotros.*

A Pablo Herrero, a quien le pedí el prólogo de este libro con 48 horas de plazo, y que tan generoso ha sido siempre conmigo. Mucha de mi forma de entender la empresa, de entender la dirección de las personas, de valorar a la pareja y aprender de la vida, se lo debo a él. Empezó siendo mi jefe, fue mi amigo y hoy es más que mi hermano mayor. Pablo y Pilar, gracias por estar siempre ahí. Os queremos mucho.

A las personas que me habéis ayudado en estos años a poner en marcha dpersonas desde el principio. A todos: mil gracias. Son tantos que no puedo extenderme. Pero especialmente a Karla, ya dos años y pico en el proyecto, Lizbeth, nuestra nueva incorporación, Sacha, nuestra inquieta ventana al futuro, Fernanda, nuestra luz con el e-learning, Emmanuel y sus sabias enseñanzas y consejos. Hoy contamos también con un equipo inmejorable de consultores de los que no dejo de aprender. Gracias, Mar, María José, Marisa, Humberto, Ramón y Eduardo. No quiero olvidar a quienes dejaron su huella, aunque ya no estén en el proyecto: Mónica, Angie, Fernanda y Brenda. Se os extraña mucho.

A todos los amigos que he hecho en este tiempo, profesionales con los que he trabajado, a todos aquellos que me habéis aportado (y soportado), de quien he aprendido (incluso lo que no hacer en ocasiones), con los que en algún momento hemos caminado juntos. Muuuchas gracias a todos.

A todos los clientes que han confiado en nosotros estos años, que ya son muchos. Mil gracias por vuestra confianza. Sin vosotros y vuestra fe en el proyecto, nada sería posible. En los últimos tres años hemos trabajado con más de 50 de las mejores firmas en sus respectivos sectores. Es un orgullo seguir caminando a vuestro lado.

PRÓLOGO

Conozco a Raúl desde 1991 cuando empezó a trabajar para el banco en el que se desarrolló toda mi trayectoria profesional. Compartimos veinte años de trabajo, mano con mano durante algunos años y en diferentes proyectos en otros periodos de tiempo, pero siempre hemos tenido una relación muy cercana.

Durante los últimos 11 años, Raúl ha venido publicando periódicamente Blogs sobre el mundo empresarial que se recogen ahora en este libro. Han pasado muchas cosas en este periodo de tiempo. Cada sector económico ha evolucionado de una manera diferente, pero en general se ha avanzado mucho en la digitalización de las empresas, se han hecho muchos esfuerzos en asuntos de conciliación y de respeto y cuidado del medio ambiente.

Claro que, en las empresas, los cambios se han venido dando desde siempre. Hace 50 años eran más paternalistas y era frecuente estar muchos años o toda la vida en la misma entidad. La relación estaba muy jerarquizada, y los sistemas de gestión eran anticuados y muy poco eficientes en relación a como son hoy en día. Poco a poco todo eso fue cambiando. Hoy en día los líderes tienen mayor preparación académica, y también son más respetuosos en la relación profesional con sus empleados.

Sin embargo, saben que no pueden quedarse ahí, y que para mantenerse a la vanguardia y afrontar los retos del futuro, los líderes de hoy deben profundizar en la formación continua, idiomas, tecnología, recursos humanos, estrategia... y también poner el foco en mejorar la formación y bienestar de sus trabajadores, y en conocer en profundidad la empresa a todos los niveles...

En este sentido, creo que la aparición de los Blogs ha hecho que se puedan "pescar" ideas y reflexiones que ayuden a contemplar otros puntos de vista, aunque creo se debe ser selectivo con ellos. Las redes sociales profesionales tipo Linkedin me parecen que son realmente de gran utilidad profesional para los dirigentes, quienes cada vez necesitan estar más en contacto con otras realidades y con otros líderes. Al final, su papel es el de marcar la estrategia a seguir, y después dar libertad de acción a su equipo para ponerla en práctica, corrigiendo lo necesario y animando a presentar nuevas ideas.

Y es que los resultados se pueden conseguir de varias maneras: siendo un "aperreador", con una visión cortoplacista sin importarle quemar rápidamente a su equipo, o actuando como un verdadero líder, siendo más paciente, analizando los "porqués" de una deficiente actuación puntual, y tratado de corregir y orientar. Desde luego, esta segunda forma de hacer no está reñida con la exigencia. Eso es el verdadero liderazgo. Raúl suele decir que "Liderar es el arte de que el otro se salga con la tuya".

Algunos de los temas de los que habla en este libro tienen su eje en el mix de generaciones que conviven hoy en las empresas. Las diferencias siempre han existido y siempre existirán (basta leer a los clásicos) ... Antes no se solventaban, se soportaban con grandes tiranteces en el ámbito familiar, y en el profesional; eran los jóvenes los que tenían que "aguantar" a los más veteranos. Actualmente, en el ámbito profesional creo que deben solventarse estas diferencias a base de comprensión, escucha y mano izquierda por parte de los dirigentes.

Y es que todos aportan en las compañías. Han de darse cuenta del valor que tienen las generaciones más senior a la hora de tomar decisiones estratégicas, dirección de personas etc... No estoy seguro de que se aproveche suficientemente este valor en las empresas actualmente.

En definitiva, este libro contiene ingredientes de todo lo anterior, y el lector va a encontrar en él una guía de situaciones y experiencias con las que se habrá enfrentado, o puede hacerlo en el futuro y que, sin duda, puede ayudarle en la toma de decisiones. En cualquier caso le resultará entretenido, interesante e instructivo.

Pablo Herrero Torres

INTRODUCCIÓN

QUERIDO LECTOR:

Eleven es el libro que menos me ha costado escribir y en el que, paradójicamente, he invertido más tiempo. Estás ante un texto que no fue pensado como tal. En realidad, lo que tienes entre tus manos son un centenar y medio de instantes que me tomé para plasmar momentos que estaba viviendo, ideas en las que creo, conceptos que quería compartir, enseñanzas adquiridas, aprendizajes... Todas esas líneas se escribieron en tres blogs distintos, en más de 220 posts, y lo que hemos hecho ahora ha sido recopilarlos, seleccionar 150 de ellos, y ponerlos a tu disposición para que los leas y los compartas.

ONCE AÑOS

El título en castellano incita a los directivos a mejorar, a elevar su forma de hacer y entender la empresa. En inglés es el número once. Y es que todo comenzó hace ONCE años, una tarde de agosto de 2008. Acababa de publicar mi primer libro, y una persona me contactó para pedirme que escribiera diez newsletter, en las que hablara de los conceptos del libro, para un grupo de una red social profesional que se llamaba XING. Cubríamos así dos objetivos: generar tráfico en el grupo y dar a conocer un poco más el libro. Recuerdo que inmediatamente dije que sí, y preparamos un calendario de publicaciones que llegó hasta casi final de año. Eso fue el embrión. Ahí nació todo.

EL BLOG

Por entonces, empezaban a tomar cuerpo los blogs, espacios personales donde uno podía escribir y llegar a todo el mundo. Me pareció increíble la capacidad que se nos brindaba de interactuar con tantísima gente y poder decidir los contenidos, sin que nadie te tuviera que dar permiso o validar. Sin pensarlo, el 16 de Diciembre de 2008 abrí el primer blog en Blogger, una plataforma sencilla en la que fui dándome el permiso de escribir y poder contactar con mucha gente interesada en las cosas que escribía periódicamente. Al poco tiempo usé el dominio raulcastro.es para alojar allí el blog, y potenciar el concepto de marca personal del que se empezaba a hablar. Desde entonces hasta Marzo de 2017, por más de 8 años, escribí periódicamente, a veces cada semana, a veces cada dos, y nunca menos de una vez al mes. Era consciente de que el blog tendría seguidores si me mantenía constante y no lo dejaba morir, como muchos otros que vi.

En la primavera de 2017, decidimos poner todos nuestros esfuerzos de comunicación y tráfico en la web de dpersonas, así que con ello traspasamos los contenidos y la dinámica semanal allá. Y dimos a luz a la Comunidad dpersonas, que retomó esa inquietud. Cuando estoy escribiendo esto, estamos preparando el número 150. Casi tres años generando contenidos cada semana para nuestra comunidad, que ya son casi de 5.000 personas suscritas.

¿QUÉ TE VAS A ENCONTRAR EN EL LIBRO?

Las temáticas del post han ido cambiando con el paso del tiempo y se han ido adaptando a los momentos de estos once años. Vas a encontrar cosas de deporte y empresa, competencias que necesitan los líderes, ejemplos de éxito en las empresas, buenas prácticas experimentadas o aprendidas y asuntos que eran actualidad sobre este mundo en su momento.

Vas a encontrar también el sabor de los cuatro países en los que he vivido en este tiempo y en los que se han escrito los posts: España, República Dominicana, México y Estados Unidos. Cada uno de ellos nos ha dejado aprendizajes y una huella personal indeleble, que se destila en cada entrada. Yo he podido darme perfecta cuenta al hacer el trabajo de recopilarlos y dar forma a este libro. Lo más duro, como siempre, ha sido dejar caer las notas superfluas de la sinfonía final. Más de 70 posts no han podido formar parte de esta compilación, pero he querido mantener la esencia y la evolución en este tiempo. Si quieres verlos, los tienes en el blog de dpersonas.com. He querido mantener algunos pasajes personales, hitos del blog, experiencias vividas, mudanzas de país y años, cambios de trabajos y asunción de retos, que aunque no son muy didácticos, dan muestra y son testigos de cómo ha ido pasando el tiempo... Han sucedido tantas cosas desde entonces...

SATISFACCIÓN Y ORGULLO

Me ha encantado ver cómo cosas que escribí hace diez años las sigo pensando, algunas predicciones se han ido cumpliendo, y otras ideas han ido conformándose con las experiencias vividas. Mirar hacia atrás y ver todo lo vivido estos años me ha dejado una sensación de riqueza impagable. Pero riqueza de la buena, de la de amigos, conocidos, lugares increíbles, experiencias intensas, retos superados, dificultades encontradas, miedos vencidos... Verlo en perspectiva sólo me anima a seguir empujando, a no dejar de aprender nunca, a seguir poniéndome nuevos retos que conseguir y, sobre todo, tratar de dejar el mundo un poco mejor de cómo lo encontré.

Pero con mucha diferencia, la mejor satisfacción es saber que dejo un legado escrito para siempre, una forma de pensar que me sobrevivirá, y que algún día mis nietos releerán espero que diciendo: *"¡Wow, cómo pensaba mi abuelo!"* Que seguro que será para continuar: *"¡qué antiguo suena todo esto!"*, jajajaja... *"Mira, y lo imprimían en papel"*, jajaja... Menos mal, que este es el primer libro que saco también en edición electrónica, y próximamente en audiolibro, con lo que el legado será menos "duro" de entender, jajaja...

Espero que disfrutes el libro que tienes en las manos

Tampa, Florida, Estados Unidos de América
2 Noviembre de 2019

2008

#1 16/12/08
POST O PRESENTACIÓN

¿No ha sentido alguna vez la necesidad de parar el día?, ¿de parar el tiempo por un momento para reorganizar su día?, ¿o toda su vida?, ¿para reorganizar su futuro?, ¿el funcionamiento de su empresa?, ¿de su departamento?

Un entrenador de baloncesto tiene esa extraordinaria capacidad a través de una magnífica herramienta: "El tiempo muerto". Un minuto de duración en el que puede interrumpir el partido, reunir a sus jugadores y asistentes, y analizar la situación, evaluar las distintas opciones a su alcance y tomar decisiones. Es su Tiempo para Decidir, su tiempo para dar soluciones. Pero antes de que llegue ese momento ha tenido que dar muchos pasos. Del extraordinario parecido que tienen el mundo del deporte y la empresa, de los extraordinarios paralelismos que se pueden obtener, es de lo que trata *Tiempo para Decidir*.

Mi nombre es Raúl Castro. Fui jugador de baloncesto durante más de veinticinco años. Luego también fui entrenador. Los primeros años tan solo hacía eso, pero hace 20 decidí que tendría que ponerme a trabajar. Lo hice en Iberia tres años, y posteriormente en Bankinter desde hace ya 17.

He ocupado diversos puestos de responsabilidad con equipos de personas. Fruto de estas experiencias, decidí escribir un libro que llevara los valores del baloncesto al mundo de la gestión de equipos en una empresa. Y así nació *Tiempo para Decidir* (Nabla Ediciones, 2008).

Tuve la suerte de que el prólogo me lo hiciera Lolo Sainz, con quien coincidí en mi etapa como jugador del Real Madrid, en la que él era el entrenador del primer equipo, y posteriormente en diversas conferencias que ambos hemos dado acercando el mundo del deporte a la empresa.

Actualmente, compatibilizo mi actividad como Director Comercial de la Red de Agentes Financieros de Bankinter con la labor docente en el MBA internacional de La Salle en Madrid, en el Máster de Innovación Tecnológica de INEDE, en Valencia, y mi participación en el comité de Estrategia del CSBM del IESE.

Esta serie de entradas en el blog que ahora comienza pretende suscitar el debate, el enriquecimiento profesional de los lectores en torno a las obligatoriamente distintas ideas y formas de abordar la gestión de equipos.

NOTA DEL AUTOR: Observará el lector que aparecen a lo largo del libro unas notas de este tipo que están escritas durante la revisión, que explican diferentes asuntos de interés del libro. En este caso, este es el primer post en donde me presenté en 2008 a los lectores de la primer newsletter, que después fue el gérmen del blog, y luego dle libro.

#2   16/12/08
LAS PERSONAS

Lo primero que ha de hacer un entrenador o un directivo es atender a las personas. Se dice que las personas son el principal activo de una empresa. Todas las personas que sepan leer balances sabrán que dentro del activo de una compañía están las instalaciones, los equipos, los inmuebles, pero no las personas. Contablemente las personas son consideradas como un "gasto", y ni siquiera son consideradas una inversión, como podría ser un ordenador. Por tanto, yo no creo que se deba considerar a las personas como el principal activo en una empresa. Somos mucho más que eso. Las personas tenemos la capacidad de pensar creativamente y de tomar decisiones independientes, basadas en metas comunes. No puedo estar más de acuerdo, sin embargo, con esta afirmación que encontré entre los valores corporativos de Guelbenzu, una bodega del norte de España:

"Los empleados tardan pocas semanas en empezar a tratar a los clientes como la empresa les trata a ellos, al final lo que importa son las personas y no tanto las estrategias. Se debe de tratar igual de bien a los empleados como a los accionistas, ya que cada día ponen su corazón y su mente al servicio de la empresa. Y si no lo hacen la empresa no sobrevivirá en el tiempo".

Para formar un buen equipo de baloncesto, de vendedores o de técnicos, es imprescindible rodearte de buena gente, de personas que vayan a colaborar, a sumar y no a restar. Atender a los factores humanos antes que a los profesionales propiamente dichos, va a ser un hecho diferencial cuando en el grupo, una vez constituido, surjan las primeras dificultades.

En una ocasión oí a un entrenador de fútbol hablar de las dificultades que tuvo con un gran jugador para conseguir simplemente que saludara. De hecho, todos le avisaron que era un chaval muy raro cuando lo pidió para el primer equipo. Aun así él lo eligió por encima de otros diciendo: "Es más fácil que me des un buen jugador y que intente hacerle buena persona, antes que me des una buena persona y pretendas que yo lo convierta en un buen futbolista". Hoy, esa persona sigue siendo igual de rara y descortés con los medios, y conflictivo con sus compañeros.

Y un último apunte. En otra ocasión, tuve la oportunidad de hablar con el *scouter* para el sur de Europa de un equipo de la

NBA. Él me hablaba de la importancia de conocer más de 500 aspectos de la vida de un jugador, antes de decidir optar por él en el *draft*. Eso demuestra la importancia que estos equipos dan al aspecto humano por encima de cualquier otro. Sandalio Gómez, un profesor de Dirección de Personas en el IESE, suele decir: *"Las personas deben constituir el centro de atención básica de la dirección de empresa, tanto en el ámbito individual, como en el social y colectivo".*

Acabo por donde empecé:

Las personas no son el principal activo de una empresa. Las personas son lo más importante, sin distinción de cargos, jerarquías, ni posiciones dentro de ella. Sin las personas, sencillamente no hay nada.

#3 16/12/08
CAMBIANDO HÁBITOS

No cabe duda que dirigir un equipo es una tarea compleja, bien sea un equipo deportivo, o uno de empresa. Hay muchos tratados que le van a permitir encontrar unas sencillas recetas para poner en marcha mañana mismo, en su tarea de dirigir mejor sus equipos. Me gustaría aportarle algunos elementos de reflexión sobre lo que hacer o no hacer, y sus posibles resultados, antes de que se ponga a la tarea de tratar de cambiar sus hábitos en la dirección de equipos.

Lo primero es saber si necesitamos cambiar. Steve Covey dice que "si queremos que los resultados sean distintos, hemos de hacer las cosas de distinta manera". Por tanto, si quiere obtener de su grupo de trabajo/empresa resultados distintos a los que hoy tiene, no le queda otro remedio que cambiar algunas cosas de las que hoy hace. No lo piense, no tiene elección.

Comparto con usted el resultado de un estudio de la consultora Otto Walters que, bajo el título "Los 18 comportamientos más irritantes de los jefes españoles", se realizó a través de encuestas a 750 profesionales. Entiendo que los "jefes" españoles no serán muy distintos al resto de los mortales en el universo, pero en cualquier caso estoy convencido de que del resultado del informe se desprenden áreas de mejora para el resto de jefes, sin importar el país donde desarrollen su actividad.

De dicho informe se sabe que la falta de respeto, malas formas en el trato, groserías, salidas de tono, broncas en público y similares, son los comportamientos más irritantes para las personas que lo padecen. En concreto, el 50% de los entrevistados decían sentirse identificados con estas formas de trabajar de sus jefes. Es muy importante tratar a las personas como a uno le gustaría que le trataran. Tan simple y tan sencillo. Los comportamientos humanos, los sentimientos, las sensibilidades personales, no son muy distintas en los individuos. Haga lo contrario con sus colaboradores, y conocerá las consecuencias que apuntaré al final de este documento.

El segundo de los grupos de comportamiento afectaba al 37% de los entrevistados, y tenía que ver con la prepotencia, el narcisismo, el empecinamiento estéril, la vanidad, la soberbia o la arrogancia. Elementos todos ellos que se van engrandeciendo con el uso del poder, con la lejanía que se va teniendo de la realidad, y con lo que se ha dado en llamar la *soledad del líder*. Cualquiera podría decir que con estos comportamientos no sería de extrañar que el líder pudiera quedarse sólo...

Me impactó mucho el tercero de los elementos por lo sencillo de resolver: La falta de escucha. Afecta al 30% de los empleados. Los profesionales debemos aprender a escuchar y no sólo a oír. Debemos prestar atención de lo que se nos dice. Y no hay excusas. No vale que estemos en muchas cosas al tiempo, que tengamos preocupaciones más importantes. Quien muestre verdadero interés por los problemas que le cuenten sus empleados, quien preste atención a lo que está oyendo, y haga sentirse a su interlocutor escuchado, ya se habrá ganado su respeto.

Hay otros factores como son la incompetencia por escasez de preparación y por desorganización, que irritan en gran medida a los empleados. Haga lo posible por mejorar su preparación en cuestiones técnicas, o dese una inmersión para mejorar sus habilidades directivas. Le reportará buenos resultados en el futuro.

Y por último tenemos la suma de otros factores con menor importancia, pero que le pueden pasar factura a la hora de tener que recabar apoyos en su equipo. No les apoye, no se implique, no dé ejemplo, no muestre coraje en situaciones complejas, desconfíe de su equipo, róbeles las medallas, no concrete los objetivos, y tendrá un equipo incapaz de prestarle apoyo cuando usted lo necesite.

Los estudios concluyen que *los equipos dirigidos por un mal jefe, son un 50% menos productivos y un 44% menos rentables*, que los conducidos de manera adecuada.

De modo que si buscaba recetas, aquí tiene un buen puñado de hábitos que debe cambiar si se siente usted identificado entre los que los llevan a cabo.

No olvide que aunque piense que su empresa o grupo no necesita cambiar, el resto del mundo lo está haciendo... y muy deprisa. Hace unos años uno decía que de él dependían x personas, para expresar como estaba conformado su equipo. Hoy, y cada vez más, hay que preguntarse: y tú, como líder de tu equipo, ¿de cuántas personas dependes?

Y es que un líder depende de las personas de su equipo, y no al contrario. Empiece a pensar así si aún no lo ha hecho, y verá pronto como mejoran los resultados.

#4 21/12/08
EL EQUIPO

¿Qué es un equipo? Si buscamos en el diccionario de la Real Academia de la Lengua, encontraremos esta primera acepción: Grupo de personas organizado para una investigación o servicio determinado. En una segunda acepción, el diccionario dice: En ciertos deportes, cada uno de los grupos que se disputan el triunfo.

Ya tenemos varios elementos. Si decíamos que las personas son lo más importante, y que el equipo es un grupo de personas, el equipo, en grado de importancia, debería estar por encima de las personas. Y además introducimos el término "triunfo" cuando se habla de deportes, pero es un término que se ha llevado al argot de los equipos en la empresa con palabras como: ganar, conseguir el éxito, competencia, superación, etc.

Uniendo los elementos, creamos un equipo para conseguir *triunfos*, en la confianza de que el resultado será mucho mejor que la suma de cada uno de los resultados que individualmente se podrían obtener. Un equipo es mucho más que la suma de las individualidades. De ahí que muchas veces se emplee para explicarlo la vieja frase de que en un equipo dos más dos son cinco.

Tenemos varios ejemplos de ello en el baloncesto moderno. En España hemos conseguido hacer un verdadero "equipo" de basket, en el que el trabajo del equipo está por encima del ego personal de cualquiera de los jugadores, y donde cada una de sus "estrellas" personales se pone a disposición del grupo para que el conjunto brille aún más. Del equipo que quedó subcampeón olímpico en los recientes juegos de Pekín, siete jugadores han jugado, o lo van a hacer este año, en la NBA. Sin embargo, eso no ha servido para que ninguno de ellos haya querido "protagonizar" por encima del resto, sino para sumar voluntades y ser mucho más potentes como equipo.

El equipo norteamericano ha sido campeón olímpico una vez que entendió esto, después de muchos años de sequía en los que magníficos jugadores iban al equipo nacional a intentar mejorar sus contratos, a proyectar su imagen internacional, y con ello conseguir mejores patrocinadores. Y no les funcionó. Tras algunos años de "sequía", han vuelto a hacer un extraordinario equipo.

Hay un role-play magnífico, que he tenido la oportunidad de repetir muchas veces en mis cursos sobre trabajo en equipo, que demuestra todo lo anterior ante la sorpresa de los participantes.

En cada equipo, todos los jugadores cuentan. Todos tienen un rol. En basket hay jugadores que botan el balón hasta la canasta contraria, otros cuya especialidad es el tiro a media distancia, otros que ayudan a subir el balón, otros cuya misión es rebotear, bloquear y con ello generar buenas posiciones de tiro a sus compañeros. Así, hablamos de bases, escoltas, aleros, pivots... La labor de todos ellos es indispensable para el equipo. En un verdadero equipo todos cuentan. En una empresa todas las personas, desde la primera a la última tienen su rol y lo desempeñan con las reglas que nosotros les hemos dado. Cada uno ha de saber que, independientemente de lo que le corresponda hacer en cada caso, su misión tiene un valor más elevado: trabajar para el equipo. Hemos de ser capaces de dar importancia a cada trabajo y a las personas que realizan esa tarea, por muy simple que nos parezca.

En una ocasión oí a nuestra esgrimista paralímpica Gema Hassen-Bey, que decía que la persona más importante en la competición era el voluntario olímpico, que fijaba su silla al suelo. Cuando se compite en una silla de ruedas, es muy importante que ésta esté fijada bien al suelo para evitar caídas, y con ellas las temidas lesiones, durante el transcurso del combate. Gema relataba cómo el voluntario era la última persona con la que ella hablaba, y que la última palabra que recibía de él era "suerte", y eso la animaba y le mantenía en guardia durante el combate.

Por eso es tan importante, no sólo conformar un buen equipo, sino hacer que cada uno de sus componentes se sienta especial, se sienta como un elemento diferenciador dentro del mismo, ya que de su aportación, por modesta que pueda parecer, va a depender el éxito de su equipo.

Un jugador puede ganar un partido, pero es el equipo el que gana los campeonatos. Ninguno de nosotros es mejor que todos nosotros.

2009

#5 30/01/09
RAYAR LA CANCHA

Abordaremos hoy un concepto clave en la conformación de un equipo: *Establecer las normas de funcionamiento.*

En una ocasión tuve la oportunidad de hablar con un amigo chileno de estas cosas, y me pedía que imaginara un campo verde más largo que ancho. Ahí es donde los jugadores de fútbol habrían de jugar. Para poder hacerlo, tendríamos que decirles a los jugadores dónde estaría la portería, cuánto mediría, dónde las bandas, y el fondo del campo, y el centro del mismo, y el punto de penalti... Para poder empezar, sencillamente, teníamos que *Rayar la Cancha*. Poner los límites, delimitar el espacio en el que jugarían, y lo que en adelante íbamos a permitir y no. Si el balón sale por la banda, por ejemplo, el equipo contrario tendrá la posesión inmediatamente.

Cuando uno conforma un equipo dentro de una empresa, también ha de rayar su cancha. Ha de establecer las normas, lo que se puede y no hacer. Y debe hacerlo con criterios objetivos. Criterios que todos entiendan y que persigan conseguir los objetivos que tenemos planteados. Obligatoriamente han de ser normas aceptadas por todos desde el primer momento. De hecho, uno de los escollos que surgen a la hora de establecer normas en un equipo ya establecido, es la falta de aceptación de algunos de los miembros. Mi opinión, y seguramente la contraria será tan válida como la mía, es que cuanto más entendidas, cuanto más consensuadas, cuanto más aceptadas estén desde el principio, más fácil nos va a ser caminar juntos.

Pero nos va a tocar negociar la diversidad. Nos va a tocar convencer, que no vencer, a aquellos que no las entiendan. Aquí la mano izquierda del entrenador o gerente de un equipo es básica. ¿Qué quiere usted?: ¿Ganar un combate?, o la batalla.

Si usted impone una nueva forma de hacer, frente a la oposición de todo su equipo, o tiene profundos motivos por el objetivo que se plantea, y además cuenta con el apoyo de su empresa, o es un visionario incomprendido. En cualquier caso puede estar cavando su "fosa empresarial". Si por el contrario se toma el tiempo y el trabajo de hacer entender el motivo de estos cambios entre las personas de su equipo, se habrá ganado, al menos, el derecho a ser escuchado. Pero insisto en que no creo en la imposición, sin dar la oportunidad a la otra persona de explicarle los motivos. Al fin y al cabo, dependemos de la voluntad de la otra persona para hacer el trabajo. Y no se trata de escudarnos en que el sueldo que pagamos nos permita imponer la irracionalidad. Por eso, mi mejor experiencia en este sentido me aconseja escuchar, no entrar como un elefante en una cacharrería.

Hay que conocer las diversas opiniones sinceras, las diversas sensibilidades, los distintos puntos de vista, para convencer allá donde haya que hacerlo, y para vencer en donde no haya más remedio. Pero no olvide que son sus soldados, Ha de ganarse su confianza, porque cuando estén en el campo de batalla, su pellejo está tan en sus manos, como el de ellos en las de usted. No olvide que en un equipo cada uno ejerce un rol, incluso su líder, y que si todos lo comprenden y saben lo que han de hacer en cada momento, tendremos más garantías de éxito.

Le sorprendería conocer el porcentaje de personas de su organización que no conocen las metas que persiguen. Pregunte entre ellos mañana mismo. ¿Cuáles son las metas que tenemos? Se sorprenderá del bajísimo porcentaje que las conoce. Por tanto, su primera tarea será hacerlas patentes. Darlas a conocer. Que se sepa qué es lo que perseguimos. El siguiente reto que le propongo es preguntar entre su equipo por el grado de involucramiento con sus metas. Si ha hecho un buen trabajo, el porcentaje será alto. No se sorprenda, cualquier resultado por encima del 25% será un éxito. Haga la prueba. Y reaccione si su resultado está por debajo. Tenemos muchísimas menos personas involucradas con nuestras misiones de lo que nos imaginamos. El papel lo aguanta todo, y podemos escribir misiones, visiones y valores en menos de diez minutos. Las podemos colgar en nuestra brillante web y quedarnos tan tranquilos. O por el contrario, podemos ponernos manos a la obra para que éstas sean comprendidas, aceptadas e introducidas de forma natural en la manera de hacer de su empresa.

Por último, debería definir los procedimientos, contar aquellas cosas que, de hacerlas, ayudarán a las personas a alinearse con los objetivos de su empresa y conseguir las metas propuestas. Al menos la mitad de las personas de su empresa no sabrán qué hacer para ayudar, pese a que en su voluntad esté.

Y no olvide que nunca es tarde para rayar la cancha. Póngase manos a la obra mañana mismo si aún no lo ha hecho. Y una vez que haya puesto las normas, consensuadas o no, establezca las medidas necesarias para que se conozcan y cumplan. Porque poner las normas no es muy difícil, pero conseguir que éstas se cumplan sí. Y por eso le pagan a un entrenador. Y a usted...

03/02/09
CONFIANZA

"El mando es una vigorosa mezcla entre estrategia y confianza. Si tienes que quedarte con una de las dos, renuncia a la estrategia".

Esta frase, acuñada por el ex general norteamericano Norman Schwarzkopf no puede ser más acertada. Hace unos días me preguntaban, en una conferencia, acerca de los motivos por los que estaba de acuerdo con esta frase. Puestos a elegir, un equipo con una estrategia bien fundada tendrá pocas posibilidades de triunfar si no tienen confianza, bien sea en el entrenador o en ellos mismos. Ahora, como ha quedado demostrado en innumerables ocasiones, si un equipo tiene fe, tiene confianza en sí mismo o en su entrenador, si cree en la victoria, si piensa que es posible ganar, tiene muchas más posibilidades de hacerlo. Incluso si la estrategia le falla. Esa fe en la victoria, esa confianza en sí mismo, te dará una fuerza increíble con la que construir nuevas estrategias vencedoras tantas veces como sea necesario.

Pero para tener confianza en una persona, en un jefe, o en un colectivo, hay que hacer por ganársela. El ser humano es confiado por naturaleza. Es la vida la que se va encargando, con el paso del tiempo, de irnos haciendo desconfiados, por lo que, por lo general, siempre nos vamos a encontrar una mayor o menor dosis de desconfianza en los equipos, en un primer momento. Por eso se habla de *"recuperar"* la confianza (incluso cuando nunca la hemos perdido), o de "ganarnos" la confianza de las personas, como si partiéramos con ella perdida. No es una tarea fácil. Hemos de dar señales, desde un primer momento, de que nuestro interés es verdadero y legítimo. Incluso las relaciones de pareja se basan en la confianza. Porque cuando se rompe es muy difícil mantener la unión y el respeto.

Como líderes, lo primero que podemos hacer para "recuperar" la confianza, es dar apoyo a las personas. Que sientan que estamos a su lado. Nada puede hacer más daño en una relación, del tipo que sea, que ver cómo cuando llegan los problemas tu jefe se aparta de ellos y te deja solo. Contrario a lo que piensa mucha gente, en un problema en la empresa, en un error grave con un cliente, yo veo una oportunidad de ganarte la confianza de tus colaboradores. Lo principal es no ir a buscar el culpable, sino pedirle, si además lo tenemos detectado, que te ayude a resolver la situación. Que sea capaz de ayudarte a encontrar una manera de resolver el problema. La persona que se ha equivocado es la primera interesada en "arreglar" el desaguisado. Si caminamos con él, si le hacemos ver que todos nos equivocamos, pero que lo importante en ese momento es dar una solución, habremos iniciado un buen camino en ganarnos su confianza. Ya tendremos tiempo de evaluar el problema y poner los medios para que no se repita. Busque el motivo y la solución, pero deje la caza del "culpable" para mejor ocasión. Y si no lo tiene, primero solucione el problema, y luego encuentre la causa y al culpable, y haga por evitar que se repita.

En un reciente estudio que realizó la fundación BBVA entre personas de quince países, se pudo comprobar cómo una sociedad con altos niveles de confianza entre las personas, reduce los costos sociales en generar acuerdos, y refuerza las relaciones. Definitivamente, todas las personas trabajamos mejor en un ambiente de confianza.

El baloncesto es un deporte basado en la confianza. Un jugador debe aprender a gestionar el fallo, porque éste es inherente a la condición humana, al igual que pasa en la empresa.

Kobe Bryant promedió 15 puntos y un 46.2% en tiros de campo en los ocho partidos que disputó con la selección de Estados Unidos en las recientes olimpiadas de Pekín. Tan sólo unos meses antes había sido elegido MVP (jugador más valioso) de la temporada 07-08 en la NBA. Sus números eran demoledores: Bryant posee una efectividad de 45,9% en tiros de campo, 36,1% en triples y 84,0% en tiros libres. Esto significa que falló en un 54,10% de las ocasiones en tiros de campo, que lo hizo en el 63,9% de las veces en que intentó canastas de tres puntos, y que erró el 16% de los tiros libres que intentó.

¿Alguien se imagina lo que pasaría en una empresa, si alguien comete semejante índice de errores? Sin embargo, a Kobe se le ha enseñado a no venirse abajo en el error, sino a aprender de él, y a intentar no repetirlo en la siguiente ocasión. Intentemos hacer algo parecido en la empresa.

Tengamos confianza en las personas, demostrémosla, y nos ganaremos su fidelidad para siempre.

#7 07/02/09
SALTARSE LAS REGLAS

Hemos hablado en anteriores postas de la importancia de establecer las reglas para que un equipo funcione como tal. Decíamos que las reglas tienen que ser compartidas por el grupo, que tienen que ser coherentes y ayudar a conseguir los objetivos que nos hemos marcado.

En un equipo de baloncesto hay dos tipos de reglas. Una de ellas, las normas de funcionamiento básicas del equipo, que no siempre están escritas. En la mayoría de las empresas pasa un poco de lo mismo. No siempre hay un reglamento de régimen interno, o un decálogo de actuación o un código de ética o conducta. Yo animaría a quien aún no lo tenga a que lo haga. Ese tipo de normas, aun no estando escritas, las conocen todos los empleados desde los primeros días en los que se incorporan a la empresa. El otro tipo de reglas tienen que ver con lo que pasa en la cancha, con lo que cada jugador debe hacer. Sería el equivalente a las funciones de los diferentes puestos en la empresa. Así, igual que un base sabe que su trabajo es subir el balón y pasar a la derecha en un determinado sistema, que es como llamamos en baloncesto al conjunto de movimientos que conforma cada jugada, un vendedor conoce a la perfección el suyo. Lo natural es que a la vez que uno asimila lo que ha de hacer, asimile igual de rápidamente lo que "no ha de hacer", bien porque no se lo permitan o porque no le interese a la propia persona.

En ambas circunstancias tenemos mucho por mejorar. El trabajador, al igual que le pasa al jugador de baloncesto, debe saber qué cosas no ha de hacer en ninguna circunstancia, y qué cosas, aun no estando entre sus cometidos, puede hacer si está en el contexto de una situación excepcional. Pondré un ejemplo muy gráfico. Un pívot de 2,16 centímetros no es el encargado de subir botando el balón al campo de ataque. No debe hacerlo. Imagine que el base está presionado, el resto de compañeros también, y su defensor se encuentra muy lejos de él. En una palabra, está solo con el balón. Quedan tan solo seis segundos para atravesar la línea de medio campo y que su equipo no sufra penalización. Si usted está viendo la jugada, rápidamente instaría al pívot a botar el balón, avanzar, y buscar una mejor situación una vez pasado el medio del campo y evitada la penalización. Pues bien, si usted fuese su entrenador, para que esto hubiese ocurrido, tendría que haber generado un clima de confianza que le permitiera saltarse una de las normas que él conoce bien: el pívot no es el encargado de subir el balón. En ese momento y en esas circunstancias, ayuda a su equipo haciéndolo. Pero, ¿y si se bota en el pie y pierde el balón? ¿Qué haría usted en ese momento? De su respuesta dependerá que tenga que revisar la flexibilidad de sus sistemas de trabajo. Porque si la cosa ha ido bien, el jugador/empleado nos ha sacado de un problema. Pero si la cosa ha ido mal, y usted decide reprenderlo por ello, tendrá un problema la próxima vez que ese jugador se encuentre en una situación similar. Difícilmente volverá a tomar la iniciativa. Le mirará a usted y le preguntará: ¿Qué hago?, mientras el árbitro penalizará a su equipo. En baloncesto se dice que los sistemas, las reglas, están para seguirlos... y **para saltárselos**, cuando sea necesario.

Hay una frase de Samuel Beckett que define mi forma de pensar en este sentido: *"Inténtalo de nuevo: fracasa otra vez, fracasa mejor".* Las empresas deben dar libertad a sus empleados para que tomen decisiones, para que si es necesario se equivoquen y aprendan, para que intenten metas superiores, para que aprovechen las oportunidades... Si tenemos al equipo encorsetado en los movimientos, y no permitimos salirnos de ellos, estamos asumiendo un tremendo coste de oportunidad sin ser conscientes de ello.

"No he tomado el pedido porque eso es cosa de Martínez. El cliente dijo que llamaría a otro proveedor y le dije que yo no podía hacer nada. No es mi cuenta". ¿Qué puede motivar esta reacción? ¿Desinterés? ¿Miedo? Cualquiera de las dos le acaba de costar mucho dinero a su empresa. Si es por desinterés la culpa es del empleado. Si el motivo es el miedo, la culpa es suya. No lo dude. No ha sabido generar un clima de confianza que haya permitido tomar el pedido aun a riesgo de equivocarse con el previo o la referencia... Haga lo posible por corregirlo cuanto antes si no

quiere seguir perdiendo dinero sin saberlo.

Dotar al equipo de esa libertad para tomar la iniciativa, para arriesgar, para ayudar al equipo, para mejorar, tiene unos efectos positivos incalculables también para la persona.

"¿Qué sería de la vida, si no tuviéramos el valor de intentar algo nuevo?" Vincent Van Gogh

#8 — 14/02/09 — LOS CAMBIOS

Cambiar: qué gran palabra y cuánto nos asusta en ocasiones.
Y no hay motivo. El ser humano está cambiando desde los primeros minutos de gestación. Desde que estamos en el vientre materno, desde el primer segundo de vida, no hacemos otra cosa que cambiar: lo hacemos de forma, de tamaño, de ubicación, de postura... El cambio y el ser humano están estrechamente ligados. No hay manera de separar ambas condiciones. Entonces, ¿por qué nos cuesta tanto cambiar? ¿Por qué nos aferramos a los hábitos adquiridos? ¿Por qué en las empresas cada cambio es un disgusto?

Buena parte de las razones las encontraremos en los miedos heredados. Nuestros padres, con la más sana intención de protegernos, siempre han intentado que nos manejemos con aquellas cosas que ya sabemos hacer: "No te subas al columpio que te caerás, si coges ese cuchillo te puedes cortar, ten cuidado con el coche que puedes tener un accidente..." Miedos, siempre miedos, y respeto profundo por lo desconocido. Las sociedades más ingeniosas siempre han sido las sociedades más libres, las que han permitido a sus individuos experimentar, probar, equivocarse, y por utilizar la palabra mágica, las que les han permitido cambiar.

En los cambios siempre hay nuevas oportunidades. Cuando

uno decide hacer un cambio en su vida, en su trabajo, en sus amistades, siempre lo hace con la esperanza de encontrar algo mejor. Pero también lo hace siempre con el miedo a equivocarse. En la balanza habrá de poner las dos cosas y actuar en consecuencia. Pero, antes de que llegue ese momento, deberá tener en cuenta algunas consideraciones. La primera de ellas es, que salvo que sea la última decisión de su vida, la nueva situación no es para siempre. Es cierto que algunas decisiones son irreversibles, no permiten vuelta atrás. Alejandro Magno dio muestras de ello cuando en el año 335 a. C. arribó las costas de Fenicia y ante el numeroso ejército que le esperaba, decidió quemar las naves para que sus hombres no tuvieran más remedio que luchar o morir. La vuelta sólo se podía hacer con los barcos de los enemigos. Bueno, así ganaron aquella épica batalla. Pero si uno toma una decisión libre, meditada y suficientemente valorada, tendrá tanta fuerza para buscar en ella el éxito, que cuando encuentre obstáculos, difícilmente tendrá problemas para salvarlos.

Una persona que haya jugado al baloncesto durante años, lo habrá hecho en varios equipos y ciudades. Enfrentarte a una nueva afición, a unos nuevos dirigentes, a una nueva ciudad, adaptarte a una nueva casa... Son tareas que ciertamente generan un cierto estrés personal. Pero se convive con él y se aprende a manejarlo. Y lo mejor de todo es que cuando uno se acostumbra a hacerlo, a los pocos días te encuentras como en casa. Porque en las nuevas ciudades, en los nuevos trabajos, con los nuevos compañeros, siempre encontramos cosas que no teníamos antes. Nuevos afectos, nuevas costumbres, nuevos idiomas... y es el mejor lenguaje que entiende nuestro cuerpo, el aprendizaje constante. ¡Llevamos haciéndolo desde que éramos una sola célula!

¿No ha dicho o pensado alguna vez *"por qué no lo habré hecho antes"*?. Pues si tiene la más mínima intención de gestionar un cambio de algún tipo en su vida, no lo piense. Sencillamente valore la mejor opción y hágalo. En el viaje se va a sentir como pez en el agua.

Es cierto que a menudo que uno va teniendo mejor posición en una empresa, más cosas materiales, una buena casa, buenos vecinos, una escuela interesante para los niños, etc., se aferra a lo que ya tiene, sin pensar en lo que se está perdiendo. Si usted ni siquiera piensa en lo que podría estar haciendo no lo intente, no cambie. Pero si, como nos pasa a la mayoría de los mortales, siente que está capacitado para hacer mejores cosas, le ha llegado el momento de cambiar. Elija bien los compañeros, escoja el mejor momento, la mejor ruta, y láncese a la aventura.

Cambie. Será su decisión, y una vez que esté allí, si no le gusta, siempre podrá volver a elegir otro cambio. Ya estará usted entrenado.

17/02/09
SÍ, SÍ, PERO NO APARCA...

Hace unos días me contaban al terminar de dar una conferencia una historia muy curiosa que me gustaría compartir.

El profesional en activo más antiguo de una compañía acababa de llegar a un acuerdo con ésta, y había decidido acabar con su carrera profesional. A punto de cumplir los catorce trienios, es hora de ir haciendo otras cosas, debió pensar... Había dedicado toda su vida profesional a esa empresa. Él y la empresa debían ser uno, supongo...

No habían pasado más de dos semanas y decidió acercarse a una de las sedes de la empresa, a despedirse de compañeros de los que no había podido hacerlo hasta ese momento. Al parecer, un vigilante de seguridad le pidió a nuestro amigo su acreditación, a lo que nuestro personaje contestó explicándole su nueva situación en la empresa: "Pues no puede aparcar", fue la respuesta. "Hombre, llevo aquí más que la puerta. Esta es mi casa, lo ha sido durante años, y me gustaría que así siguiera siendo". "Sí, le entiendo, pero por ese mismo motivo sabe que las instrucciones son éstas. Lo siento mucho pero no puede aparcar".

De esta anécdota, que no deja de ser un pasaje de un malentendido, estuvimos compartiendo algunas reflexiones. ¿Vale para algo el servicio fiel a una empresa? ¿Qué te queda cuando sales? Las empresas y las personas conviven pero en diferentes planos. Las personas tienen sentimientos, tienen valores, tienen conocimientos, las personas tienen alma, las empresas no. Las empresas tienen normas, tienen códigos, tienen estados contables, tienen leyes aplicadas, tienen organigramas, pero no tienen vida, por más que nos empeñemos. ¿Quién no ha oído alguna vez?: La empresa no está de acuerdo, la empresa cree esta cosa o esta otra, la empresa piensa que... ¡Y una leche! La empresa no hace nada de eso. Lo hacen personas por ella. Personas que involuntariamente quedan en el anonimato, cuando alguien se refiere a sus decisiones y las pone en la imaginada boca de la empresa.

Uno, cuando guarda fidelidad a una empresa, lo está haciendo a las personas que allí trabajan, a las personas que la fundaron, o a las que ahora la dirigen, pero nunca al "ente". Sin embargo, desde el día cero en que estás fuera, se pierde la memoria, se resetea el cariño, y uno pasa a ser un extraño. Uno pasa a "no aparcar". «Bueno, algo habré hecho bien. Me recuerda mucha gente, he disfrutado mucho, lo he pasado bien, he tenido muchas satisfacciones»... Sí, sí, pero no te engañes, no aparcas.

El mundo del deporte entiende desgraciadamente de esas cosas. Adhesiones inquebrantables, pasión por los colores, sentimiento de pertenencia, orgullo de raza... Todas estas expresiones han caído en el más inquieto de los olvidos. Aquí nadie se casa con nadie. Ahora, cuando las empresas van a tener menos alma que nunca, ¿de qué han servido los entrenamientos voluntarios de los lunes?, ¿y las concentraciones en los hoteles?, ¿y las infiltraciones para jugar?

Cuando "la empresa" prescinda de tus servicios, voluntaria o involuntariamente, algo habrá cambiado. ¿No es como para meditar sobre ello?

#10 19/02/09
ATACAR VS. DEFENDER-SE

Para ganar un partido de baloncesto, hace falta que el rival nos meta un solo punto menos, de los que metamos nosotros. Se puede ganar un partido con la defensa. Por tanto, defender y ganar no son términos opuestos, como cabría pensar. Pero para que esto sea verdad, para que se cumpla, hay que salir al campo a ganar, con mentalidad de triunfo, de lucha y de victoria. Hay que salir a defender para ganar.

La otra alternativa es salir al ataque. Ya se sabe que a veces la mejor defensa también puede ser un buen ataque. ¿Por qué tanto empeño entonces en la defensa? Por distinguir salir a defender de salir a defender-se. Son dos cosas muy distintas. Si uno sale a ganar, es muy posible que lo haga. Dependerá mucho del rival, de cómo esté el equipo, etc... pero la motivación es extraordinariamente poderosa, y si uno sale a ganar es muy posible que lo consiga. En baloncesto tenemos muchas pruebas de equipos muy modestos, que han ganado a equipos poderosos, tan sólo haciendo uso de una mentalidad ganadora. Si, por el contrario, uno sale a empatar, es muy probable que pierda. La mitad de las posibilidades de ganar las habrá perdido antes de salir. Salir a empatar no es salir a defender. Es salir a defender-se.

¿Cuántas personas conoce en el mundo de la empresa que comienzan cada día con ánimo de defender-se? Muchas personas manejan una increíble lista personal de excusas y argumentos, que explican su posible fracaso. Pero lo peor de todo es que llevar las excusas previstas nos garantiza que habremos de usarlas con mucha seguridad. Que perderemos...

En una ocasión oí un reproche en un directivo que decía: *"No se os paga el sueldo que se os paga por contarme porqué van mal las cosas. Vuestro sueldo se paga para que hagáis que las cosas vayan bien"* En general tendemos a encontrar una magnífica explicación para eludir nuestras responsabilidades: El petróleo está caro, el mercado es muy maduro, la competencia acecha, tengo pocas herramientas... La explicación es sencilla. Salimos a defender-nos.

Alguien que sale a ganar el partido sabe que tendrá que luchar contra las inclemencias, que se va a encontrar muchos obstáculos en el camino, que va a tener que sortear dificultades, pero también sabe que está dispuesto a hacerlo y a no dejarse vencer fácilmente.

Cuando David pensó en hacer frente a Goliat, tenía tan sólo su honda y su destreza para ahuyentar con ella a los lobos. Pero

Goliat era un gigante. Un gigante armado y poderoso. Alguien a quien nadie nunca había conseguido vencer. Si David hubiera salido a defender-se, Goliat habría pasado por encima de él en sólo unos minutos.

Algo parecido debió pensar Rafa Nadal cuando se enfrentó a Roger Federer en Wimbledon recientemente. Estaban en el feudo de Federer. Rafa había ganado los dos primeros sets y Federer, tras demostrar porqué era el número uno, había empatado a dos sets el partido, y estaban jugando el último para desempatar. Rafa estaba exhausto, en un terreno que no era el suyo (pista rápida), tras más de cinco horas de partido, y con un Federer muy sólido que apenas fallaba. En ese momento, cualquier otro podría pensar: "Me voy a casa. Soy el segundo de mundo. Este tío es una máquina. Yo le gano en tierra batida, pero él aquí es imbatible. Y todo el mundo lo va a entender. Nadie va a reprocharme no haber hecho todo lo que ha estado en mi mano. Saco esta bola y si la pierdo, me voy a casa y descanso". ¿No es una buena lista de excusas? A mí me parecen muy buenas. Sin embargo, lo que se le debió pasar por la cabeza fue: *"Hoy de aquí me tiene que sacar con una pala excavadora. No dejo pasar una bola salvo que esté muerto. Es mi oportunidad para arrebatarle el número uno del mundo. He llegado hasta aquí con mucho sacrificio y esfuerzo personal. No puedo defraudar a todos los que me han ayudado y me siguen. Y no me puedo defraudar a mí mismo".* Y ganó. Y es el número uno del mundo. A eso lo llamo yo la diferencia entre salir a ganar o salir a defender-se.

Salgamos a ganar cada partido, cada set, cada juego, cada punto, cada bola. Sólo así conseguiremos el triunfo. Nuestro personal triunfo diario.

#11 24/02/09
LIDERAR CON EL EJEMPLO

—Entrenamos el día uno de enero a las ocho de la mañana —dijo el entrenador con firmeza.

—¿El día uno? Pero si es año nuevo —contestó uno de los jugadores.

—Por eso mismo. Qué mejor propósito que empezar trabajando. Yo estaré un rato antes por si alguno quiere comenzar a calentar —dijo el entrenador.

Éste es un diálogo cualquiera, de un equipo cualquiera, en una ciudad cualquiera. De estos renglones se pueden sacar varias conclusiones. Cuando algo importa, no hay fechas. Si algo es importante, lo es. Y otra más: Hay que liderar con el ejemplo. Muy seguramente el entrenador tiene también familia, y muy seguramente también la noche anterior se acostaría tarde, pero lo primero es lo primero.

Dar ejemplo empieza en la propia familia. Dicen que los niños hacen lo que ven, que los niños acaban siendo lo que han visto.

Dé ejemplo a su gente. Todos hemos oído hablar del poder y la influencia, del liderazgo y la dirección. El liderazgo de un grupo ha de ganarse. El poder se hereda, o se recibe y ejerce. La empresa te lo da, pero la verdadera capacidad de influencia sobre el grupo, sólo te la ganas si eres capaz de obtener el reconocimiento de los miembros. Y una de las mejores herramientas que un líder tiene a su alcance, para dar un paso de gigante, es *liderar con el ejemplo*.

John Adair, uno de los principales gurús en asuntos de liderazgo en el mundo, mantiene una simple pero eficaz teoría basada en algunas palabras:

- Las seis palabras más importantes: Reconozco que he cometido un error.
- Las cinco palabras más importantes: Estoy muy orgulloso de ti.
- Las cuatro palabras más importantes: ¿Cuál es tu opinión?
- Las tres palabras más importantes: Si te parece.
- Las dos palabras más importantes: Muchas gracias.
- La palabra más importante: Nosotros.
- La última palabra y la menos importante: Yo.

Reconocer los errores propios, reconocer que uno no sabe de todo, que no es infalible, que no siempre lleva la razón, que necesita a los otros, es una magnífica oportunidad de acercarse a los suyos. Felicitar en público aquellas cosas que se han hecho bien, dejar los reproches para el ámbito privado, reconocer la valía de las personas, pedir opinión, ayuda a resolver muchos sencillos problemas cada día. La persona que trabaja en algo generalmente es la más cualificada para solucionar un problema en su ámbito. Pida opinión y habrá ganado a un fiel colaborador. No tema parecer desinformado o sin conocimientos sobre una determinada materia. Si lo hace reforzará su imagen de ser falible, y dará su minuto de gloria a una persona de la organización. Si, además, una vez tomada la decisión, le pide su opinión sincera y luego le da las gracias, el resultado será formidable. Ellos a su vez lo harán con las personas que tengan a su cargo, por lo que de su ejemplo habrá obtenido una reacción en cadena que muy probablemente llegue hasta el último escalón de su organización. Y eso va creando cultura. Va creando confianza en la empresa y en su líder.

Por último, emplee la palabra "nosotros" al menos diez veces más de lo que lo haga con la palabra "yo". El nosotros acerca a las personas, nos une, nos hace piña. Imagine una situación en la que usted se ha equivocado, y tiene que ir a ver con su jefe al director general de la empresa, para explicarle la situación. Y su jefe comienza su intervención diciendo: *"Hemos cometido un error y hemos aprendido de él. Además, hemos puesto los medios para que no vuelva a ocurrir".* Usted, su jefe, y el propio Director General saben de quién es la culpa, pero esas palabras no las va a olvidar usted nunca. Ni a quien las dijo. Al fin y al cabo, como dicen el La banda del Patio: *Los errores no existen. Sólo son decisiones de las que tenemos algo que aprender.*

John M. Scott, el presidente de KPMG en España, avanzaba hace unos días este cambio que hemos de adoptar, para gestionar a la generación de jóvenes que se incorporan al mundo de la empresa: la generación Y. *"Hay unos rasgos característicos para explicar cómo es esta generación: es una generación muy preparada y comprometida, aunque la escala de valores ha cambiado: su primer objetivo es el desarrollo personal, antes que el profesional, no funcionan bien en sistemas autoritarios. Para integrarles se tiene que liderar el entusiasmo, se ha de conseguir entusiasmar a la gente".*

Lidere con el ejemplo y con el entusiasmo, y tendrá una empresa viva. Hágalo desde la autoridad y la falta de libertad, y tendrá una empresa gris... si es que consigue mantenerla en pie.

#12 18/03/09
CAMINANDO

Hace algún tiempo oí a Edurne Pasabán, alpinista española, que el secreto para escalar una gran montaña, uno de los "ochomiles", no era otro que dar un paso detrás de otro. Sin pensar en el agotamiento cuando llega. ¿Quién no es capaz de dar un paso sin pensar en la sed? ¿Quién no es capaz de dar un solo paso con sed? Un solo paso. Y este era el camino, y no otro. Evidentemente hay que tener unas mínimas condiciones físicas y mentales. En definitiva, hay que estar preparado, entrenado. Hablaremos en otros posts del entrenamiento, tan necesario en estos días.

Pero hoy hago referencia a la necesidad de dar un paso detrás de otro en este "ochomil" que ahora nos ha tocado a todos subir. Como siempre va a pasar, habrá algunos que quieran subir en parihuelas, y es seguro que alguno lo consigue a costa de otros, que lo van a llevar necesariamente. Muchos se van a enfrentar a este nuevo "ochomil" en peores condiciones, con un estado anímico bajo. No es agradable que te digan las dos palabras mágicas: "Estás despedido". No se engañen. Se pueden cambiar por otras: *No te renovamos, las cosas están mal y te ha tocado a ti, no es nada personal, seguro que encuentras algo rápido...* No se engañen, de verdad. El efecto es el mismo. Yo, que he recibido alguna vez algún circunloquio de este tipo, puedo dar fe. Comienzas el ochomil "tocado". Pero no hay otra, o subes o te quedas a pasarlo peor. Y lo digo porque otra opción es quedarse. No intentarlo. No subir. Este país, que es de "quemedentodohecho", da mucho pie a esto. Seguro que va a haber gente que se quede a esperar a que le recojan y lo suban en helicóptero, que es menos cansado. Prefiero a los que lo intentan, a los que saben que la ascensión es dura, que lo es porque hace tan solo unas horas estaban arriba, y de la noche a la mañana alguien los ha dejado en el campo base de nuevo.

Ayer fui a comprar un tarjetero de esos gigantes para gestionar mi pequeño caos de personas conocidas, aprovechando que ya nadie cierra a la hora de la comida. Entré en un restaurante mexicano a tomar unas fajitas en la barra (me horroriza comer solo), con una cerveza de esas mexicanas en las que ya no te ponen ni limón. Al lado mío se sentaron tres chicas:

—Ponnos unas cervezas a las tres. Nos acaban de despedir —le dijeron al camarero.

—¿A las tres? —pregunto él.

—Sí, en dos minutos.

—Y ahí acabó el drama.

—Pues yo me voy a tomar unos días para irme de vacaciones, que me llevan explotando años —dijo una de ellas.

—Ya verás cuando se entere mi madre —dijo otra.

—Voy a ir a ver a los de "Tal y Cual", que nos llamaron un día, y a los de "Otto y Moto", con los que hablé... —continuó la tercera de ellas. Yo creo que es lo mejor que puedo hacer en este momento.

Más allá del textual inicio de una conversación que no pude evitar oír, pensé que esas tres chicas eran el fiel reflejo de la forma de tomarse las cosas: a la ligera, con el miedo en el cuerpo, y con la responsabilidad necesaria para volver a ponerse en marcha. Estos tres papeles están perfectamente definidos en una película, que describe magistralmente las tres maneras de ver la vida en un escenario que, no siendo éste, se parecía en muchas cosas: *Los lunes al Sol*.

No queda otra. Bueno sí, lamentarse por las esquinas. Quejarse como Calimero de la mala suerte que nos acecha, o ponerse a trabajar en nuestro destino. Ser tristes espectadores o protagonistas de nuestra vida. Quedarse a esperar o ponerse a caminar.

Me encanta una frase de William Ward que dice: "El pesimista se queja del viento; el optimista espera que cambie; el realista ajusta las velas." ¿Tú qué elijes?

#13 04/04/09
OBAMA, SU CUÑADO, LA RANA Y EL ESCORPIÓN

Hace unos días leía en la inmejorable revista *Esquire*, un artículo de C. Klosterman sobre Craig Robinson, el hermano de Michelle Obama. Hoy, que todo el mundo habla de Obama, que quien más y quien menos está como loco por hacerse una foto con él (no hay más que ver a algún político en la reciente conferencia del G20 en Londres), descubrimos que su cuñado Craig le examinó sobre una pista de baloncesto, como método para que su hermana se convenciera que era un buen chico para ella. A estas alturas es por todos conocida la afición al baloncesto del bueno de Barack. Cuenta su hoy cuñado, que una mañana Michelle, que tenía por entonces 25 años, le pidió que jugara al baloncesto con Barack. Quería conocer la opinión de su hermano, ya que según Robinson: "Se puede deducir cualquier cosa sobre el carácter de un hombre sólo con jugar al baloncesto". Afortunadamente para Michelle, el veredicto de su hermano fue claro: "Cuando jugué al baloncesto con Barack, se mostró serenamente confiado, lo que significa que se tenía en buena estima, pero sin ser engreído. Era un jugador de equipo, pasaba cuando tenía que pasar, y cortaba cuando tenía que cortar. Además, tenía un liderazgo natural, porque no me pasaba la bola simplemente porque salía con mi hermana". Interpretaciones aparte de esta última consideración de Robinson...

He querido traer este extracto del brillante artículo de *Esquire* por un único motivo: una persona se comporta en la cancha como lo hará en la empresa, como lo hará en su vida.

Esto mismo lo conté hace unos días en una conferencia a la que fui invitado en el "Program for Marketing Management" de ESADE.

Compartíamos allí que la naturaleza es terca y sabia. Al igual que en la fábula del escorpión y la rana se acaba achacando a la rana la estupidez de haber aceptado a cruzar al escorpión, se critica salvajemente al escorpión por morir en el río picando a su salvadora. ¿Pero qué podían hacer? El escorpión es como es, vale, pero, ¿y la rana? ¿Por qué pensamos que la rana tenía elección? La rana también es como es. Y lo peor es que ella lo volvería a hacer.

Si la rana y el escorpión jugaran un partido de baloncesto, la rana iría un rato antes para explicarle al escorpión las reglas del baloncesto, le avisaría de las zonas del campo que escurren, y le indicaría desde dónde no se puede tirar porque te da el sol en los ojos. El escorpión, por su parte, escucharía a la rana, por supuesto no le agradecería el detalle, y le pediría empezar cuanto antes: ¡Acabemos con esta farsa, rana, te voy a machacar! La rana, también por supuesto, iría a por todos los balones que se fueran lejos, reconocería sus faltas (aunque no hubieran sido), ayudaría al escorpión a calentar, le daría agua en los descansos, y hasta le secaría con sus propias ancas el sudor de la frente. El escorpión, por su parte, haría todo lo posible por ganar de paliza a la rana, la dejaría en ridículo en cada canasta y, naturalmente, la estaría gritando todo el partido delante del resto de ranas, repitiéndole reiteradamente lo mala que es. Y nada de esto evitaría que, al cruzar el río, el escorpión pidiera, casi suplicara, a la rana que le ayudara a cruzar, y la rana, a sabiendas, tampoco podría evitar llevarle. Ambos son así, no lo pueden evitar.

Por eso Robinson quiso probar el instinto primario de su futuro cuñado jugando al baloncesto. Porque es donde mejor se conoce a las personas, donde sale lo mejor y lo peor de cada uno. Manejar esos resortes, conocer a las personas en sus estados primarios, y saber manejar las diferentes soluciones posibles, te da una ventaja en el mundo de la empresa inimaginable.

Nunca pensé que algún día tendría que agradecer tanto a mis padres el que me hubieran permitido jugar a este deporte durante años.

#14 14/04/09
LEVANTARSE

En una escena de *Glengarry Glen Ross* (gracias Pablo Herrero por descubrírmela hace ya algunos años), Alec Baldwin, el jefe de una banda de vendedores, se desplaza desde la central para "animar" las "no ventas" que se estaban produciendo. Lo llamo "banda" porque para entonces no eran ni un equipo. Cada uno hacía lo que mejor le venía, nadie trabajaba por un fin mutuo y desde luego los valores de disciplina, esfuerzo, sacrificio, compañerismo, etc., brillaban por su ausencia. La lista de excusas que se ponían para mejorar la producción era interminable. Pero una de las frases cumbres de un agresivo Baldwin a uno de los vendedores es: *"¿Qué las fichas son malas? ¿Qué las p**** fichas son malas? Usted sí que es malo"*.

Y desde entonces, cada vez que oigo un argumento de ese tipo me acuerdo de Baldwin (aun difiriendo enormemente con el protagonista en las formas de dirigirse a su gente).

¿Qué las cosas están mal? ¿Y qué haces tú por mejorarlas? ¿Qué no te puedes levantar? Cuando ves a una persona como Nick Vujicic, ¡eso es no poderse levantar! El resto tenemos dos manos, dos pies, salud, algunos más juventud que otros…

Pero, ¿cómo es posible que antes de levantarnos de la cama ya estemos pensando lo mal que están las cosas?

Es cierto, quizá he empezado muy cañero este post. Pero es la ventaja que te da el blog frente a otros medios de comunicación. No podemos estar todo el día pendientes de que alguien haga algo por mi vida, que ni siquiera yo estoy dispuesto a hacer por mí mismo. Necesitamos levantarnos de este estado de shock en el que todo el mundo parece haberse instalado. No hay actividad cotidiana que uno haga, en la que no se encuentre con alguien que te dice ¡Está la cosa mal! Y lo peor es que el "cenicismo" se transmite más rápidamente que el "optimismo".

Hace años tenía a un compañero que me decía: Cuando te pregunten ¿qué tal?, siempre hay que responder que "muy bien", por una sencilla razón: Si es un amigo se alegrará, y si es enemigo, ¡que se fastidie! Bueno, es otra manera de verlo, pero yo prefiero seguir haciéndolo así. Eso, o decir como un buen amigo: ¿Qué prefieres que te conteste? ¿Bien?, o tienes un ratito y te cuento...

Me gustan mucho más algunas de las iniciativas que terminé de leer el fin de semana en un espléndido libro de Sergio Bulat titulado *El arte de inventarse profesiones*. Reflejan claramente otro tipo de actitud ante los retos y las oportunidades que tenemos por delante con los que me siento plenamente identificado. Espléndido y muy recomendable libro.

#15 18/04/09
YO SOY UN VENDEDOR

Y a estas alturas lo digo con orgullo.
- Soy un vendedor porque disfruto descubriendo necesidades en los clientes y ofreciéndoles soluciones que les son de utilidad.

- Soy un vendedor porque me esfuerzo siempre en ofrecer mi mejor aspecto, mi mejor sonrisa y mi mejor predisposición a servir. Porque me esfuerzo en darle mi mejor primera buena impresión.
- Soy un vendedor porque trato cada mañana de que la empresa que me paga, a la que el mercado valora en parte por sus resultados, cada vez sea más fuerte.
- Soy un vendedor porque en cada cosa que hago busco la excelencia, busco que la otra parte obtenga lo mejor de mí.
- Soy un vendedor porque quiero ser el único responsable de lo que pasa en mi vida laboral y personal. Porque he elegido ser protagonista y no espectador. Porque disfruto teniendo una actitud mental positiva.
- Soy un vendedor porque me planteo unos objetivos cada año, cada mes, cada semana, cada día. Porque creo que sólo así se avanza.
- Soy un vendedor porque pienso que es la profesión más digna. Es la única que mete gasolina a la empresa de forma directa para que la máquina siga funcionando.
- Soy un vendedor porque creo que sin clientes no hay empresa.
- Soy un vendedor porque disfruto preparando una buena entrevista, porque me apasiona el contacto con las personas, porque me encanta negociar, cerrar un trato, volver a ver al cliente, pedirle referencias...
- Soy un vendedor porque me encanta el concepto del win-win. Si tú ganas, yo gano. Y si no, dejémoslo.
- Soy un vendedor porque me encanta preguntar y me esfuerzo por escuchar otros planteamientos, otras formas de ver las cosas.

- Soy un vendedor porque disfruto escuchando a los clientes. Disfruto averiguando lo que temen, lo que les gusta, lo que odian, lo que disfrutan. Creo que si conozco todo esto me acercaré a lo que quieren y ellos me querrán más a mí.
- Soy un vendedor porque cada objeción, cada NO es un reto, un peldaño más que subir, un obstáculo más que vencer.
- Soy un vendedor porque me encanta defender mi precio, porque me encanta poner en valor el servicio que doy.
- Soy un vendedor desde que tengo uso de razón porque descubrí que en cada relación, en cada gesto diario, hay una venta. Hasta para echarte novia has de vender tu producto, lo mejor que tienes: ¡Tú mismo!
- Soy un vendedor porque me encanta que el cliente crea que le doy mucho más de lo que espera recibir por lo que paga.
- Soy un vendedor porque disfruto eliminando de mi vida los malos rollos, porque vender me permite buscar el lado bueno de los productos y servicios, y con ello he entrenado para ver el lado bueno de la vida.
- Soy un vendedor porque intento pensar antes de hablar.
- Soy un vendedor porque puedo asesorar, porque no me gusta despachar, porque no creo que sea bueno hacerlo y porque no creo que lleve a ningún lado.
- Soy vendedor porque no me gusta mentir a mis clientes, porque nunca he hecho nada que perjudicara sus intereses a sabiendas.

Por todos estos motivos, yo sí soy vendedor. Al menos lo intento cada día con todas mis fuerzas. He conocido y conozco estupendos vendedores de los que intento aprender en cuanto tengo ocasión. Les tomo prestados un buen gesto, una sonrisa, una mueca, un buen argumento, una buena salida, una reflexión inteligente... El día que aprenda a hacerlo bien ya va a ser la leche, y en ese empeño estoy cada día. Así que lo digo con orgullo. Soy vendedor. Y no me pasa nada.

NOTA DEL AUTOR: Este texto fue escrito originalmente en la intranet del banco para el que trabajaba en esa fecha. Lo escribí para hacer ver a los agentes financieros, con quienes interactuaba cada día por mis responsabilidades, que todos, cada día, estamos vendiendo algo: Nuestros servicios, nuestros "entregables" en las empresas, nuestra forma de ser con nuestras parejas, nuestro "look and feel" con la sociedad, la forma de educar a nuestros hijos... Cada día salimos fuera a dar nuestra mejor imagen, a hacer las cosas lo mejor que sabemos, y a ayudar a los que tenemos cerca con nuestro mejor saber y entender. Y eso, amigos, es vender.

#16 10/05/09
IR "PÁ NÁ"... ES INTENTARLO

Un gag de una conocida pareja de cómicos justificaba así su negativa a ir a un determinado sitio: *"Si no es por no ir..."* continuaba, para culminar su esperpéntica excusa con un *"pero ir pá ná es tontería"*.

Al final conseguía dar la vuelta a un razonamiento que comenzaba con una frase que no pensaba cumplir desde el principio: *"Si hay que ir, se va"*.

Esto, que no deja de ser una divertida parodia, se convierte en tragedia en muchos casos, cuando es el fiel reflejo de una actitud, que hemos de cambiar si queremos salir de ésta de un modo colectivo.

Hoy, "ir por ir" (ir pá ná, en el gag) no es una tontería. Aparte de que en muchas ocasiones es nuestra obligación, y no debemos esquivarla, hoy ir, intentarlo, es el único medio de retomar la ilusión. Porque "ir" significa ponernos en movimiento, desperezarnos, dejar de pensar en que "ir" es una tontería, significa abandonar los malos pensamientos, los malos rollos. "Ir" significa intentarlo, aprender cosas nuevas en el camino, superar barreras, superar obstáculos, significa aprender a hacerlo, y adquirir este conocimiento. Hoy, "ir" significa perder el miedo. El miedo es un magnífico inhibidor en la mente. *"Si tienes miedo a algo, hazlo"* es una de las frases que he oído estos días en algún sitio. Sólo así habrás superado el miedo. "Ir" significa en estos casos cambiar de postura en la vida. Significa pasar del *"miedo a perder a perder el miedo"*. Y cuando uno pierde el miedo porque está "yendo", es mucho más fuerte que cuando inició el camino, y al serlo, se atreve con nuevos y desconocidos retos, con nuevas y apasionantes metas.

Pero para que esto pase hay que "ir". No haciéndolo, las oportunidades raramente nos van a venir a buscar. Se ha convertido ya en un viejo tópico la frase de Pablo Picasso acerca de que las musas le pillaban trabajando. Al genial pintor las musas le pillaban "yendo".

#17 27/06/09
BREVE PARÉNTESIS

Hoy he estado en París. 40 años más tarde he vuelto a París de nuevo. Lo he hecho igual que lo hice antes: sin salir del aeropuerto. Claro que entonces tenía tan sólo algunos meses, y obviamente no podía contarlo. Hoy he pasado de camino a Filadelfia. Me voy a sumergir aquí en un completo programa de "*Finance, Marketing and Public Relations*". Quiero pasar dos semanas de entrenamiento al más alto nivel. Dos semanas de retiro en las que cargar pilas, adquirir nuevos conocimientos, y disfrutar de lo que será una experiencia única.

Antes de nada, quiero agradecer a las personas de La Salle International Graduate School, la oportunidad que me brindaron en su día, al proponerme participar como profesor de Dirección Estratégica en su prestigioso MBA Internacional. Gracias a eso, he podido asistir con los alumnos en su estancia en Filadelfia.

Hay cosas que uno cree que ya no va a tener la oportunidad de hacer. Disfrutar de una estancia en un hermoso campus universitario, escuchar a muy buenos profesores, aprender de la diversidad de los asistentes, vivir, en una palabra. Esta experiencia está siendo sin duda algo apasionante.

¿Por qué pedimos a las empresas muchas veces que inviertan en nuestra formación si nosotros no estamos dispuestos a hacerlo por nosotros mismos? En algún otro post anterior he hablado de la importancia que creo que tiene el entrenamiento continuo, de la necesidad que tiene el profesional de estar al día de las nuevas tendencias, de nuevas técnicas con las que resolver nuestro día a día. Hoy, más que nunca, hemos de buscar nuevas soluciones a problemas con los que jamás nos habíamos enfrentado. Si en este mercado, que hoy se ha puesto tan cuesta arriba, no hacemos nada, debemos saber que estaremos fuera del mismo más tarde o más temprano.

Hace unos meses hablaba con un colega de trabajo sobre "escaleras mecánicas". Él me decía que hasta ahora estábamos acostumbrados a subirnos a ellas, agarrarnos a la cinta, y en un rato estábamos más arriba. Pero en mitad de la subida, de repente, nos han cambiado el sentido de la escalera. Ya no sube, ahora baja. Si queremos subir al piso de arriba (parece que arriba siempre está lo bueno), no nos sirve quedarnos quietos.

Quedarnos quietos sólo nos garantiza una cosa: que bajaremos y, además, mucho más rápido de lo que habíamos subido. Tampoco sirve en ese caso agarrarnos fuerte de la cinta, ya que eso no nos garantizará ni subir, ni mantenernos. Si nos agarramos con fuerza a la cinta que antes nos subía (a nuestro esquema mental sobre cómo hacer las cosas), bajaremos de igual modo.

Por tanto, no queda otra que ponernos a subir en contra de la escalera. ¿Alguien lo ha probado? Cuesta coger el ritmo al principio, pero al rato es muy divertido. Si pones empeño, si mueves las piernas más deprisa que lo que la escalera baja, no sólo empiezas a ascender, sino que vas viendo cómo el resto sigue bajando con caras desencajadas. Muchos de los que antes subían rápidamente, sin ningún esfuerzo, ahora están de vuelta, están bajando.

Pero... pueden dar media vuelta e intentar subir ellos también, ¿no? Sin duda, pero eso supone un esfuerzo que alguno de ellos, "a estas alturas", ya no está dispuesto a querer hacer. Y si es por eso, pues nada, que sigan bajando.

También ves personas bajando, a las que las circunstancias se les han puesto adversas, y están tomándose un tiempo para pensar, para decidir cuál es el siguiente "piso" al que aspiran llegar. Estas personas, tarde o temprano, descubrirán una buena oportunidad para cambiar, para empezar a subir de nuevo, porque lo buscan cada día. Más que preocuparse de la situación se ocupan de cambiarla.

Yo, por el momento, he venido a entrenar, a hacer un poco de "prepa", como llamábamos en basket a la preparación física. Al fin y al cabo, si uno ha de subir en algún momento la escalera al revés, siempre es mejor que te pille en forma...

NOTA DEL AUTOR: Cuando escribí este post no podía ni imaginarme que, diez años después de esto, iba a tener mi propia empresa, iba a estar viviendo en Estados Unidos, tras haber vivido antes en otros dos países más, que mis hijos iban a estar estudiando acá.., Definitivamente este viaje supuso un parteaguas por la decisión que tomé al regreso, y que ni imaginaba al escribir estas líneas...

#18 — 15/07/09 — DE REGRESO

Ya estamos de nuevo en la batalla. Mi estancia en Filadelfia ha resultado ser una de las mejores experiencias de mi vida. Por varios motivos.

El primero de ellos, con mucha diferencia, por las personas con las que he tenido la oportunidad de viajar. Vaya mi agradecimiento a Paula y Elena, unas auténticas compañeras, y a Juanjo, Marcel, Alejandro, Alfredo, Manu, Pablo, Javi y Patricio. Sin ellos la aventura no habría sido tal. A Johana, Carolina y Ana, las echamos mucho de menos y han estado en nuestras conversaciones muy a menudo. Desde aquí también quiero acordarme de lo que hemos aprendido de la delegación suiza, con HP, Uta y Carolina. De ellos nos traemos su seriedad inicial y su desparpajo para "hacerse españoles" a medida que iban pasando los días.

El segundo, por el contenido académico en sí. Cuando las empresas en USA hablan de management internacional saben de lo que hablan. Empresas instaladas en docenas de países, con multitud de idiomas diferentes a lo largo del globo, con una gestión de equipos especializada, con una planificación financiera multidivisa sobre la cual quitarte el sombrero... Son magnitudes que en muchas ocasiones se nos escapan desde aquí. Y la universidad de allí lo conoce, y sabe enseñarlo muy bien. El contenido del programa de La Salle University, soberbio. El trato de colega que me han dispensado los profesores de allí es para estar permanentemente agradecido. Tengo la sensación que dejo allí colegas de enseñanza con los que voy a colaborar mucho en el futuro.

Y el tercero de ellos por lo que ha supuesto la experiencia de la "vuelta al cole". Volver a pisar las aulas. Peter Drucker dijo esto en 2002: *"Un número muy grande de ejecutivos, probablemente la gran mayoría, no permanecerá con sus empresarios actuales, o en su línea de trabajo actual, hasta la tradicional edad del retiro. Pero seguirán trabajando, más o menos a tiempo completo, hasta más allá de los 75 años... Mientras continúen trabajando, volverán de una manera u otra a las aulas, y no me refiero a leer un libro o asistir a un seminario, sino a las aulas universitarias."* Y eso es lo que he vivido. Una experiencia repetida y mejorada con el tiempo, enlatada en una dosis de quince días, con un sabor de concentrado en la consciencia que debía disfrutarlo como lo habría hecho 20 años antes.

Y aunque lo hice hace unos días, cuando llegaba, sin saber lo que me iba a encontrar, lo vuelvo a hacer ahora una vez vivida la experiencia: Quiero agradecer a La Salle la oportunidad que me ha brindado de acompañar a los alumnos del MBAI, y a Bankinter, la empresa para la que trabajo desde hace más de 18 años, la libertad que me ha dado para disfrutar esta experiencia.

Volvemos con ánimos y fuerzas renovadas, con una muesca más en el revólver, y con muchas ideas en la mochila. No sé porque se dice que el saber no ocupa lugar...

El regreso, además, me ha deparado otra satisfacción, ya que a la vuelta se ha comenzado a distribuir en las librerías la segunda edición de *Tiempo para Decidir*. Como de bien nacidos es ser agradecidos, quiero hacerlo también con Joaquín Sabaté y Sergio Bulat, las personas que han dado forma a la idea de esta segunda edición revisada y ampliada en Empresa Activa. Si muchos de los libros de esta editorial me han inspirado durante años, podéis imaginar el orgullo que supone ser uno de sus autores.

#19 — 12/09/09
ACTITUD, RIGOR Y DISCIPLINA

Con estas tres palabras solía acabar un buen amigo sus presentaciones. Él mantenía que eran lecciones sacadas de su estancia en el ejército y que eran igualmente aprovechables en la empresa.

En primer lugar, hablaba de la ACTITUD, "con c". Remarcaba que todo equipo la necesita para salir a jugar. Yo añado para salir a ganar. El que sale a empatar es seguro que pierde.

La RAE define el término "actitud" como: "Disposición de ánimo manifestada de algún modo". La actitud es muy importante en las personas de las empresas y en los equipos. Hace años, tuve que asistir a un hospital con mi hijo pequeño, que sufrió un accidente doméstico de cierta envergadura. El pequeño estaba sangrando bastante aparatosamente por una herida abierta en el pómulo para la que hubo que darle siete puntos. La persona que nos tomó los papeles, para pasarlos al cirujano plástico pediátrico que estaba de guardia, iba arrastrando sus zuecos por el pasillo, andando terriblemente despacio, como cansado, como cansino. Tardó unos interminables segundos en aparecer, y otros en desaparecer de la escena. Era domingo por la mañana, no muy temprano, pero debió pensar que para él no era más que un trámite, cuando para nosotros eran decilitros de la sangre del pequeño la que salía de su pequeña cara. De buena gana habría tomado a aquel buen señor de las orejas, y le habría hecho correr con nuestros papeles. Su actitud no era la apropiada para un servicio de urgencias, en el que después, todo sea dicho de paso, nos atendieron de maravilla y la cirugía quedó muy bien.

Llevo viendo a la selección de baloncesto estos días con los zuecos de aquel hombre. Hay muchas miradas de superioridad, hay muchos gestos de esos de "es incompresible que le pueda estar pasando esto a un tipo como yo", hay muchos gestos entre los jugadores que antes no había. La selección ha jugado estos años un juego muy alegre, muy provocador, muy irreverente, si se me permite. Y desde que muchos de sus participantes son verdaderas estrellas en sus equipos, se ha perdido toda esa frescura. Jugamos muy atenazados. Fallamos mucho más que antes. Nos quitan rebotes por los que antes mordíamos. Perdemos pases sencillos. Yo creo que todo esto es un problema de Actitud.

No quiero ser de esos que hacen leña del árbol caído, pero puestos a sacar lecciones de esto para el mundo de la empresa, creo que conviene trabajar la actitud en los equipos de forma permanente y no permitir comportamientos que puedan estropear el trabajo del resto del equipo.

Si buscamos la palabra Rigor, en el diccionario, encontramos en una de las acepciones: "Propiedad y precisión ", y en otra:

"Intensidad". Como se ve, no están reñidos la intensidad con la precisión. Y eso lo ha tenido este equipo durante unos cuantos años. Por los aciertos y por la intensidad. Este equipo y sus componentes han sido rigurosos con el protocolo, con los entrenamientos, en los partidos... Hoy no hay más que mirar las estadísticas, los porcentajes de errores en tiros ya sean libres, de dos, triples, los balones perdidos, han subido en cada uno de los jugadores. ¿Nos está faltando rigor?

La última de las palabras es Disciplina. No voy a entrar a valorar las palabras de Marc Gasol, de las que ya se ha retractado. Pero es un síntoma. Es una señal. No se puede cuestionar al entrenador. Si no sirve, ya habrá otro que le quite. Como siempre, los lunes se acierta la quiniela. Si Sergio Llull llega a meter ese mate, hoy el entrenador sería un maestro, sería un estadista, habría estado listo de reflejos, al usar al hombre que peor defensor tenía y al que menos ojos vigilarían. Pero en baloncesto la diferencia entre el éxito y el fracaso es que la pelota entre, y hoy no ha entrado. Los jugadores a callar y a pedir explicaciones en privado si creen necesario hacerlo. Y el entrenador a pedir disculpas al equipo, también en privado, si es que cree que debe asumir el error en la última decisión.

Y todos a pensar en el partido del lunes. Hoy era importante. Contra Lituania nos lo jugamos todo. Espero que para entonces el equipo recobre junto a su desparpajo, acierto y soltura, los tres términos de mi amigo: ACTITUD, RIGOR Y DISCIPLINA.

Suerte, chicos.

#20 16/09/09
THE BETARI BOX

¡Qué bien sienta ganar! Tenía esta frase escrita al acabar el tercer cuarto y tuve la tentación de quitarla al oírsela a Iturriaga en la tele para evitar repetirme. Finalmente, no la he quitado, sino que la he puesto al principio. Es que sienta muy bien. Es muy bueno para todos. Para los jugadores, para los aficionados, para el equipo técnico... Ganar siempre es bueno, pero con el inicio del campeonato que hemos tenido, era la única posibilidad de seguir y de hacerlo con confianza.

En las empresas, en los equipos de trabajo, lleven la ropa que lleven, la base emocional del equipo está directamente relacionada con el resultado final. Por eso estos días de atrás me he mostrado más preocupado con el estado de ánimo, con la forma de actuar, de gesticular, de sentirse, de los jugadores y el técnico. Hay un lenguaje no verbal que no es bueno para las organizaciones, que surge sólo cuando la gente no está a gusto. En management se estudia un modelo que se conoce como Betari Box, que trata de explicar la influencia que tiene la actitud frente al comportamiento de uno mismo y de los otros.

El modelo viene a decir que mi Actitud afecta directamente a mi Comportamiento (Behaviour). Éste afecta inmediatamente a la actitud que los otros tienen conmigo, e inmediatamente afecta a su conducta que, al ser observada por mí, de nuevo, afecta en mi actitud para con él. Es un bucle cerrado que se retroalimenta. No hay manera de salir de él sin voluntad de hacerlo. No hay fisuras. No hay solución.

O lo que es lo mismo, lo que sesudos señores han dicho, es que nuestra actitud y nuestro comportamiento determinan la satisfacción de nuestro cliente. Lo novedoso es que no habla para nada de la satisfacción del cliente con el producto final que ha comprado, ni con la calidad del servicio que ha recibido. Esto pasaría a un segundo plano, de tal modo que un cliente puede haber comprado el mejor artículo a un vendedor mal encarado, y su satisfacción final será mala. Pero el artículo es inmejorable, dirían algunos. Sí, pero no estoy contento.

Una buena noticia. Ese bucle se rompe tan sólo con cambiar de actitud. Porque, de ese modo, mi actitud puesta en positivo, afectaría a mi comportamiento que mejoraría inmediatamente, y así sería percibido por el otro, quien inmediatamente tendría una mejor actitud, y su comportamiento hacia mí sería radicalmente distinto. Habríamos conseguido parar un círculo vicioso y convertirlo en un círculo virtuoso.

Y eso es lo que creo que le ha pasado a nuestro equipo de basket. Sólo con mejorar su actitud en el campo, su comportamiento ha cambiado y anteayer fue capaz de hacer un segundo y un tercer cuarto de antología, hoy ha sido capaz de endosar una severa derrota al anfitrión, Polonia. Con eso, la actitud de la prensa, del aficionado, del vecino del primero de enfrente ha cambiado. Y con ello el comportamiento: ¡Qué poco le criticamos ya hoy! Y esto se vuelve a favor de los jugadores que lo entienden, lo valoran y son capaces de jugar con mucha menos presión.

#21   17/09/09
IMPOSSIBLE IS NOTHING

—Ricky, ¿quién es el mejor jugador de Francia?
—Tony Parker.
—Pues no quiero que huela el balón.

De una forma muy similar habrá sido la conversación entre el base titular y el entrenador del equipo español hoy. Así, o de una forma parecida, se tendrá que haber gestado la defensa que hoy ha hecho Ricky Rubio a Tony Parker, para que éste se quedara en 0 puntos. Hoy va a soñar con él. Inmensa su labor defensiva, pero soberbia la del resto del equipo.

Este es el equipo que conocemos: trabajador, humilde, respetuoso con el contrario, que defiende, que corre, que tira, que va a por el rebote... Es que hoy han vuelto a jugar como el segundo cuarto de Lituania. ¡Qué maravilla! ¡Qué espectáculo! ¡Qué gusto ha dado verlos jugar!

El día de Gran Bretaña acababa mi post deseándoles suerte y deseando que el equipo recobrara sus valores.

Espero que para entonces el equipo recobre junto a su desparpajo, acierto y soltura, los tres términos de mi amigo: ACTITUD, RIGOR Y DISCIPLINA.

Hoy han tenido todo eso de nuevo. Es una maravilla verlos jugar así.

Lecciones para el mundo de la empresa: están aquí porque en el descanso del primer cuarto de Lituania se conjuraron para no perder. No bajaron los brazos. ¡Los subieron! Hay un anuncio que dice que *"Imposible no hay nada"*. Parecía imposible haber llegado hasta aquí con el juego que estábamos haciendo. ¿No oímos en las empresas a diario: ¡Esto es imposible!? Esto podía parecer que lo era, y sólo con cambiar de actitud, cargarnos de humildad y poniéndose a trabajar como sabían, le endosaron un 23-0. ¿Aprendieron a jugar acaso un buen baloncesto? Naturalmente que no. Eso está en los genes de este equipo. En las empresas pasa igual. No se aprenden las cosas en un fin de semana, pero es el tiempo necesario para caer en la cuenta que tienes que hacer cosas distintas, si quieres unos resultados mejores. Debes liderar tu departamento con el ejemplo, sacrificarte por el grupo, esforzarte más por hacer mejor las cosas, tener en cuenta a los compañeros, "doblar" balones, asistir a otros, ayudarles... Si ya crees que lo haces, deja de leer aquí mismo. No vas a aprender nada nuevo. Si por el contrario crees que tienes margen de mejora, pídete un tiempo muerto este fin de semana, un Tiempo para Decidir, y escribe en un cuaderno estas cosas:

- ¿Hacia dónde quiero conducir a mi equipo?
- ¿Qué cosas necesito modificar para ello?
- ¿Cómo vas a hacer estas cosas? ¿Cuándo? ¿Dónde? ¿Con quién? ¿En qué fechas? Cierra pequeños hitos, pequeños pasos que sepas que vas a ser capaz de dar y de vigilar porque los has dado.

Llévate este compromiso al trabajo el lunes y repásalo antes de que lleguen los compañeros. Si estás decidido a cambiar, no esperes. Empieza el mismo lunes. Si tienes un sueño, si crees que es posible ganar a tu "Lituania", por muy difícil que creas que lo tienes, ponte a ello. Cada vez que consigas una meta, le habrás remontado 10 puntos. Mejora en dos cosas y habrás metido un parcial de 20-0. Ahora sólo queda seguir jugando en la misma línea, remontando. El éxito es contagioso, y si tus compañeros ven que persigues tu meta con ahínco, verán tus resultados y querrán hacer lo mismo. Has provocado EL cambio. Ya nada será igual.

07/11/09
LOS BENEFICIOS DEL COACHING

Una de las cosas en las que estoy empleando más tiempo en este último mes es en hacer una inmersión profunda en el mundo del Coaching Ejecutivo. Me he decidido a seguir un completo curso para certificarme a través del organismo internacional que regula esta actividad, la ICF. Siempre he sentido curiosidad. Nunca lo he conocido con mucho detalle. Creo que, de hecho, es una actividad aún desconocida por mucha gente, y tristemente desvirtuada por muchos otros. Hoy mismo, sin ir más lejos, una persona con la que hablaba de esto me decía literalmente: "Sí, a mí me han hecho coaching con eso de las pelotitas, las cuerdas, y eso..." ¿Alguna sesión outdoor de formación quizá? Quién sabe... El caso es que para mi comunicante, eso del coaching era una parida fuese lo que fuese. Algo traído de fuera que pretende enseñarnos a los de aquí algo que seguro que sabemos, pero que no debe ser muy bueno cuando no lo hemos inventado ya nosotros. Sé que sólo es una impresión, sé que estoy mostrando sólo un juicio, pero me ha llamado la atención, y he pensado que usar unas líneas para dar un poco más de luz a esto del coaching no iría mal.

A mí me parece una forma de trabajar con personas que tiene herramientas muy potentes. Desde el momento en que se basa en no dar soluciones o recetas, en no absolver, en no diagnosticar, eliminamos por este orden la posibilidad de que un coach sea un consultor, sea un cura de los de antes, o sea un psicólogo. Estas tres dignas profesiones son las que más se repiten cuando alguien, al que le cuentas qué es esto del coaching, intenta entenderlo, dándote la profesión que conocen, como la que ellos entienden que hace lo mismo que un coach. Las tres son muy útiles, muy necesarias en muchos casos, pero aunque un consultor pueda ser un buen coach y un psicólogo también, por supuesto, no son la misma cosa.

Acompañar a un directivo, a cualquier persona, en su proceso de búsqueda de soluciones para conseguir lo que se propone, asistirle en el camino y velar porque sus planes de acción se cumplan, es algo que alguna vez seguro que hemos hecho con alguien sin saberlo. ¿Es gratificante cuando el otro obtiene objetivos? En eso, y en muchas más cosas se basa la profesión del Coach.

He querido traer los nueve beneficios de los que habla John Withmore en su libro *Coaching for Performance*. El resumen es éste:

1. Mejora del desempeño y la productividad
2. Desarrollo de la gente
3. Mejora del aprendizaje
4. Mejora de las relaciones
5. Mejora de la calidad de vida en el trabajo
6. Más creatividad
7. Mejor uso de habilidades y recursos
8. Respuestas más rápidas y efectivas a situaciones de emergencia
9. Mayor flexibilidad y adaptabilidad al cambio

¿No te gustaría que pasase esto en tu empresa? ¿Y en tu vida? Igual puedes contratar los servicios de un buen Coach Ejecutivo...

#23 — 27/11/09 — DAR Y RECIBIR

Una de las distinciones que se hacen en Coaching para definir mejor las cosas que sentimos o hacemos, tiene que ver con el concepto "Generosidad". Usualmente se define una persona generosa como aquella que actúa de alguna de estas maneras: con benevolencia, bondad, benignidad, humanidad, magnanimidad, grandeza, nobleza, abnegación, altruismo, desinterés, filantropía, beneficencia, dignidad, dadivosidad, desprendimiento, esplendidez, esplendor, largueza.

Generosidad, desprendimiento y esplendidez aluden, especialmente, a la cualidad de regalar o de convidar. Pero, ¿qué pasa con recibir? ¿No está siendo generoso el que recibe? ¿No está permitiendo al otro dar, sentirse bien? ¿No es también generoso el que sabe aceptar? Esto es uno de los cambios de paradigmas más interesantes que se pueden experimentar como ser humano, y el coaching lo ha sabido adoptar.

Esto me viene a la cabeza por mi actividad de estas últimas semanas en las que, por un lado, he estado dando algunas conferencias y sesiones de formación y, por otro, recibiendo mis sesiones de certificación como coach, y pude asistir a una de las conferencias más increíblemente potentes y diferentes que haya visto.

En Santander, hace unos días, estuve participando en una mesa redonda en CESINE, posterior a una conferencia en la que plasmé lo que de aprovechable tienen los valores del Baloncesto en el mundo de la empresa. Hoy, que en muchos casos nos encontramos con dificultades en las empresas, dificultades económicas y personales, dificultades simplemente para llegar a fin de mes, igual es momento de parar, tomarse ese Tiempo Muerto del que hablo en mi libro, y rehacer la estrategia. La situación no es como la del año pasado. No es como la de hace diez minutos. El mundo cambia, por tanto, no nos sirven las mismas cosas que nos trajeron hasta aquí. Es tiempo de reflexionar, de recapacitar sobre cuáles son las nuevas estrategias que te han de llevar a donde quieres. Qué cosas has de hacer para llegar allí, y en qué tiempo. Algo así como:

- ¿Qué quieres conseguir?
- ¿Qué te hace falta para conseguirlo?
- ¿Qué vas a hacer para conseguir esto que te hace falta?

Respondiendo a estas tres sencillas preguntas estaremos abriendo la puerta a nuestro personal plan de acción. Y si no, prueba con un buen coach. Hacemos de estas tres sencillas preguntas, de su observación y trabajo posterior, una extraordinaria labor de acompañamiento en el personal proceso para que el coachee alcance su reto, su visión, su sueño.

Porque de eso también hablaban Leila Navarro y José María Gasalla, autor entre otros de Confianza (Empresa Activa), en la conferencia-roadshow a la que tuve la oportunidad de asistir el pasado miércoles en ESADE. Increíble puesta en escena, mensaje muy concreto, muy bien enlazado, con conceptos sencillos, claros, potentes y machaconamente divertidos. Muy recomendable para aquellos que todavía no lo hayan visto. Me permito tomar prestada de las palabras de Leila algo que creo que puede ayudar a mucha gente. Ella venía a decir algo así como si de cada error se puede sacar una enseñanza, se puede aprender, la dicotomía diaria se podría resumir en: *O acierto o aprendo*. No fallo, no me equivoco. Aprendo inmediatamente del error cuando este se produce. Yo, como ella, disfruto cada día de lo que aprendo, por tanto, hago este lema mío. Desde hoy, en cada cosa que haga, o Acertaré o Aprenderé.

Se acabó sufrir por los errores, se acabó la tortura de la equivocación, se acabó cargar con ella para siempre. Me quedo con lo aprendido. Cada día, o acierto, o aprendo.

#24 — 02/12/09
DAR EL PASO

Las personas caminamos por la vida cargados de miedos. Esto, que podría tratarse como una afirmación universal, una gran verdad, no es más que un juicio. Como tantos otros que emitimos cada día, y que pretendemos que el de al lado tome como una verdad, la verdad más absoluta, la única verdad, la mía. Alfredo Garcia-Castrillón, un magnífico coach que tuve como instructor, decía que la razón es el único bien que todo el mundo cree poseer y, además, en su totalidad. La gente cree tener siempre la razón, toda la razón. Por eso, aquello de que las personas caminamos con nuestros miedos no es verdad, tan sólo se trata de un juicio, eso sí, compartido por muchos de nosotros.

Cuento esto porque muchas de las cosas que para nosotros no tienen solución, muchas de las que no somos capaces de abordar tienen que ver con nuestros miedos e inseguridades, que se manifiestan de diferentes formas. A algunos se les presenta en forma de hipoteca que no pueden dejar de pagar, como gran razón para no dejar un trabajo que les asfixia, no le gusta o no le deja vivir. Otros prefieren optar por echar la culpa a su pareja de la poca libertad que les deja para apuntarse a unas clases de inglés... El miedo se manifiesta en algún caso en forma de exceso de responsabilidad o no encontrar tiempo, o no tener medios, o no poder tener la conversación que nos liberará de nuestros pesares... Miedos. Miedos que nos atenazan y que no nos permiten en ocasiones caminar por la vida en paz.

Uno de los miedos que tenemos más arraigados, especialmente los hombres, es el de mostrar las emociones. Hemos sido educados así. Los hombres no lloran. Los hombres no se besan. Los hombres no se abrazan. Una buena parte de la sociedad en la que crecí hacía de estas frases una forma de entender la vida, una verdad absoluta. Hacer lo contrario suponía mostrar debilidad, vulnerabilidad u otras cosas no confesables. ¿No?

Pero ocurre que la mente emocional es mucho más rápida que la mente racional, y se activa con rapidez sin detenerse a analizar las consecuencias de una acción. Dicen algunos estudios que las emociones se transmiten por nuestro organismo ochenta veces más rápido de lo que lo hace nuestra parte racional. De ahí que muchas veces, las emociones se escapen a pesar de estar entrenados para esconderlas. A pesar de que la razón intenta pararlas.

Y aquí viene la buena noticia. Ya no hay que esconderlas. Las emociones hay que expresarlas, hay que vivir con ellas, mostrarlas, compartirlas, porque eso no nos hace más débiles, sino que nos hace mucho más fuertes desde la vulnerabilidad de ser seres humanos, de pertenecer a una raza de seres falibles. Demos el paso. Atrevámonos. Seamos nosotros. Acabemos con el miedo que nos atenaza.

2010

#25   02/03/10
Y AHORA, ¿QUÉ VAIS A HACER?

Así es como acaba Al Pacino una ya famosa película sobre un equipo de fútbol americano. Esta es la frase con la que se comienza cualquier sesión de coaching. ¿Hacia dónde quieres ir? ¿Qué quieres hacer? ¿Qué vas a hacer?

Eso es lo que más me gusta de esta disciplina del coaching, que no mira para atrás, que no analiza cómo hemos llegado hasta aquí, que no juzga los errores y aciertos que nos han traído, sino que mira hacia delante, hacia lo que podemos hacer para obtener lo que deseamos. He tenido la oportunidad de ver esta escena unas cuantas docenas de veces, mientras he explicado en ponencias, cursos o conferencias mi forma de ver la dirección de equipos. A personas adultas, maduras laboralmente, no les puedes decir cada día el qué y el cómo. Dirigir personas, liderar equipos, tiene que ver con dar y pedir el "qué" más que con repetir machaconamente el "cómo". Al Pacino no necesita repetir la jugada. Los jugadores las saben de memoria. No les dice el cómo. Sólo insiste en el qué, pero estimulando el deseo de salir a morder, de salir a ganar, de una forma extraordinaria. Si alguien tiene clara su meta, si tiene sensación de que el logro está al alcance, saldrá a por él. Pero no se puede hacer trampas. Nadie entendería que la última línea del campo de fútbol americano se fuera llevando unas pulgadas más allá cada vez, en pos de alargar el espectáculo, para seguir haciendo caja. Porque de ese modo estamos haciendo trampas, el público lo ve y se aburre de que nunca se acabe el juego, los jugadores se sienten estafados, se agotan, y el juego se rompe. Por seguir estirando el chicle, nos hemos quedado sin juego.

Eso es lo que nos ha pasado. Muchos jugadores están ahora sin equipo. Algunos otros entrenan cada día con la esperanza de que esto cambie, y no les llegue el recorte. Hay entrenadores que no se explican qué ha pasado y también tuvieron que dejar sus despachos hace tiempo.

Lo bueno del coaching, como ya he dicho, es que no repara en cómo hemos llegado hasta aquí. Nos da igual. Estamos aquí, y queremos estar en otro sitio. ¿Cómo hacerlo? Ojo, la pregunta es trampa. Es lo que está esperando medio país. Recetas. El cómo y no el qué. Es oportuno hacer referencia a la famosa frase de Kennedy: *"No te preguntes lo que tu país puede hacer por ti, sino lo que tú puedes hacer por tu país"*. ¿Hay alguien a estas alturas que crea que alguien le va a sacar de su problema? ¿Qué alguien le va a tender una mano mágica que le ahorre sufrimiento y dolor? ¡Ni de coña!

Reparemos en nuestro: ¿qué voy a hacer para conseguir mi particular reto? En la frase del coach de la peli: "y ahora, ¿qué vais a hacer?" Fijarse un reto, pensar en las cosas que me faltan para conseguirlo, saber qué cosas he de dejar en el camino que ya no me sirven para este viaje, luchar por obtener lo que me hace falta y ponerme un plan de acción, es algo que abandonaré en unas horas si intento hacerlo solo. Hace unos años, un buen amigo me preguntaba. ¿Alguien se ha preguntado por qué tienen tanto éxito las cadenas de adelgazamiento tipo Natur House? Pues porque no estás solo, me respondió. Tienes una "mosca cojonera" cada semana chequeando tu cumplimiento con tu propio compromiso. Nadie te obliga a ir y pagar. La gente va porque es la única manera de perder peso. Y de eso va este post. Una de las mejores maneras que he conocido para conseguir un reto, para pelear por lo que deseas, es no estar solo en el viaje. Un coach te acompaña en tu proceso, no te da recetas, no te da consejos, no te dice el cómo. Ni siquiera el qué. El qué es de cada uno. El coach te compra tu compromiso con tu qué y te ayuda a que diseñes la mejor manera de conseguirlo para ti, en función de lo que eres, de lo que quieres y de lo que estás dispuesto a hacer para conseguirlo.

Como todas las actividades que proliferan con rapidez, hay un riesgo de no encontrar un coach bueno, hay riesgos de encontrar personas que no hagan bien este trabajo. Hay que asegurarse de con quién viaja uno, del compañero que te va a acompañar en este viaje, en la búsqueda de tu reto profesional o personal.

Yo he descubierto a través de mi proceso de certificación una extraordinaria manera de ser útil a los demás, de ayudar en retos poderosos, en asuntos complejos, de asistir a las personas para que lleguen a metas otrora inalcanzables... Me encanta ver a las personas que definen sus "qués", que trabajan en sus "cómos", y ver que consiguen lo que se proponen. Es lo mejor que podemos hacer en estos momentos por nosotros mismos.

Y ¿ahora?, ¿qué vais a hacer?

#26 17/03/10
FORMATEAR LA UNIDAD

¡Cuánto miedo nos ha dado durante años esta palabra!: Formatear. Hacer esto en un ordenador supone borrar todos los datos de nuestro equipo. Por eso es aconsejable hacer una copia de seguridad antes, para no perder nuestros datos importantes, nuestros recuerdos, nuestros mensajes valiosos. Durante años, cuando mi equipo comenzaba a ir algo lento, como consecuencia de la infinidad de programas que vamos instalando y desinstalando cada día, hacía una copia de seguridad y formateaba el disco duro. De ese modo, el ordenador volvía a trabajar como si fuera nuevo: arrancaba rápidamente, el sistema operativo que instalaba estaba actualizado, aprovechaba entonces para instalar nuevas versiones de los paquetes de software. ¿El resultado? Espectacular. Tras varias horas dedicadas al trasto en cuestión, éste lucía como nuevo. En realidad, era nuevo. Sin todos esos ficheros partidos, perdidos, sin todos esos ficheros temporales, sin los historiales en el navegador, sin menajes en el buzón, mi equipo iba como un tiro.

Hace algunos meses publiqué en una revista muy bien hecha un artículo sobre Afilar la Sierra, sobre tomarse un tiempo para aprender, para reflexionar, para bajarse de la rueda del hámster, para capacitarse, y hacía referencia a una extraordinaria parábola que Gustavo Piera escribió en su libro *La charca silenciosa*. En ella, un águila le cuenta lo siguiente a una rana en busca de su "porqué":

Las águilas tenemos una vida muy longeva, nada menos que setenta años. Sin embargo, cuando llegamos a los cuarenta, la muerte nos acecha por sorpresa. Es curioso, pero las uñas, antes fuertes y flexibles, se curvan y se vuelven débiles. No conseguimos agarrar a nuestras presas. El pico, puntiagudo y preciso, también se curva. Las alas se vuelven pesadas. Resulta difícil volar y no podemos cazar para alimentarnos.

Entonces, el águila tiene dos alternativas. Morir o enfrentarse a un doloroso proceso de renovación que dura 150 días. Si opta por lo segundo, buscará una hendidura en la roca para refugiarse. Y comenzará a golpear el pico contra la pared, repetidamente, hasta que consiga arrancarlo. Entonces tendrá que esperar semanas hasta que le crezca un pico nuevo, joven y fuerte, y con él se arrancará una a una las uñas. Cuando éstas crezcan, las usará para arrancarse las plumas. Y, al cabo de cinco meses, cuando vuelvan a crecerle las plumas, el águila saldrá de la gruta e iniciará su vuelo de renovación. Le quedan por delante treinta años de vida.

Yo he tenido esa oportunidad que mucha gente desea. Parar como el águila. Parar y leer. Parar y pensar. Parar y disfrutar de pequeñas cosas. Parar y ayudar a otros. Parar y ordenar los ficheros, borrar archivos y meter software nuevo. Parar y abandonar viejas costumbres que me trajeron aquí, que me fueron útiles, pero que ya no me van a servir en mi nuevo camino.

Y ahora me siento como el águila, me siento como el ordenador formateado, renovado, con mucha más fuerza, con mucha más velocidad y con mucha más energía.

Quiero aprovechar para dar las gracias a las personas que me han ayudado en este tiempo. Desde las personas más cercanas (ellas saben quiénes son), hasta mis compañeros de coaching, las personas que me han admitido en sus asociaciones, en sus cenas de amigos, las que me han brindado su desinteresado apoyo, las personas a las que he hablado en mis conferencias, las personas a las que he "coacheado"... De todos ellos voy a guardar un magnífico recuerdo por lo intenso de esta etapa, pero ya tengo su email y su teléfono, y voy a hacer lo posible por seguir manteniendo las relaciones.

Esto no ha hecho más que empezar...

NOTA DEL AUTOR: Escribí esto acabando un periodo de seis meses de excedencia que tomé en el banco en el que trabajaba, para dar vida a mi segundo libro "La puerta Abierta", y conseguir mi certificación como Coach Ejecutivo. Recuerdo la energía con la que me reintegré a nuevas tareas en la entidad. Pero algo había cambiado. La experiencia en Philadelphia y estos seis meses de distancia, iban a marcar un antes y un después.

#27 19/04/10
SOBRE VALORES Y ENTRENAMIENTO

Hace unos días me he encontrado con un grupo de compañeros del equipo de "basket" de la universidad de hace muchos, muchos años. Hay un componente de nostalgia por los tiempos pasados, que se conjuga con la alegría de volvernos a ver. Sin embargo, no dejo de alegrarme aún más porque en esta delicada situación laboral, ninguno de ellos, personas de distintos sectores y niveles de responsabilidad, estaban sin empleo. No es que me alegre de que les pase a otros. Estamos en una situación tan complicada que mañana nos puede pasar a cualquiera, la verdad, pero me llamó la atención que en esta docena de personas no hubiera ni atisbos de que este mal pudiera estar cerca.

¿Qué tienen los miembros de este grupo en común? Pues yo creo que lo primero es una tremenda capacidad de lucha, de sacrificio, de pelear hasta la última bola, de no dar el partido por perdido, de ayudar a otros y pedir ayuda cuando se necesita, de trabajar por el resultado del equipo y no por el beneficio individual. Estoy seguro que ninguna de estas cosas, por sí solas, garantiza el éxito en el campo profesional. Estoy también seguro de que muchas de las personas a las que la suerte les ha sido esquiva en estos tiempos, tenían estas actitudes. Pero también estoy seguro de que quien ponga en práctica estas formas de hacer, quien las lleve en su ADN profesional, saldrá antes del duro trance en el que el destino laboral les haya podido poner.

Hablamos de lo que he hablado en este espacio ya por algún tiempo. Nos referimos a cosas sencillas, como la disciplina, ya sea con respecto a una organización, o respecto a la disciplina personal que te permite autogestionar tu vida y tus tareas. Hablamos de la capacidad de sacrificio, del compromiso, de la necesaria y casi olvidada a veces: lealtad... Hablamos del esfuerzo y la ilusión, hablamos de la entrega, del apoyo al otro, del compañerismo, de dar y saber recibir...

Nada nuevo bajo el sol. Nada que no pueda hacer pensar a algunos, que esto no son más que conceptos vacíos y palabras huecas y gastadas de tanto usarlas. Pero cuando uno vuelve a ver todas esas cosas en las caras de cada uno de ellos, lo que te aborda son las ganas de compartirlo. Estos tipos son así, porque cada día, en cada acto, hacen uso de ello y, además, como un amigo decía en tono jocoso: "Sin darse importancia". Y eso es lo mejor que el deporte nos ha hecho, tenerlo en la piel. Muchas de estas cosas se aprenden difícilmente en los libros, se ponen en práctica difícilmente en entornos laborales tan complejos y competitivos como los que ahora vivimos, pero cuando se tiene la suerte de llevarlo desde pequeño, de que el deporte te lo haya regalado y te lo haya marcado a fuego, es verdaderamente un lujo.

A mis amigos les ha funcionado. Eso es un hecho, pero ¿lo utilizamos el resto? ¿Somos generosos? ¿Nos sacrificamos por el equipo? ¿Ayudamos a otros a mejorar? ¿Somos disciplinados? ¿Somos leales a quien nos paga? ¿Nos esforzamos cada día en mejorar para nosotros mismos? ¿Somos lo suficientemente humildes para darnos cuenta de que nos queda mucho por aprender? ¿Escuchamos a los otros con atención cuando nos hablan? ¿Estamos para ellos?

Muchos interrogantes para resolver. Muchas cosas por mejorar.

#28 21/05/10
DE LA SUERTE Y EL TRABAJO BIEN HECHO

Dice mi buen amigo Diego que no sabe dónde lo leyó y me prohíbe que cite su nombre, pero aun así yo lo hago porque él fue quien me lo reveló: *"La suerte es la planificación de todos los detalles"*. Desde que lo oí no he parado de repetirme esta frase cuando llevo a cabo alguna tarea.

La semana pasada tuve la oportunidad de estar junto a otro buen amigo preparando un trabajo que teníamos que hacer entre ambos. Me sorprendió su paciencia, su perseverancia, el deseo de que ningún detalle se nos escapara. Él quería que quedara bien, yo también, pero él hizo varios intentos por mejorar, y yo habría abandonado a la mitad. ¡Qué digo a la mitad!, yo habría abandonado a la segunda vez que intentamos hacer una cosa que ninguno sabíamos! Volví a descubrir la capacidad que tiene el no tirar la toalla para conseguir las cosas que deseas.

En eso me quedé pensando, en las veces que había conseguido cosas con mucho esfuerzo, y lo satisfactorio que eso había sido para mí. Lo cierto es que me salieron muchas. Entonces me di cuenta que no había sido tan perezoso como yo me quería creer. A lo largo de nuestra vida nos ponemos muchas etiquetas, nos fabricamos personajes que nos exculpan de nuestros actos. Así, si digo que soy perezoso y algo sale a medias, está claro, es mi naturaleza, no se podía esperar otra cosa, ya me va bien con el resultado, es más de lo que podía esperar... No es más que una careta, una excusa de las muchas que nos ponemos para no mejorar, para no esforzarnos por hacer cosas extraordinarias. Porque como dice Guillermo, cambiar duele.

La capacidad de superarnos que tenemos, va mucho más allá de lo que nos imaginamos. Me acordé del extraordinario esfuerzo que tuve que hacer durante años para poder jugar al basket a un buen nivel, o del que tuve que hacer después para estudiar mientras trabajaba, o del que me supuso un trabajo fuera de mi ciudad, o de abordar retos para los que no creía estar preparado, como dar clases, escribir libros, ser marido, padre... Y cuando uno hace un repaso de todo aquello que ha hecho, no sin esfuerzo, se da cuenta de que puede quitarse algunas de las etiquetas, que puede dejar alguno de los personajes lastimeros que, a pesar de habernos traído hasta aquí, ya no nos van a servir en el camino que aún tenemos por recorrer.

De eso aprendí mucho con Michelle, mi coach temporal mientras yo me certificaba: ¿Te has preguntado qué pasaría si ya no caminases más con este personaje? ¿Qué podrías ganar?... Ella me regaló también una frase similar a la de Diego: *"La preparación es la dignidad".*

Hoy, mientras repasaba por enésima vez una presentación que debo hacer, he seguido los consejos de ambos y el ejemplo de Guillermo. Y me he dado cuenta de que siempre hay cosas que mejorar, siempre hay matices, siempre hay un último detalle que incluir, siempre algo más que aportar.

El caso es que el acto en el que he participado ha sido todo un éxito de organización y de asistencia. Y todo ha tenido que ver de nuevo con el trabajo de personas como Domingo, como Manuel, como Jesús... Personas que han hecho un trabajo poco visible, en la sombra, pero sin el que nada habría salido como ha salido. La receta de Manuel, sencilla: Si llegas tres horas antes tienes margen de maniobra para cambiar. Si lo haces dos horas antes, ya no. ¿Qué os parece? Efectivo y sencillo. De nuevo los mismos conceptos: preparación, dedicación y entrega, conducen inevitablemente al éxito...

#29 27/05/10
LOS SUEÑOS... Y LOS REGALOS

Ayer, charlando con Marcela, una buena amiga, me regaló este poema para colgar en el blog. Desde luego invita a la reflexión en estos momentos en los que tomar decisiones, hacer cosas distintas, ya no es una opción:

Nuestros sueños

Desafíate a concretar tus sueños. Te convoco a que luches por tus sueños. Afronta el desafío. ¿A qué le temes? ¿Al ridículo? ¿Al cambio? ¿A lo nuevo? Que el miedo no te inmovilice. Anímate a salir de tu confortable incomodidad. Hay algo mejor que este estado de tranquila desesperación. Imagina qué quieres ser. Traza un plan. Ponle fecha. Fija las metas y etapas. No olvides que el éxito es para los que luchan, minuto a minuto, día a día, año a año. No se requiere ser muy inteligente. Busca, investiga y manos a la obra. Y jamás olvides que un sueño sin acción es una ilusión.

PD: Empieza por hacer lo necesario, luego lo que es posible y de pronto te encontrarás haciendo lo imposible.

Daisaku Ikeda

GRACIAS, MARCELA.

#30 03/07/10
CAMBIAR DUELE

Cambiar, cambiar, cambiar... es la palabra de moda, pero también a la que todos nos resistimos. Mi buen amigo Guillermo Rius sostiene que cambiar duele. Es una triste realidad, pero es así. Nos cuesta cambiar, nos cuesta abandonar viejos hábitos para tomar nuevos caminos. Nos cuesta salir de lo que algún autor ha llamado "nuestra zona de confort": el lugar y las cosas con las que nos sentimos seguros.

¿Por qué nos cuesta cambiar?, ¿por qué nos cuesta **tanto** cambiar?

En muchos casos, las razones tienen que ver con la dificultad de desprenderse de hábitos que nos han servido para llegar hasta aquí. Nos pasamos media vida tomando hábitos de comidas, de estudios, de formas de hacer, de formas de tratar a las personas, hasta de caminos por los que ir al trabajo o del lugar de vacaciones. Eso nos da seguridad. No sabemos dejar de hacer lo que sabemos hacer. Dejar de hacer lo que con tanto esfuerzo hemos conseguido, es más dificultoso aun que aprender a hacerlo.

Sin embargo, no nos cuesta nada pedirles a los otros que cambien. Lo que vemos tan sencillo en los demás no parece tan evidente cuando nos lo aplicamos para nosotros mismos. Tolstoi decía que *"Todos piensan en cambiar el mundo, pero nadie piensa en cambiarse a sí mismo"*. La Betari Box nos describe muy bien los efectos que tienen en nosotros los comportamientos y las actitudes de otros. Pero lo más interesante es que tratándose de un círculo, explica muy bien la influencia que tienen a su vez nuestras actitudes y comportamientos en los otros. Cuando queremos cambiar pedimos al otro que lo haga. Cuando nosotros empecemos, habremos conseguido que el otro cambie. De ahí la popularidad que ha adquirido el refrán de *"No es lo mismo predicar que dar ejemplo"*.

Pero, ¿qué le pasa a un individuo para no querer cambiar? Una de las teorías a las que podemos acudir para explicar la resistencia al cambio es la de Maslow. Si en esta popular teoría podemos encontrar las fases de la felicidad del individuo, no tenemos más que seguir la secuencia contraria, para explicar el proceso que sufre un individuo al pasar por los distintos estadios de regreso.

Pongamos un ejemplo de una persona que lleva trabajando en una empresa durante 30 años. De repente un buen día la empresa le ofrece un cambio inesperado. De estar buscando la autorrealización, puede pasar que el cambio le produzca tal estado de incertidumbre, de shock, que necesite bajar tres escalones de golpe en la ya famosa pirámide, en búsqueda de nuevas necesidades de seguridad, que ahora cree perdidas. Encontrarlas lleva su tiempo, y los relojes personales de cada uno no van a la misma velocidad. Hay personas que tardan meses en asumir cambios, y otros que necesitan tan sólo segundos. También hay quienes creen que no necesitan tiempo, pero se sienten extraños durante días. Su proceso de asimilación no ha acabado, aunque traten de mostrar al exterior que sí. Eso les produce alguna ansiedad que a la vez han de gestionar. Pasar de nuevo al siguiente escalón, la necesidad de pertenencia a la nueva organización, al nuevo estatus, también lleva su tiempo. A veces más que la primera vez que se encontró en circunstancias similares, y tuvo que pasar por el mismo estadio. El ser humano se va haciendo con el paso del tiempo más incrédulo, más escéptico y, en situaciones como éstas, las dudas y los temores se acrecientan. Y con ello, la necesidad de llegar a la pertenencia lo antes posible. Después llegará el necesario paso de buscar la estima. Ahora no preocupa. ¡Queda tan lejos ahora la necesidad de estima, autoestima y autorrealización que teníamos el día de antes al cambio! ¡Qué tiempos! Si me dieron ayer la noticia... Es muy normal que la bajada de estos escalones que tanto tiempo nos llevó subir sea automática, y eso genera un estado añadido de ansiedad, incomprensión de la situación y desconfianza de quienes tenemos alrededor.

Y dicho todo esto, ¿cuál es la mejor manera para gestionar los cambios?

Lo primero es aceptarlo. Aceptar que las cosas pasan, que a veces no podemos evitar que las cosas suceden, y que tengo dos opciones: aceptarlo o no aceptarlo.

Hay en la historia muchas frases que hablan de este momento: *"el tren pasa sólo una vez...", "nadie se baña en el mismo río dos veces."* Aceptar el cambio cuanto antes, es la primera parte del duelo que uno debe pasar.

El siguiente paso sería buscar las oportunidades que para mí tenga el cambio, aunque a priori no encontremos ninguna. ¿Qué de beneficioso puedo encontrar en esta nueva situación? ¿Y en el futuro? ¿En qué me puedo beneficiar? Esta fase no es más que un acelerador del cambio. Si no encontramos ningún elemento, tardaremos más en aceptarlo, pero si somos capaces de ver ventajas en el cambio, pasaremos cuanto antes de tolerar el cambio, a aceptarlo definitivamente, a asimilarlo.

Eso es lo que somos capaces de ver. Sin embargo, hay muchos miniestadios con diferentes respuestas por lo que un individuo, en su personal camino, pasa de la aceptación del cambio.

La ventaja que tenemos en esto de los cambios, las personas que hemos hecho deporte, es que hemos sufrido muchas derrotas, muchas victorias, y eso te ayuda a ajustar y desajustar permanentemente al cuerpo emocionalmente. Uno puede perder la liga y esa misma tarde ha de entrenar para la siguiente competición, para el siguiente partido. El proceso de aceptación es casi automático. Hoy, que tenemos tan presente el campeonato del mundo de fútbol, no tenemos más que pensar en el proceso por el que tendrán que pasar los jugadores de Brasil o Ghana para superar las derrotas de ayer... Y se les pasa... Desmontemos el título de este post.

Cambiar no duele tanto...

#31 26/08/10
¡SI QUIERE USTED TRIUNFAR, SEA UN BORDE!

Una reseña que he leído estos días en la revista de antiguos alumnos de IESE, recogía estas palabras del profesor de la Stanford University Jeffrey Pfeffer: *"El Poder es bueno para la salud"*. Si esto es así, veamos cómo podemos tener mejor salud, digo... más poder.

El profesor mantiene que *"a todos nos gusta el éxito, razón por la cual el poder es atractivo"*. Me gusta, además, el paralelismo que hace con la simpatía, una de las características que no abundan en nuestros líderes actuales. Esta es la explicación que da: *"La simpatía no produce poder, pero el poder sí que produce simpatía"* ¡Qué interesante!

Si unimos ambas premisas, podríamos decir que alguien que considere el poder como la culminación de su éxito, alguien que aspire a tener éxito y poder, no lo puede hacer por la vía de la simpatía. ¡Ya será usted simpático a los ojos de los demás cuando tenga poder! Mientras tanto, está condenado a ser un borde para llegar a él. Ser simpático igual te resta oportunidades de tener poder. Un amigo me dijo en una ocasión que había dos axiomas que no se cumplían, pero que con el paso del tiempo habían calado en la mentalidad de muchas empresas. El primero era "rubia=tonta" y el segundo "simpático=ineficiente."

Añade el profesor en su intervención que *"si usted tiene poder, la gente se sentirá atraída por usted"*. Esta última afirmación resulta paradójica. No sólo será usted suficientemente simpático para el resto cuando llegue, sino que la gente se peleará por estar a su lado, por salir en la foto, por cenar con usted, porque los vean tomando un café juntos.

Ahora bien, todo tiene un precio. ¿Qué dejas en el camino con actitudes arrogantes, chulescas y déspotas frente a los demás? Es posible que llegues al ansiado poder, pero, ¿qué pierdes? ¿Quién no ha visto a pseudolíderes llegar al poder haciéndose hueco a codazos? ¿Quién no ha visto pisar a otros para ascender en la ansiada pirámide?

Pero, por las afirmaciones que continúa haciendo el profesor Pfeffer, no cabe ninguna duda que esto es lo que pasa. Si quieres llegar, no puedes contentar a todos, no puedes caer bien a todos. Siempre va a haber alguien a quien hagas daño, a lo mejor sin quererlo. *"Si quieres que todos te quieran no harás nada"*

Así que aquí tienen una sabia receta quienes aspiren al poder **por la vía rápida**: Déjense de simpatías, que ya habrá tiempo de que le pidan autógrafos. Ahora, a mirar por usted y a ser un borde.

#32 01/09/10
GESTIONAR BIEN LA DIVERSIDAD PARA LEVANTARSE

A saber reponerse tras un varapalo, tras un duro golpe, tras un revés de la vida, y sacar partido de ello, es a lo que se ha bautizado como resiliencia.

Como seres humanos que somos, tenemos fortalezas y debilidades, somos mejores en unas cosas y somos peores en otras. En la complementariedad es donde se encuentra la riqueza. Pero tratar con diferentes no siempre es fácil. ¿Cuántos comités de dirección se conforman en torno a la imagen y semejanza de su líder? ¿Qué nivel de discrepancia se acepta en los equipos de trabajo en las empresas? ¿Qué grado de libertad tienen las personas para decir lo que verdaderamente piensan a sus jefes?

Ya hemos dicho que liderar la diversidad no es fácil, pero a veces pese a las molestias, tiene sus ventajas. Dejadme que os pegue una maravillosa fábula que he leído en el blog de profesora del IESE Nuria Chinchilla:

Durante la Edad de Hielo, muchos animales murieron a causa del frío.

Los puercoespines dándose cuenta de la situación, decidieron unirse en grupos. De esa manera se abrigarían y protegerían entre sí, pero las espinas de cada uno herían a los compañeros más cercanos, los que justo ofrecían más calor. Por lo tanto, decidieron alejarse unos de otros y empezaron a morir congelados.

Así que tuvieron que hacer una elección, o aceptaban las espinas de sus compañeros o desaparecían de la Tierra. Con sabiduría, decidieron volver a estar juntos. De esa forma aprendieron a convivir con las pequeñas heridas que la relación con una persona muy cercana puede ocasionar, ya que lo más importante es el calor del otro.

De esa forma pudieron sobrevivir.

Moraleja de la historia:

La mejor relación no es aquella que une a personas perfectas, sino aquella en que cada individuo aprende a vivir con los defectos de los demás y a admirar sus cualidades.

Como dice la moraleja de la fábula de Nuria, cada miembro de nuestro equipo ha de admirar las cualidades del compañero, vivir con sus defectos y ayudarle a ser mejor.

#33 08/09/10
UN LÍDER EXCELENTE

Un buen líder es el que consigue que las personas confíen en él.

Hasta aquí todos estamos de acuerdo. ¿Quién no ha tenido alguna vez un jefe en quien haya confiado? ¿Hemos pensado de ella o de él que es un buen líder? Seguro que sí. Casi nadie discute eso. Los buenos líderes hacen que las personas confíen en ellos.

Hace unos meses, mi buena amiga y compañera de certificación de Coaching, Virginia, me regaló lo que considero la mejor definición de liderazgo que conozco:

"Un líder excelente es el que consigue que las personas confíen en sí mismas".

No me digáis que no es para enmarcar...

Conseguir que alguien tenga confianza en sí mismo es lo mejor que podemos hacer los gestores de personas para el desarrollo de éstas, tanto en la faceta profesional, como en el resto de ellas. Y lo mejor es que es un concepto de liderazgo universal, que vale tanto para un padre, como para un entrenador, como para el presidente de una multinacional o el dueño de una PyME: permitirnos a las personas confiar en nosotros mismos.

¡Te vas a caer! ¡Te equivocas! ¡No lo hagas así! ¡No botes, pásala, que la vas a perder! ¡Te la estás jugando!... Cuando recordamos expresiones de este tipo que hemos ido almacenando en nuestro disco duro, es difícil que las pongamos en la boca de alguien que haya sido un verdadero líder para nosotros.

"Dime en qué te puedo ayudar" "Valora bien los pros y contras de esa decisión", "elige la mejor alternativa", "sabes que estoy aquí para lo que necesites"... son, sin embargo, frases que hemos oído y que nos han ayudado a tomar decisiones, a equivocarnos y a crecer como sujetos. Y reconocemos a las personas que nos lo decían como gente que nos apoyó, que estuvieron ahí, que nos enseñaron. Para mí un líder es eso.

Gracias, Virginia, y mucha suerte con tu proyecto: **Sabes que estoy aquí para lo que necesites...**

#34 19/09/10
FLUIR

Echando un vistazo a los posts de este mes de septiembre, veo que he titulado dos de ellos con la palabra "Pasión". No ha sido de forma intencionada. Uno de ellos era haciendo referencia al libro que sobre Nadal escribió Helena López-Casares. El otro hacía mención a uno de los atributos que creo que comparten entrenadores, que lo hacen bien, gestionando grupos humanos.

Pero, ¿qué es pasión? La pasión, según la RAE: es la acción de padecer. Padecer significa, según la misma fuente: "sentir física y corporalmente un daño, dolor, enfermedad, pena o castigo". Rafa Nadal dijo el otro día en la Gran Manzana que de niño salía llorando de algunos entrenos.

Bueno, lo de padecer entonces se lo podríamos aplicar a los jugadores, pero no a los entrenadores, quienes no deberían sentir física o corporalmente ningún dolor por entrenar. Si acaso han sentido otras acepciones de padecer que son: "soportar agravios, injurias, pesares, etc..."

La palabra pasión tiene otras tres acepciones que de nuevo me desencajan en la manera en que aplicamos esta palabra a ellos. "Lo contrario a la acción", "Estado pasivo en el sujeto", "Perturbación o afecto desordenado del ánimo". Uffff, qué pereza. Ninguna de ellas se acerca a lo que quiero expresar cuando hablo de poner pasión a las cosas. ¡Ah!, que se trata de eso, de poner la pasión al servicio de lo que hago, y no de padecer las cosas... Eso ya es otra cosa.

Quizá podríamos hablar entonces de la teoría FLOW (Fluidez o flujo, según se prefiera), del profesor de la Universidad de Claremont, Mihály Csíkszentmihályi. En ella viene a decir que cuando en una tarea están equilibrados el nivel de habilidad y el de desafío que esa tarea nos supone, se dan algunas circunstancias que nos hacen pensar que la cosa fluye: perdemos la noción del tiempo, elevamos nuestro grado de concentración y foco en lo que estamos haciendo, tenemos sentido de control personal. Y para sentir eso, ¿sólo hay que equilibrar el nivel de desafío, de reto, a la actividad que queremos hacer?

Hacer las cosas con pasión podría ser lo mismo que Fluir. Según esto, la receta para hacer las cosas con pasión, sería proponer retos adecuados a las habilidades de las personas que han de realizarlos.

Si no lo hacemos, podemos encontrar a las personas en algunos estadios intermedios. El aburrimiento y la relajación, por ejemplo, aparecen cuando las habilidades que tenemos para una tarea van creciendo sin un reto que se corresponda. Si por el contrario el reto es mayor que la preparación para esta tarea, se darían las tan comunes preocupaciones y ansiedades.

Ya sabe, si encuentra en su equipo a alguien en alguno de estos estadios, tan sólo tiene que leer a Csíkszentmihályi y ayudarle a encontrar su Fluir.

A mí me ha servido en ocasiones para interpretar comportamientos y poner remedios.

#35 04/10/10
DE LAS PALABRAS A LOS HECHOS Y LOS YSI

En los últimos tiempos todo el mundo habla de cambios. De cambios obligados, necesarios, deseables, de cambios forzados, voluntarios... Cambiar es la palabra de moda. Hemos desgastado la frase de Einstein de tanto usarla: *"Si seguimos haciendo lo que estamos haciendo, seguiremos obteniendo lo que estamos obteniendo."*

Cambiar está de moda. Yo he escrito muchas cosas sobre los cambios. Solo hay que pinchar en la nube de tags (qué nombres nos traen estas nuevas herramientas 2.0...) Uno de ellos decía que cambiar duele. Y es cierto, cuando uno habla de cambios sobre el papel es fácil. Cuando uno ha de cambiar de hábitos, cuando ha de abandonar su rutina, su seguridad, cuando ha de salir de su círculo de confort, ya no lo es tanto.

Por eso, es tan importante pasar de las musas al teatro. Por eso, es muy bueno experimentar los cambios para aprender a gestionarlos. Por eso, y porque vives lo que hablas. Es muy fácil hablar de toros desde la barrera, o ganar los puntos en Wimbledon desde el sofá de casa. Lo difícil es hablar de la mina bajando a ella, o hablar de lo complejo de la venta, con el maletín bajo el brazo haciendo "puerta fría".

Hace ahora casi un año lo hablaba con un compañero que estaba algo temeroso del futuro por llegar. Hablábamos de los YSI. Los YSI son preguntas que todos nos hacemos ante los cambios: ¿Y si mañana venden la empresa? ¿Y si me equivoco y el nuevo jefe es malo?... Entonces me acuerdo de una anécdota que atribuyen a un jefe de riesgos de determinada entidad bancaria que, estando de visita en un manantial al que iban a financiar, preguntó muy serio a su dueño: ¿Y si se seca el manantial? A lo que el cliente contestó con otra pregunta: ¿Y si me acuerdo de tu padre? (la leyenda urbana pone aquí palabras peor sonantes).

El mejor antídoto para los YSI son los YSINO ¿Y si no pasa? ¿Por qué presuponemos que en los cambios han de estar encerrados oscuros nubarrones, que nos van a caer encima a la primera de cambio?

Otro de los antídotos que conozco y aplico, para librarme de estos malos pensamientos, es pensar: ¿Si pasa?, ¿qué importa?, y ¿si importa?, ¿qué pasa? Lo oí en algún sitio hace tiempo, lo eché en la mochila, y tiro de ello de vez en cuando.

Pues eso, que no todo lo que puede pasar en los cambios va a ser necesariamente malo. Al contrario, por duro que nos pueda parecer, los cambios siempre traen enseñanzas, cosas que aprender, colegas nuevos, nuevos lugares, nuevos amigos, nuevos caminos por recorrer...

¡Yo paso otra vez de las palabras a los hechos! ¡Me apunto al cambio! ¡Otro más!

NOTA DEL AUTOR: A lo largo de estos años de tantos cambios he conocido personas muy interesantes, de las que he aprendido mucho. Uno de ellos es José María Timón, al que quiero y aprecio mucho. En una ocasión, hablábamos cuando estaba tramitando nuestro visado USA. Yo le contaba mis YSI's, le expresaba mis miedos y mis dudas, y él me regaló una frase impactante: *"No anticipes problemas. Cuando lleguen, estoy seguro que sabrás darle respuesta, como has hecho hasta ahora, pero ¿para qué anticipar problemas?"* Hoy, al releer este capítulo, he querido regalaros la frase de José María.

#36 24/10/10
ESTAR O NO A LA ALTURA

Una noticia que da Expansión esta semana está corriendo como la pólvora con este acertado titular: *Dos de cada tres jefes no están a la altura.*

Concluye la noticia con estos demoledores datos que refleja el estudio de la consultora Otto Walter. Habla de éstos como los principales "pecados capitales" de los directivos españoles a juzgar por los encuestados:

- La falta de visión estratégica y orientación a futuro de la compañía (en el 56,4% de los casos),
- La incoherencia de las decisiones (el 46%),
- La mala comunicación interna (el 33%),
- La falta de decisión y de atrevimiento (el 78%).

Falta de visión estratégica, incoherencia en las decisiones, mala comunicación y falta de decisión y atrevimiento. Naturalmente pienso que todas van en cadena. Si no sabemos dónde vamos, tomaremos decisiones para aprovechar los vientos, decisiones que serán difíciles de contar, y sobre las que tendremos dudas que nos reducirán la capacidad de decisión. Por eso, lo importante es fijar el rumbo. Y nunca es tarde. Pongamos de nuevo un reto, una meta que sea alcanzable, que suponga un desafío conseguible, y empecemos todos a remar en la misma dirección.

Cuando se pasa de tener sólo un sueño a perseguir una visión, ya estamos dando pasos para conseguir llegar. Metemos acción y movimiento. Pedimos a la gente, a toda, que se ponga en una dirección y que dejen de tirar cada uno para su lado. Cuando sabemos comunicar un proyecto, hacemos que la gente se atreva, que sea decidida, que luche por un fin común. Pero eso no es posible si no devolvemos a las personas la capacidad de tener iniciativa, de equivocarse, de gestionar su negocio para sumar al global. Hoy hay mucha gente en las empresas preocupada de salvar su foto, de no salir mal en los papeles, aún a costa del beneficio común. Hay mucha gente que antepone sus intereses personales a los de la entidad que les paga. La tiranía de los informes y la inmediatez del dato nos tienen atrapados. Necesitamos vislumbrar un nuevo horizonte, algo por lo que luchar, necesitamos libertad, hacer bueno lo de que "antes pedir perdón que pedir permiso", necesitamos demostrar lo que sabemos hacer para ayudar al colectivo al que pertenecemos.

Lo que es una verdadera pena es el precio que se ha de pagar para darnos cuenta de esto. Muchas veces, gente muy competente, muy buena, ha de bajarse del barco para que las personas reaccionen. Y es una pena perderlos de compañeros en el viaje. Yo, a todas esas personas que han dado lo mejor, que se han preocupado por las personas, que se han desvivido por capitanear el viaje, se los agradezco infinito y les deseo toda la suerte del mundo.

#37 08/11/10
LA SUERTE

Hace unos días estuvimos discutiendo con los alumnos del Master donde doy clase, sobre la suerte y su influencia en el éxito en los negocios. ¿Cuánto de factor suerte hay en lo que sale bien en una empresa? ¿Y en lo que sale mal? ¿Cuántas veces echamos la culpa a la mala suerte por aquello que no nos salió bien? Y de verdad, en esos casos, ¿cuántas veces influyó el azar?

Hace años asistí a la presentación del libro *La buena suerte*, en Expomanagement, presentado por sus autores, los ya archiconocidos Alex Rovira y Fernando Trías de Bes. Del cuaderno que nos dejaron con sus diapositivas, he tenido siempre una presente: hablaban de una ecuación en la que el éxito era igual a la preparación por oportunidad. De ese modo, añadían al factor azar, al factor suerte, a la oportunidad, una variable que acababan llamándole la buena suerte, y no era más que la preparación.

Ya he comentado en otros posts que mi amigo Diego del Agua dice que la suerte es la preparación de todos los detalles. Michelle Davies, una excelente coach con la que aprendí mucho, decía que la preparación es la dignidad. Jeffrey Gitomer apunta que si quieres tener suerte en una venta a un potencial cliente, la noche anterior deberás entrar en su web, conocerle a fondo y preparar las preguntas que te harán captar su atención y llevarte la cuenta. Todo esto, por no recurrir a los tópicos de las musas y el trabajo de Picasso, o el incremento exponencial de suerte que se le atribuye a Tiger Woods a medida que va entrenando más.

¿En qué quedamos? ¿No hace falta suerte entonces?

Desde luego el azar existe, es innegable. En baloncesto el éxito depende de que la bola entre en el aro en ocasiones en el último segundo. Yo he visto de todo, bolas que se salen, tiros "de churro" que entran inexplicablemente, tiros de excelentes jugadores en buena posición que fallan, y otros que las meten. Todos recordaremos una canasta en esas circunstancias. Y también algún fallo. Entonces, ¿podemos dejar al azar que actúe? ¿Estamos presos del destino?

Yo mantengo que, aceptando que el azar existe, cada uno debe trabajar su propio destino. Hay que generar las circunstancias necesarias para que la suerte, si existe, haga su parte del trabajo. Si llegas a la final de Roland Garrós con Federer delante, y la bola cae del otro lado de la red... Bueno, no habrías llegado allí sin trabajar como una bestia, ocho horas seguidas cada día... Por eso no creo en la suerte como un factor fundamental para éxito. Lo considero más como un añadido, como un factor que hay que tener en cuenta a la hora incluso de planificarlo, a la hora de manejar planes "b", planes de contingencia que te ayuden a conseguir tus objetivos, incluso si la suerte te da la espalda.

Además, la suerte de existir, no es "retenible", no te la puedes quedar para siempre. Como dice Fito, "la suerte viene y va, todos la pueden tener y nadie la puede guardar".

Buena Semana y Buena Suerte.

#38   14/11/10
ESTÁS DESPEDIDO

Hace ya algunos años, charlando con un dirigente de un club de basket, oí por primera vez la expresión "we're gonna cut you", o sea, que te echamos, que estás despedido. Al parecer habría sido dicha en el transcurso de una conversación con un jugador de ACB, con el que no se estaba muy contento con su rendimiento. Me llamó la atención la frialdad con la que mi interlocutor, en un perfecto inglés americano, la dijo. Me imaginé por un momento la cara del sujeto que estaba siendo despedido. Hoy es muy usual este tipo de "cortes", desgraciadamente, en los equipos, pero cuando yo la oí me sonó muy duro.

Estamos en una época en la que no sólo se "corta" a los jugadores en los equipos, sino en las empresas, que desgraciadamente no están pasando por sus mejores momentos. Mi pregunta es si existe algún tipo de protocolo, algún tipo de manual para despedir bien. Yo creo que hasta en estas cosas se ha de demostrar clase, se ha de demostrar al resto del equipo que independientemente de las razones, hay un respeto por los jugadores que llega hasta este extremo de cuidar su salida.

En el verano de 2002, Alberto Herreros, el que fuera jugador de baloncesto en Estudiantes, Real Madrid y la Selección, fue despedido por Sergio Scariolo. Unos días más tarde, el club prescindió de Scariolo, rescatando al jugador que el año siguiente metería el triple que le daría la liga en Vitoria. Dicen las crónicas del momento que lo despidió en un vestuario, así de golpe y porrazo, tras confiarle que ya no contaba con él, que su tiempo había acabado.

Ayer leí una noticia que contaba esto: Ray Wilkins, el segundo de Ancelotti en el Chelsea, entra al vestuario en el descanso de un partido contra el Bayern Münich, y le avisan que quiere hablarle su jefe ejecutivo, el que manda junto a Roman Abramovich. "No hace falta que vuelvas al campo la segunda parte, estás despedido" Pensando en cómo habría sucedido de verdad, me acordé del "we're gonna cut you" de mi amigo. A continuación, el bueno de Wilkins se pondría sus pantalones de calle y su camisa de cuadros, recogería la taquilla, entregaría las llaves y se marcharía a casa en taxi. Mujer, me han despedido.

Sentí un profundo afecto por este hombre del que era la primera vez que oía hablar. Me parece que tiene que haber mejores momentos, lugares, formas y procedimientos para transmitirle a un empleado que ya no cuentas con él. Los motivos dan igual.

#39 20/11/10 10.000

Hay cifras que parecen mágicas. A mí ésta me lo parece. Esta mañana me he amanecido con la visita 10.000 a este modesto blog, desde que conseguí instalar un contador fiable allá por el verano. Para mí es muy importante que diferentes personas hayan pasado 10.000 veces por aquí. Comparativamente a otros blogs es una cifra muy pequeña, pero a mí me parece todo un lujo.

Por eso quiero que hoy sea un día de agradecimientos. En primer lugar, a todos y cada uno de quienes habéis pasado por el blog y dejado vuestras impresiones, a todos con quienes he cambiado correos, anécdotas y vivencias, a todos los nuevos amigos que he hecho y los viejos con los que he retomado el contacto...

Hace tres años, cuando empecé a escribir en el blog, tuve una conversación con una persona sobre la sensación de libertad por escribir aquello que me venía a la cabeza, aquello que sentía, mi versión de lo ocurrido o mi interpretación de la actualidad en la empresa y el deporte. Él me dijo que en algún momento podría sentir que esa libertad no era tal, y empezar a escribir pensando en los lectores y quizá mediatizado por ello. Para bien o para mal, lo escrito perdura, y como tus opiniones pueden no agradar a todo el mundo, es posible experimentar un cierto vértigo a que queden por escrito. Yo hasta el momento no lo he experimentado.

En este tiempo he comprobado cómo algunos posts tenían muchas más visitas que otros, de algunos recibía docenas de correos, y de otros no tanto. Para mí, lo importante es la cantidad de personas con las que he tenido la oportunidad de contactar y conocer a través de este medio. Personas de Perú, Colombia, USA, Argentina, Portugal... con los que sigo manteniendo una estrecha colaboración de intercambios de ideas. Personas que llegaron al blog tras leer el libro, y personas que llegan al libro tras conocer el blog. Este flujo de conocimientos, afectos e ideas es mágico. Sin duda es lo mejor de esta experiencia.

#40 06/12/10
LA FIDELIDAD DE LOS EMPLEADOS

Ayer estuvimos comiendo en el rancho de la Aldehüela, un magnífico lugar en Torrecaballeros (Segovia), donde saborear tradición, buen gusto y una excelente comida.

—Juan, ¿qué hacéis para mantener a los empleados tan motivados y de paso conseguir tener personas con vosotros hace tanto tiempo? —le pregunté a la persona que manda tras Javier, el dueño y alma máter del Rancho.

—No sé. Nada en especial. Pagamos bien, nos organizamos y el ambiente entre nosotros es muy bueno. Y eso creo que el cliente lo percibe.

No cabe duda que contar con una plantilla estable, motivada, con experiencia y con ganas de hacer bien su trabajo, es algo que el cliente, sea del sector que sea, percibe. Y eso se traduce en repeticiones de compra, y eso en mayores ingresos, y eso permite hacer que el negocio crezca, y se garanticen de algún modo las condiciones de ese trabajo.

Hace algunos años tuvimos que hacer unas reparaciones de emergencia en la oficina en la que trabajaba. Los obreros podían venir sólo al mediodía, cuando cerrábamos al público. Un día a las seis y media de la tarde, una de las personas que trabajaban allí se marchó. Había cumplido su horario y había decidido que nos dejaba "empantanados" otro día más. La otra persona se quedó para acabar la tarea y que pudiéramos abrir con normalidad el día siguiente. La tarde se alargó hasta más allá de las once de la noche. En algún momento, charlando mientras ambos trabajábamos, esta persona me dio un curioso razonamiento, en un español adornado con rasgos de su Europa del Este natal:

—*Si trabajo y el cliente queda contento, el jefe recibirá más encargos, y entonces me volverá a llamar, y yo tendrá más trabajo.*

¿Empleado fiel? ¿Jefe contento? ¿Cliente satisfecho?

Si esto es bueno, si se traduce en beneficios y mejoras para la empresa y sus empleados, ¿qué habría que hacer para tener a los empleados contentos? En uno de los cientos de decálogos que podemos encontrar en internet sobre cómo retener el talento vi éste que resumo.

1. **Construya una marca** que destaque a la empresa como buena empleadora.
2. **Propicie un buen clima** laboral en el que puedan entablar relaciones sociales y, a la vez, lograr sus objetivos profesionales.
3. **Erradique el estancamiento laboral.** Para un empleado es imprescindible tener la oportunidad de avanzar por méritos con seguridad y confianza.
4. **Instaure sistemas de incentivos personalizados** y no sólo acordes a las referencias del mercado.
5. **Implemente políticas orientadas a mejorar la calidad de vida del personal.**
6. **Formule nuevos proyectos.** Comprometa a los empleados en proyectos que ellos mismos hayan formulado.
7. **Cultive la comunicación.**
8. **Capacite.** Los empleados talentosos requieren de constantes retos para progresar. Por ello, las capacitaciones les permiten sentir que evolucionan y crecen profesionalmente.

Me parece que da en el clavo de muchas de las carencias que tenemos en las empresas.

¿Tenemos a nuestra gente satisfecha? ¿Cuidamos los detalles para que lo estén? ¿Creemos que tiene beneficios en el corto y medio plazo para la empresa mantener una plantilla motivada? ¿Nos ganamos la fidelidad de los empleados?

#41 30/12/10
LAS PERSONAS, LOS SUEÑOS Y EL ESPERANZADOR FUTURO

Ryan Bingham, un profesional contratado por las empresas para despedir a personas, le hizo en una ocasión esta pregunta a una de las personas a las que estaba despidiendo: *¿Cuánto le pagaron para que renunciara a sus sueños?* La cantidad no viene al caso.

Si cuento que esta escena forma parte de una película titulada "Up in the Air", probablemente nos suene. Si digo que el protagonista de la misma, el despedidor, es George Clooney, la reconoceremos mejor.

Como George Clooney dice en la película, un despido puede ser una extraordinaria oportunidad para conseguir un mejor futuro, para perseguir tu sueño, para poder mirar a tus hijos a la cara.

Hace algunos meses hablaba de los despidos en este post. Para despedir gente, hasta para decirles que ya no cuentas con ellos por los motivos que sea, hay que hacer las cosas bien. Creo que la confianza en las empresas es algo que tarda años en construirse, y segundos en esfumarse.

En los tiempos que corren, las empresas no se pueden permitir el lujo de llevar a cabo estos procesos mal. En primer lugar, por respeto a quien trabajó para la casa durante años. En segundo lugar, por las personas que se quedan. Por la moral de la tropa.

Hoy he desayunado con un amigo que venía de hacer unas gestiones en una empresa. Así, de pronto, me suelta que intuye que deben estar pasando por problemas serios, porque la persona que le ha atendido le ha dicho: *"No sé qué está pasando en la empresa. Es como si todo el mundo se estuviese volviendo loco. No entiendo las decisiones que se toman. No entiendo las maneras con las que se están haciendo las cosas. Esto no ha pasado nunca. En cuanto pueda me marcho de aquí. Esta ya no es la empresa en la que daba gusto trabajar. No la reconozco".*

Y es que las formas de tratar a las personas, hasta en estos momentos, es la que marca la diferencia. Hace también algunas semanas, retomé en otro post esta frase sacada de las antiguas bodegas Guelbenzu. La copio de nuevo porque hoy le va que ni pintado al post:

Los empleados tardan pocas semanas en empezar a tratar a los clientes como la empresa les trata a ellos. Al final, lo que importa son las personas y no tanto las estrategias. Se debe de tratar igual de bien a los empleados como a los accionistas, ya que cada día ponen su corazón y su mente al servicio de la empresa. Y si no lo hacen, la empresa no sobrevivirá en el tiempo.

Éste, que es el último post del año, tiene también un sentido de fin de una etapa, de cambio de ciclo. Dicen que cuando una puerta se cierra, se abren otras miles. Yo lo creo. Creo que las cosas pasan por algo. Como dijo el fundador de Apple y Pixar en su ya conocido discurso de Stanford, las personas debemos buscar lo que amamos. Y perseguirlo hasta obtenerlo. Sólo así, cuando unas los puntos hacia atrás, sabrás que las cosas pasan por algo.

Es tiempo de volver a luchar por lo que queremos, por cosas que merezcan la pena. Es hora de trabajar por el futuro, de alinearse con el destino, de pasar página y perseguir los sueños.

Quiero daros las gracias por seguir visitando este modesto blog, por seguir manteniendo el contacto, y por seguir compartiendo correos y experiencias interesantísimas.

2011 va a ser un año duro y divertido a la vez.

Brindo por las personas, los sueños y un esperanzador futuro.

2011

#42 16/01/11
LOS EMPRENDEDORES

En uno de los vídeos titulado "Did you Know?" que tan de moda se han puesto en estos meses aportando cifras sobre la realidad de asuntos como las redes sociales, los cambios en el mundo, etc., encontré estas frases que me he permitido traducir algo libremente en cursiva:

Hemos pasado de la era industrial a la era de la información, en la que las redes sociales se encuentran con los emprendedores.

De nosotros depende conocerlas o mirar para otro lado, pero luego no digamos que no lo sabíamos. Las nuevas tecnologías están aquí para quedarse.

En la era industrial, ir a un buen colegio, tener una buena educación, equivalía a tener un buen trabajo para una buena compañía, mientras que ponerte por tu cuenta era considerado demasiado arriesgado. Hoy, trabajar para una compañía es más arriesgado y trabajar para uno mismo es mucho más sensato.

Curioso enfoque. Hace algunos años asistí a una conferencia en ESADE en la que Juan Pablo Lázaro, entonces vicepresidente de la CEOE en Madrid, dijo que no sobraban 3 MM de personas (cuando ese era el número de desempleados) sino que faltaban 200.000 empresas. Y es verdad. Pero es que aquí hemos denostado al autónomo, al empresario, asociándolo a una persona sin escrúpulos que sólo quería llevárselo. En el mejor de los casos, se pensaba que era muy arriesgado. Hace algunos meses, hablando con Andrés Pérez Ortega, me decía que las personas que se creen seguros porque tienen una nómina, no son del todo conscientes de que tienen sólo un cliente, y que si ese cliente dejara de "comprarles", lo que tendrían sería un problema. Tener una empresa, trabajar para uno mismo, te permite tener varios clientes, diversificar el riesgo. Me encantó el concepto. Y como tantas otras veces, se lo he agradecido siempre.

El video continúa con algunas cifras de la evolución de autoempleados y millonarios para explicar la oportunidad que supone este cambio de era.

Estamos viviendo en tiempos exponenciales con un montón de cambios y oportunidades.

Yo pienso aprovechar esta oportunidad, y me imagino que si estás leyendo esto es porque tú también estás por la labor.

#43 29/01/11
DESARROLLAR EL TALENTO DE NUESTRA GENTE

He estado un par de semanas dirigiendo unos talleres sobre la gestión del talento en las organizaciones. Me los ha encargado una consultora para un cliente suyo, una importante multinacional.

Trabajar en este tipo de talleres, con extraordinarios profesionales, tiene muchas ventajas. La primera de ellas es la cantidad de cosas que te llevas, que aprendes de ellos. Dicen que la mejor manera de aprender es enseñando, y es una verdad como una casa. Preparar estas sesiones a conciencia, para poder entregar algo de valor, hace que en el viaje tú también aprendas cosas nuevas. Ken Bain, en su libro *What the best college teachers do*, dice una frase muy interesante: *Part of being a good teacher is knowing that you always have something new to learn*. ¡Siempre hay cosas que aprender!

Otra de las ventajas, es que te permite conocer modelos de negocio exitosos, que funcionan gracias al trabajo, y la inteligencia individual y colectiva de años. Funcionan gracias a las personas que están, y a las que estuvieron.

Ya he contado en este blog que Peter Drucker dijo en una ocasión: "Un número muy grande de ejecutivos, probablemente la gran mayoría, no permanecerá con sus empresarios actuales, o en su línea de trabajo actual, hasta la tradicional edad del retiro. Pero seguirán trabajando, más o menos a tiempo completo, hasta más allá de los 75 años... Mientras continúen trabajando, volverán de una manera u otra a las aulas, y no me refiero a leer un libro o asistir a un seminario, sino a las aulas universitarias"

Yo lo he podido comprobar en mi actividad docente en La Salle, y en el Comité de Estrategia del Center for Sports and Business Management del IESE, del que soy miembro. Cada día hay más profesionales que desean adaptarse a este mundo tan cambiante, a este mundo en el que las reglas mudan cada día, y encuentran un lugar extraordinario para hacerlo en los centros universitarios.

Pero contar con las capacidades, las competencias y los conocimientos de las personas, no es suficiente en este tiempo. La fórmula del talento es Competencias x Compromiso. Si contamos con las aptitudes de los profesionales, pero no contamos con su compromiso, si las actitudes no son las deseables, el talento que pondrán al servicio de las organizaciones será igual a 0.

Es por eso que este tipo de sesiones, este tipo de talleres con altos directivos, cobra tanta importancia. Entrenarse en obtener lo mejor de su gente, enseñarles a poner su talento al servicio de la empresa, hacerles sentir que son tenidos en cuenta, que se valoran sus iniciativas y sus ideas, es la mejor manera de obtener su talento. Y creedme que lo que hay en juego, es mucho más de lo que las organizaciones se pueden imaginar.

#44 13/02/11
LA LEALTAD DE LAS PERSONAS

En estos tiempos, en los que muchos directivos andan en busca de recetas que les ayuden a solucionar nuestros problemas, quiero compartir una lista que me ha llamado la atención.

Se trata de los diez principales errores que se pueden cometer por las empresas en una crisis. Lo he leído en un libro de Kottler que me han prestado hoy, *La Ciencia del Caos*, que a su vez lo obtiene de la revista *Business week* de hace un par de años.

1. Despedir Talentos
2. Hacer recortes en tecnología
3. Reducir riesgos
4. Detener el desarrollo de productos
5. Que los consejos de administración sustituyan presidentes comprometidos con el crecimiento a favor de otros que estén a favor de la contención del gasto
6. Evitar la globalización
7. Permitir a los presidentes cambiar la innovación como clave estratégica
8. Cambiar la forma de medir el rendimiento
9. Reforzar la jerarquía en detrimento de la colaboración
10. Refugiarse en un castillo amurallado

Interesante, ¿no? ¿Cuántas empresas no están haciendo en estos momentos exactamente esto? ¿Punto por punto? Sorprende ver que dos años más tarde de que lo publicara esta prestigiosa revista, algunos lo hayan tomado como si de su ABC se tratara.

Hoy, más que nunca, las personas necesitan confiar en sus dirigentes, confiar en las empresas. Alguna vez he dicho que la confianza tarda décadas en generarse, y segundos en esfumarse. Sin la confianza de las personas, difícilmente podremos sacar "el partido" adelante. Sin su confianza será difícil contar con su lealtad. Hace algunos años, dando una conferencia con Lolo Sainz, me dijo: *"He echado de menos en tu charla uno de los valores más importante que deben darse en los equipos: la Lealtad entre sus miembros".* Naturalmente le "compré" el consejo al maestro, y desde entonces dedico buena parte de mi tiempo en las conferencias a hablar de ello.

También se habla de lealtad en *La ciencia del Caos.* Hay una teoría de un destacado escritor de estrategia en los negocios, Fred Reichheld, que me parece que resume muy bien cómo obtener la lealtad de las personas. Son los seis principios tomados de su libro "La pregunta decisiva".

1. Actuar siempre para proporcionar ganancias, tanto a los stakeholders como a la empresa.
2. Ser selectivo con los empleados y los clientes que la empresa contrata, y animarlos a seguir en ella y a mejorar la cooperación.
3. Asumir el planteamiento de la empresa para ser leal.
4. Recompensar los buenos resultados.
5. Escuchar, aprender, actuar y explicar (la comunicación es un diálogo, no un monólogo).
6. Plantearse cómo desea ser recordada la empresa cuando se decida qué decir y qué hacer, y luego predicar con palabras y hechos para apoyar ese final.

Buenos consejos, aplicables en menor o mayor medida a nuestras realidades, pero sobre los que merece la pena reflexionar siempre.

#45 23/03/11
TIEMPOS DIVERTIDOS. FECHAS SEÑALADAS

Una de las cosas que me prometí cuando empecé con este blog fue escribir de vez en cuando cosas que me apetecieran, que me salieran, que quisiera escribir.

Ayer estaba volviendo en el AVE de Valencia.

Hacía exactamente tres meses, a la misma hora, tomaba el mismo tren a Madrid tras una maratoniana jornada que había comenzado a las 6 de la mañana en el metro hasta el aeropuerto, un avión hacia Alicante, en coche hasta Murcia y luego Valencia, la vuelta a Madrid en AVE, y un bus hasta casa desde Atocha a las 11 de la noche. Una jornada de 17 horas.

La mañana siguiente acabaría mi relación laboral con la empresa en la que había trabajado los 20 años anteriores. Me ha resultado curioso estar cogiendo el AVE a la misma hora, en el mismo sitio, tres meses más tarde. No lo recuerdo con nostalgia, ni siquiera con pena. Lo recuerdo con alegría. De haber sabido que el día siguiente saldría de la empresa, habría hecho el mismo trabajo maratoniano. De hecho, también habría seguido trabajando toda la tarde del día siguiente, como hice una vez que hube firmado los documentos de salida. Eso se lleva en la sangre. No se puede evitar. Y me siento muy contento de ello.

Ayer estaba volviendo de Valencia porque estuve anteayer dando una conferencia en el Foro Universitario Juan Luis Vives. Estuvo divertido, además de la gente que estuvo en el salón de actos (gracias mil por vuestra presencia), que estuvieran viéndola en streaming otras cuantas personas, y siguiendo a través del twitter otro numeroso grupo. De repente, mis seguidores en twitter @_raulcastro_ han crecido, y me parece magia. Fue una jornada intensísima en la que Esteban Rodrigo @erodrigo hizo de anfitrión, presentándome a Gerson Beltran @gersonbeltran, quien a su vez me hizo los honores con @cifu13, @Irenon, @laugarcas, @salvass, y otro montón de personas más. Todos ellos están disfrutando las jornadas de #comunicat hasta el jueves. Sí, ya sé que es un lenguaje muy raro, pero en twitter está a la orden del día, así que a modernizarse... Personas, no sólo muy interesantes, sino humanamente muy cercanas.

Ayer cerré también un par de sesiones de formación para hacer estos meses, un tema de consultoría estratégica a una empresa de la zona, y tuve la oportunidad de hablar en persona con un amigo, con el que lo llevaba haciendo por correo algún tiempo y fue la mar de interesante.

En estos tres meses he creado mi propia empresa, he publicado mi segundo libro, y he establecido relaciones estables con tres escuelas de negocio con las que colaboro, ahora con mucha más intensidad. Desde luego, no puedo decir que me haya aburrido, pero estoy encantado. Hacer lo que te gusta, aprender con cada cosa y conocer gente interesante, es lo mejor que le puede pasar a una persona. Y a mí me está pasando.

La Puerta Abierta estará en las librerías en tres semanas. Acabarlo, participar activamente en los últimos detalles, me ha permitido enamorarme de nuevo de él. Sé que igual queda mal decirlo, pero recordad que estoy en el post en el que digo lo que me viene a la cabeza. Un libro es como un hijo. Te pertenece hasta que nace. Una vez que cobra vida pertenece a los lectores, y tendrá la vida que ellos quieran y el libro se merezca. Por el momento aún es mío, y si he estado algo desparecido estos días, ha sido para que esté guapo, tenga el mejor aspecto posible, y enamore a más gente como lo ha hecho conmigo. El libro se va a presentar tres años después de hacerlo con la primera edición del anterior: *Tiempo para Decidir*. Curioso, ¿no?

"dpersonas" va tomando vida también. Desde ahí vamos a ir dando forma a una manera de entender la gestión y el desarrollo del talento en los equipos, teniendo a las personas en el centro. Haremos eso, seguiremos con la actividad de Consultoría Estratégica, y seguirá siendo la plataforma para conferencias y actos, en los que me sigan demandando hacer de speaker. En un par de semanas estará todo listo. Ya os contaré.

Parafraseando a los comentaristas de la F1 que está a punto de empezar también, no os separéis de este blog, porque si pestañeáis, ¡os lo vais a perder!

#46 30/04/11
UNIDAD CONFORTABLE

Hace algunos días fui invitado por la Barna Business School de Santo Domingo, en la caribeña República Dominicana, a dar clase en un programa sobre Coaching Directivo. Se trató de un programa abierto que contó con la presencia de importantes directivos de allá, en la que es considerada como la primera escuela de negocios del país. Fue un honor para mí tener esta oportunidad.

Llevo algunos días queriendo escribir unas notas para el blog sobre este asunto, por la importancia que el desarrollo del talento en las organizaciones tiene en este país en pleno proceso de definición de su futuro. En Barna lo saben bien, y por eso llegaron a un acuerdo con el IESE hace algún tiempo, y están desarrollando con mucho éxito el Advanced Management

Programa AMP, en el que sus alumnos comparten experiencias internacionales en Santo Domingo, en Barcelona y en Nueva York.

Me ha encantado la hospitalidad dominicana. Son un país con un magnifico porvenir, y unas gentes ansiosas de demostrar al mundo todo el talento que tienen, aunque lo exporten involuntariamente con las personas que emigran en busca de un mejor futuro. Baste citar, como ejemplo de la capacidad de generar riqueza para el país, los impresionantes resorts de la costa de Bávaro. No sería justo si no hablara de desigualdades, que las hay y, en términos sociales, muy profundas: el 47% de la población está encuadrado en la clase baja, y un 10% más en la indigencia. Sorprende ver urbanizaciones lujosas al lado de casas muy modestas, en las que las personas sobreviven con muy poco dinero y alimentos al mes. Esta es una de las asignaturas pendientes que tiene el gobierno que se forme en 2012, tras las elecciones.

El título de este post hace referencia a esto. Una de las primeras cosas que tuve que aprender al llegar allí, es que la única forma de ir en un taxi que se pueda parecer a uno europeo, es llamando directamente a la compañía, y pedir una "unidad confortable". La alternativa son los "conchos", turismos en bastante mal estado de conservación, que recorren la ciudad en rutas fijas, y que transportan a siete personas, en el lugar que deberían viajar sólo cuatro o cinco.

Sin embargo y pese a todo, sólo he visto gente inquieta, trabajando por su futuro, luchando contra la abismal subida de los carburantes, pero encontrando en el ingenio y el esfuerzo personal, la manera de pelear por un futuro mejor para sus familias. Me he encontrado con personas sonrientes, siempre "a la orden", como dicen ellos (seguramente fruto del lenguaje militar propio de los tiempos de Trujillo), siempre al servicio del turista, arrancando una propina de manera simpática, nunca pedigüeña. No me han pedido por las calles, cosa que no se puede decir de otras ciudades, a priori más ricas.

Deberíamos aprender de ellos esa disposición para el servicio. España es el segundo país del mundo en recibir turistas extranjeros, sólo superada por Francia. Si hablamos en términos de los ingresos que aporta el turismo, también somos el segundo país por detrás, en esta ocasión, de Estados Unidos. Un país como el nuestro, con tanta dependencia del turismo, no tiene más remedio que seguir mejorando la disposición hacia el turista, no tiene más remedio que contar con todo el talento disponible, que reinventarse cada día...

Hoy, una de las pocas cosas que podemos hacer para mejorar es seguir formándonos, seguir invirtiendo en potenciar el talento de las personas que aún trabajan, y aprovechar este talento que todos llevamos dentro para capear esta situación de la mejor manera posible. Nadie nos va a sacar de ésta. Nada lo va a conseguir, excepto nuestra capacidad de entregar el mejor servicio posible en lo que hagamos. Es tiempo de cambiar nuestros viejos "conchos" por "unidades confortables".

¡Vamos a por ello!

#47 23/07/11
LA PUERTA ABIERTA

Con la puesta en marcha de dpersonas y las múltiples actividades en las que en estos meses ando metido, me doy cuenta que he dado poco espacio al nacimiento de *La Puerta Abierta,* y a todo lo que la presentación de un libro conlleva.

El pasado 25 de mayo presentamos LPA, en la Ciudad de la Raqueta de Madrid. Emilio Sánchez Vicario, quien muy generosamente escribió el prólogo, hizo de anfitrión.

Presentar un libro en sociedad tiene siempre ese punto de recompensa y vértigo al tiempo. Recompensa porque supone la culminación de un trabajo de mucho tiempo, como César Piernavieja, el editor de LID, dijo. Es verdad. Escribir un libro es una tarea bonita y sacrificada al tiempo. Se pasan muchas horas frente a un papel buscando esa palabra que guste al lector, el sentido de una frase que explique lo que de verdad quieres contar, se pasa mucho tiempo eligiendo una forma de decir algo que no hiera a nadie... Son muchas horas en las que la comunicación es imperfecta porque no hay "nadie" al otro lado. En cierto modo me recuerda a los años en los que hice varios programas de radio. En realidad, no sabes si se ha roto un cable y estás hablando sólo para un hierro con forma de micro. Cuando escribes sólo piensas en lo que va a sentir el lector, en lo que va a pensar cuando lo lea, en lo que quieres que imagine, en el viaje que quieres que haga contigo. Cuando narras una historia, imaginas a los personajes tal y como quieres que sean imaginados por los lectores, que aún no conoces.

Por eso, el acto de presentación no es para mí tanto la presentación de mi trabajo, como el momento de conocer a quienes lo van a leer. Y eso lo hace un momento excitante. El momento de vértigo que decía al principio. ¡Por fin conozco a quienes lo van a leer! La comunicación se completa porque ya hay "alguien" al otro lado. La presentación de un libro es también el momento en que el hijo deja de ser tuyo, y cobra vida. Es algo así como el alumbramiento. Lo has llevado en tus entrañas todo este tiempo, y en ese momento cobra vida plena y empieza a estar en las estanterías, en las cabezas, y en los despachos de otros. Se hace mayor. Y cuando un hijo tuyo se hace mayor, sólo esperas haberlo hecho lo suficientemente bien como para que tenga una vida larga, fructífera y llena de aventuras. Eso es lo que le deseo a LPA. Los primeros momentos no están pudiendo ser mejores a juicio de la editorial. Hemos dado conferencias, hemos participado en Foros, hemos triunfado en la Feria del Libro... ¡Qué más se puede pedir!

LPA es un libro vitalista, que nos anima a ver el lado amable de la situación por difícil que ésta parezca, que nos anima a dar las gracias por la parte del vaso que tenemos medio lleno, y a explorar el camino para llenar el otro medio, que nos dice que hay que ser protagonistas, en vez de meros espectadores de nuestra vida...

Yo estoy encantado con estos dos meses escasos que tiene de vida. Os animo a leerlo. Os animo a compartir experiencias similares, a contar cómo superasteis aquella situación difícil y qué os hizo vencer el miedo...

Todos tenemos tanto que aprender de cada uno de nosotros...

#48 26/08/11
CATALIZADORES DEL CAMBIO

Para un profesor, el verano siempre viene muy bien para descansar y reponer fuerzas, aprender cosas y cargar la mochila de nuevas experiencias que compartir en el curso que comienza. Para un empresario, descansar es necesario para aclarar ideas, redefinir estrategias y comenzar el curso con energías renovadas. Para un emprendedor, el verano no es distinto que el invierno: descansar no está en el diccionario.

En esas tres facetas me he movido este verano, trabajo frenético con un montón de kilómetros a la espalda, y breves periodos casi furtivos de relax bajo el sol. Sin embargo, la experiencia no ha podido ser mejor. Hay dos denominadores comunes en las tres actividades: conocer personas interesantes y vivir nuevas experiencias. Ambas cosas me encantan, de modo que podría decir que trabajo y placer han estado muy solapados por momentos.

De las cosas que más me han llamado la atención, de las que creo que tenemos mucho que aprender, es de la capacidad que están teniendo aquellos a quienes les van bien las cosas, de reinventar procesos, de hacer cosas diferentes, de mejorar lo existente, de cuidar los detalles para entregar el mejor servicio... Esa es, yo creo, la clave para sobrevivir en los tiempos que tenemos por delante. Me ha encantado, por ejemplo, la experiencia de Ryanair en cuanto a lo novedoso de alguno de sus procesos. Han sabido encontrar las palancas que les permiten tener una de las más altas tasas de puntualidad, involucrando al pasajero en el proceso, a cambio de no cobrarle parte del servicio y conseguir así tarifas bajas. Si te sacas tú la tarjeta de embarque, si te subes tú la maleta al avión, si te sientas donde "puedes", ahorras tiempo y costes de manipulado físico y de información a la aerolínea, quien te lo devuelve en forma de descuento. Y como el viaje te ha salido barato, aprovechan a intentar venderte infinidad de cosas útiles (y no tanto) mientras vuelas. Sencillo, ¿no? Los que lo diseñaron pensaron cada uno de los pasos del proceso, y se han cargado de un plumazo el modelo del resto de aerolíneas desde su nacimiento. Pero son eficientes, baratos y rentables. ¿Alguien da más?

Algunos de los proyectos de consultoría estratégica, en los que estoy trabajando ahora, tienen esa misma preocupación, y las recetas no son muy diferentes: Revisar el modelo de negocio, conocer y definir el posicionamiento de tu marca, evaluar el potencial humano y redefinir los procesos. Es tiempo de asumir nuevos retos, ponerse objetivos retadores, nuevas metas... Luego se hace necesario pintar un nuevo plan de acción, para acabar evaluando los medios con los que contamos y, dependiendo de lo que queramos hacer, engrasar las herramientas, sustituirlas, o simplemente adaptarlas a las nuevas necesidades... Eso lleva trabajo, una carga extra que a menudo uno no puede hacer solo, pero ya no es discutible que tenga que hacerse. Para eso estamos en dpersonas, para ayudar, para aportar diferentes experiencias, conocimiento y método. Para trasladar buenas prácticas, para acompañar a nuestros clientes en sus nuevos caminos, en la construcción de su nueva realidad.

Cuando uno hace esto con pasión, trabajo y placer vuelven a ir en ocasiones de la mano. Y eso, como me dice algún cliente, se nota en el resultado final.

Bienvenidos todos al curso oficial, bienvenidos a este último cuatrimestre, en el que no nos quedará otra que prepararnos para un trepidante 2012 cargado de nuevas oportunidades. Empieza el curso, empieza la batalla... Bienvenidos al placer de trabajar para ser mejores, para conseguir nuevas cosas, para crear un mundo mejor, para luchar por dejar a nuestros hijos mejores condiciones que las que tuvimos, para cambiar el mundo. Bienvenidos de nuevo a la realidad.

#49 05/09/11
HACER QUE LAS COSAS PASEN

Parafraseando al famoso libro de David Allen, hacer que las cosas sucedan, aportar soluciones, construir nuevas realidades de futuro, son las funciones que más se van a demandar de los actuales directivos. Luis Manuel Calleja, mi profesor de dirección general en el IESE, solía decir que la labor del directivo tenía mucho que ver con el arte: "El directivo es un artista". Y es verdad. En este momento se requieren artistas que creen nuevos paradigmas, que creen nuevas condiciones en los mercados para cambiar situaciones, para mejorar realidades.

Hace unos días, paseando por la siempre espectacular Tate Gallery de Londres caí en la cuenta de lo que decía el profesor Calleja. Ya no vale con un arreglito por aquí con un ajuste por allá. Para abordar el futuro, hay que ponerse ante un lienzo en blanco, ante un pedazo de piedra, o tomar piezas sueltas y aprestarse a anudarlas de algún modo original. En estos momentos es preciso imaginar nuevas formas de hacer, reinventar procesos, pero desde cero. Es tiempo de crear nuevas herramientas, nuevos métodos, nuevos procesos, nuevas formas de contratar, nuevas formas de trabajar, nuevas relaciones contractuales, nuevos espacios de trabajo, nuevas formas de comunicarse, de relacionarse. Es preciso generar nuevos espacios de libertad, una nueva manera de medir el trabajo, de valorar tareas, de examinar comportamientos, de abordar retos, de establecer alianzas sinceras y valientes, de sumar meriendas y conocimientos con iguales, de valorar más y mejor las diferencias del contrario, de entenderse con él, de aliarse si llega el caso, de ver lo que nos une frente a lo que nos separa... Y eso muchas veces solo es posible dejando de lado nuestras viejas formas de hacer. Eso es crear, y para mí, igual que para el profesor, eso es un arte. Igual que quien es capaz de juntar tres maderas, pintarlas de rojo y verde y exponerlas en la Tate ante los ojos entusiasmados de los visitantes. Debemos retomar esa capacidad de fascinar que durante siglos hemos tenido. Y podemos, claro que podemos. Pero eso sólo se hace desde el trabajo y la dedicación, y no desde la queja y el lamento.

Hay que elevar la vista. Tenemos que ser generosos con nuestras posibilidades. Dirigir hoy tiene más que ver con trabajar en lo que podemos llegar a ser, que limitarnos a hacerlo con lo que hoy somos. Para eso, hay que manejar muy bien el potencial de las personas que componen nuestros equipos, hay que confiar en su talento, generar espacios en los que las personas se pongan al servicio de la comunidad. En los próximos años vamos a ver grandes cambios en las formas de trabajar en este sentido. Las personas deberán poner en valor sus conocimientos, sus habilidades, y prestar servicios a las empresas, quienes les remunerarán por ello, mientras sean competitivos y lo hagan bien. Desgraciadamente para muchas personas se ha acabado ya la tranquilidad de la nómina, la seguridad de la pensión, o la seguridad social pagada por la empresa. Pero este no es un camino fatalista, sino una vuelta a la "normalidad" del ser humano. Es consustancial a él. Si pensamos en los quinientos escasos años de la historia de la empresa capitalista, del trabajo por cuenta ajena, este "formato" tiene una vida muy corta en el conjunto de los dos millones de años que tiene la humanidad. Las empresas, los trabajos asalariados que conocemos, solo nacen cuando las necesidades exceden las capacidades que tiene una sola persona para prestar el servicio. Sólo al final de la Edad Media, y posteriormente con el nacimiento de compañías navieras hacia Indias, o las grandes compañías de ferrocarril es cuando podemos hablar de asalariados tal y como hoy los conocemos. Anteriormente, las personas obtenían sus recursos prestando servicios, desarrollando oficios, fabricando productos acabados o proveyendo de materias primas. Cada cual ponía en valor aquello que sabía hacer y vivía de ello. No había seguridad social, ni pensiones, ni paro, ni ayudas por desempleo, ni nada por el estilo que generase una certeza acerca del futuro. Me pregunto si será tan difícil volver a esa situación, cuando para el hombre ha sido natural durante un millón novecientos noventa y nueve mil quinientos años.

Por eso, además de ser artistas, tendremos que hacer las cosas lo mejor que sepamos, entregar el mejor servicio, y ser más competitivos para que nos vuelvan a "comprar" nuestros servicios, para repetir, para que nos vuelvan a elegir. En cierto modo, esta crisis va a acabar con trabajos mediocres, con servicios prestados sin interés o sin calidad. Ya no va a valer cualquier cosa. El herrero de un pueblo sabía que tenía que dar un buen servicio, si quería seguir trabajando para sus habitantes, y no ser sustituido por el de al lado. El carpintero debía ser cuidadoso en el acabado de sus muebles para recibir más encargos. El pintor no puede manchar mucho la casa si quiere ser recomendado. El directivo deberá acabar el proyecto con éxito si quiere volver a ser contratado. El ingeniero deberá diseñar la mejor estructura para repetir proyecto. No queda otra. El tamaño de algunas empresas, tal y como los conocemos, no da para aguantar tanto coste fijo. Ojo, pero el de los países tampoco. Con la llegada de la revolución tecnológica llega el tiempo de la producción en estado puro. Gano con base en lo que produzco. Y no hay más. Es un mensaje duro para algunos, pero es lo que hay.

Por eso, este es tiempo de prepararnos ante lo que nos llega. Es tiempo de preparar a nuestros hijos, a las generaciones que nos suceden, para que lo entiendan cuanto antes. Con el aumento demográfico y el crecimiento de la esperanza de vida, sólo los estados que sean productivos mantendrán un tímido componente social. Los que no lo sean, no podrán permitírselo.

De ahí que seremos lo que sepamos hacer que pase en nuestras vidas. De ahí que tenemos que empezar a conseguir que las cosas pasen por nuestro propio bien.

¡Buen inicio de curso!

#50 24/09/11
HONESTIDAD Y HUMANIDAD

Las dos palabras que más me impactaron oír en la boca de Howard Schultz esta semana, fueron esas. Schultz es el Presidente y CEO de Starbucks, con quien tuvimos un encuentro los antiguos alumnos del IESE el lunes pasado, durante la presentación de su último libro: *El desafío Starbucks*. Apuntó también algunas claves para salir de esta crisis: "solo se saldrá trabajando más", "hay que tener la curiosidad de ver más allá y la valentía de llevarlo a cabo" o "abrazar el 'statu quo' no es una receta para el éxito, porque uno tiene que reinventarse"

La pregunta es: ¿Es compatible que una empresa exija más a sus empleados y a la vez sea honesta y humana? ¿Es posible que lo haga un país? ¿Hay otro camino? Coincido con él en que no queda otra que trabajar más, que dejar de mirar por el retrovisor pensando lo bueno que fuimos, o quedarnos atrapados en un determinado puesto o rol, sin pensar siquiera si es lo correcto en adelante.

De eso hablé el martes en la conferencia que impartí en Atisa, con motivo del 30 aniversario de la empresa. Y de eso me hablaron ellos mientras firmaba algunos ejemplares, de la capacidad que ha tenido esta empresa de salir adelante, y la reinvención constante de la que ha sido protagonista estos años. Me sentí muy identificado con los promotores de la idea, cuatro personas que emprendieron, casi por necesidad, y a quienes las cosas les han ido muy bien llevando por bandera dos atributos: honestidad y humanidad. Curioso, ¿no? Treinta años son toda una vida para un emprendedor, y casi un suspiro para un empresario. Treinta años de trabajo, de nuevos clientes, de adversidades, de buenos momentos, de sustos, de alegrías. Treinta años en los que nadie te regala nada. La historia de una PyME con carácter y voluntad de "grande", que ha llegado a serlo. Un reto conseguido y muchos nuevos por perseguir. Es la historia del crecimiento, y por eso me encantó estar con ellos para celebrarlo con sus clientes y empleados. Fue un verdadero honor estar allí.

Y cuando veo estas cosas, no tengo más remedio que rebelarme frente a esa sensación de "anestesia" general que veo en muchos sitios, en muchas personas que están esperando a que llegue "nosequé" a salvarnos. Nadie nos va a sacar más que nosotros, no nos engañemos. El estado, por muy social que sea, por muy protector que quiera ser, da para lo que da. Un padre con doce hijos al que no le alcanza más que para dar de comer a tres, por mucho que quiera, no podrá más que repartir las migajas. Y eso es lo que tenemos. Un padre que ha administrado mal nuestros bienes, que se ha gastado el dinero en idioteces y que nos pide que arrimemos ahora el hombro, ahora que la cosa está difícil. Y eso no lo podemos cambiar, venga el padre que venga. El daño está hecho. No podemos mirar hacia atrás por más tiempo. Asumido que eso es así, tenemos dos alternativas: lamentarnos y quejarnos con toda la fuerza y voz que tengamos, agitar a otros para que también lo hagan, o ponernos a buscar las mejores soluciones para salir de esta. Cada uno en su papel, cada uno con el futuro que elija. Cada uno con las soluciones que estén a su mano.

Trabajar y ser buenos en lo que hacemos, poner pasión, entregar el mejor servicio, dar la mejor calidad, sacrificar horas de ocio y diversión, ayudar a otros sin esperar nada a cambio... Esto es lo que hay. ¿El premio? Un futuro mejor, un mañana esperanzador para nuestros hijos, y la sensación de tener la dignidad de haberlo intentado.

#51 13/10/11
ESFORZARSE Y DISFRUTAR

¿Son dos palabras antagónicas? ¿Dos actividades incompatibles? Yo creo que no.

Esforzarse y disfrutar no son cosas incompatibles. El lunes nos lo decía la nueva profesora de mi hijo pequeño: *"Los niños tienen que irse contentos del colegio. Vamos a trabajar mucho, van a aprender, van a tener que esforzarse, pero si no llegan a casa contentos, si no salen de aquí felices, algo está pasando. Vigilad esto"*. A mí me encantó. Creo que no hemos venido a esta vida a sufrirla, sino a disfrutarla. Los trabajos, las ocupaciones, nos han de exigir esfuerzos, pero eso no significa que tengamos que padecerlos. No es incompatible disfrutar de la actividad mientras "se suda la camiseta". Una de las frases con las que hemos crecido los de mi generación es "sacrifícate, esfuérzate, lucha, ya tendrás tiempo de disfrutar". Me parece que tenemos mucho que agradecer a esa capacidad de sacrificio, que en mi caso además se solapa con la aprendida en el deporte, pero estoy en claro desacuerdo con el final. No podemos esperar a disfrutar algún día, debemos hacerlo en el camino.

No cabe duda de que estamos en un momento difícil, subiendo una dura montaña empinada. Es tiempo de sufrir, como se sufre subiendo el Anglirú o el Mortirolo, pero también de disfrutar con el esfuerzo, sin esperar a llegar a la meta. Mi vecino José Antonio me lo decía hace unos días mientras yo sufría subiendo por la ruta del Arcipreste de Hita en bici. *"Disfruta el camino, disfruta el paisaje y verás cuando llegues"*. El deporte tiene estas cosas, que enseña a sufrir mucho, a pasarlo mal, a no tirar la toalla, sabiendo que todo tiene su recompensa. La satisfacción de conseguirlo, de obtener aquello por lo que has peleado, es inenarrable.

Ahora hay muchas personas que pueden estar leyendo esto, que lo estén pasando mal por no tener trabajo, por estar buscándolo con escasos resultados. Yo lo entiendo, me pongo en su piel, conozco la sensación. Pero esa angustia, ese malestar, lo llevan a cada entrevista de trabajo, a cada reunión, muchas veces sin quererlo, pero lo llevan. Y eso llega al interlocutor, quien difícilmente confiará un empleo a alguien con el ánimo por los suelos. El círculo se cierra y se vuelve vicioso. Otra negativa, peor estado de ánimo.

Hay que elevar la moral, mirar al horizonte, prepararte cada mañana pensando en que hoy lo vas a conseguir, ponerte guapa/o por fuera y por dentro, cada día, y no desfallecer. Y si no llega, por la noche hacer un repaso de lo que podíamos haber hecho mejor, y vuelta a empezar a la mañana siguiente. A disfrutar cada pequeño detalle, cada pequeña victoria, porque sólo así se transmite seguridad, se habla con pasión, y la gente te quiere tener a su lado.

Hoy estoy en Segovia, en una ciudad en la que viví casi dos años, hace dieciocho, trabajando en mi anterior empresa. He venido a cerrar un acuerdo para escribir una columna en *El Adelantado*, el periódico de Segovia. He querido llegar de buena mañana para vivir la ciudad como cuando vivía aquí. En su momento no fue fácil llegar y trabajar para una empresa casi desconocida, aprender a vivir sólo, casi sin dinero, integrarme en sus costumbres, hacerme amigo de sus gentes, ganarme la confianza de los clientes... No fue fácil. Pero fue divertidísimo. Trabajé de forma incansable, 24 horas al día. Mereció la pena por lo que disfruté con ello y por todo lo que la ciudad me devolvió.

Hoy, mientras miraba el acueducto, pensaba en el esfuerzo que han tenido que hacer millones de personas año tras año, siglo tras siglo, para que conozcamos la ciudad como es. A la derecha, me he encontrado con la luna despidiéndose tras hacer su trabajo, ocultándose tras los árboles mientras parecía decir: "¡Volveré! El sol viene a ocupar mi lugar protagonista, pero yo volveré".

Siempre hay un rayo de esperanza, siempre hay una ocasión de volver, siempre hay un camino para quienes hoy están perdiendo su partido. Disfrutemos del esfuerzo del camino, que los demás lo vean, y que quieran que los acompañemos. No hay otra vía.

#52 01/11/11
EXISTO, LUEGO TRABAJO

Llevo unos días con una frenética actividad de trabajo, de ahí que hace algún tiempo que no me asome por este blog.

Estos días estoy participando en el Programa de Dirección de Entidades Deportivas, que estamos organizando en el IESE. Es un gusto compartir experiencias con directivos y gerentes de clubes deportivos, con quienes tengo en común la necesidad de profesionalizar la gestión de los clubes, dada la situación en la que muchos de ellos se encuentran.

Por otro lado, estamos cerrando algunas conferencias de cara al fin del año en las empresas. Transmitir a las personas la necesidad de mirar el futuro con optimismo, de recuperarnos de las caídas, de levantarnos y luchar con todas nuestras fuerzas, es una labor que me apasiona. Me gusta que haya muchas empresas que aún siguen apostando por la formación de sus líderes, por la capacitación de sus personas, como un apoyo fundamental para afrontar la crisis. Y ahí podemos hacer muy buena labor las empresas que nos dedicamos a esto.

En el área de consultoría estratégica de dpersonas, estamos convencidos de que podemos ayudar mucho en estos momentos. Estos días, asesorando a una empresa mediana sobre cómo reorientar su futuro, encontré este decálogo del libro de Eduardo Navarro, ¿Quieres salvar tu empresa? Me pareció que a pesar de estar escrito hace un par de años, no ha perdido nada de vigencia.

1. Redefine tu estrategia en función del nuevo entorno.
2. Controla la caja, la rentabilidad y la morosidad.
3. Refinancia la deuda y optimiza el circulante.
4. Innova ante las nuevas necesidades de tus clientes.

5. Focaliza en tus buenos clientes y productos y abandona el resto.
6. Vender es clave, pero minimiza riesgos y costes.
7. No bajes los precios indiscriminadamente.
8. Produce sólo lo que vendes y mejora la productividad.
9. Aprovecha las infinitas posibilidades de la gestión de compras.
10. Rediseña la organización, fideliza el talento y toma decisiones.

Tenemos aún un buen trecho de camino duro y sinuoso que recorrer. Hay muchas personas que lo están haciendo solas, y muchas otras que están optando por la idea de seguir el viaje en compañía de otros. Ahí es donde estamos trabajando muy de la mano con ellos. A veces uno no es capaz de redefinir estrategias por sí solo. La crisis está golpeando fuerte y algunas organizaciones están muy noqueadas. En esas circunstancias, es bueno contar con expertos que, desde fuera, con algo de distancia, puedan trabajar contigo en encontrar las mejores soluciones. En esto está basado el título del post. Permitidme cambiar la frase de Descartes "pienso, luego existo" por esta otra: "Existo, luego pienso", y adaptarla al trabajo. Hoy, más que nunca, existir, pensar y trabajar están estrechamente vinculados.

Quiero que estas últimas palabras sean de recuerdo a un amigo que nos ha dejado en estos días. Albert era un tipo de esos que nunca se rinden, que encuentran oportunidades nuevas allá donde van, que se relacionan con una facilidad pasmosa, que encandilan a todo aquel que se cruza en su vida. Por eso, cuando todo el tanatorio de Badalona puesto en pie lloraba por su ausencia, resonaban en mi cabeza las palabras de su hermano: "Albert era un aventurero, una persona capaz de abrir puertas allá por donde pasaba... y ¡no cerrar ninguna!"

Albert, tito, estarás siempre entre nosotros. Gracias infinitas por tu generosidad al enseñarnos todo eso.

#53 21/11/11
¿ES IMPORTANTE CUIDAR EL CÓMO?

Hoy tenemos al país votando. Son unas elecciones más para muchos, y las más importantes de la historia si escuchamos a los candidatos.

Cuando uno los escucha, se da cuenta, sin quererlo, de la calidad de lo que nos transmiten a través de la forma en la que nos hacen llegar su mensaje: que si gesticula mucho, que si leyó hasta el saludo, que si no mira al público, que si no le van las rayas, que si la corbata no le hace juego... Todos los detalles suman o restan al mensaje principal, hasta elevarlo al máximo o llegarlo a anular por completo. Aunque las cifras cambian según lo que consultes, dicen que recordamos el 20% de lo que oímos, el 40% de lo que vemos, y por tanto el 60% de lo que oímos y vemos. De ahí que tan importante es tanto lo que se dice, como cómo se dice.

Con este juego de palabras empezamos a trabajar Cristina Ortiz de Guinea y yo en un programa corto, que permitiera a las personas llevar la puesta en escena de su mensaje. Casi siempre tenemos claro lo que queremos decir, pero raramente trabajamos los aspectos que rodean al mensaje: cómo voy a ir vestido, la herramienta de presentación que utilizaré, los colores que me van bien, a quién tengo que empezar y acabar agradeciendo, cómo modular la voz, cuándo y cómo he de leer, trabajar las pausas en mi discurso, la entonación, las manos, el cuerpo, las inflexiones de la voz, atender con la mirada a todos los asistentes, conectar con sus emociones...

Hoy, comunicar es todo eso, y nosotros lo ordenamos, le pusimos un método y nos encargamos de hacerlo llegar de una forma muy efectiva a los asistentes. Las respuestas no han podido ser mejores. Todo tiene su liturgia, todo tiene importancia, todo suma, cuando se quiere hacer llegar un mensaje con efectividad. Y si no que se lo digan a los políticos en sus campañas, o los miles de personas que en estos momentos se preparan diariamente para superar una entrevista de trabajo, o a quienes necesitan hacer presentación de sus soluciones o producto a sus potenciales clientes, o a quienes han de presentar algo a personas que están muy acostumbradas a presentar a su vez... Todos ellos tienen cabida en el programa. Todos tienen distintas motivaciones, pero una necesidad común: entrenar sus habilidades de comunicación, aprendiendo nuevas cosas del protocolo.

En esta sociedad global, en la que los mensajes se twittean, en la que las conferencias se graban o se emiten por streaming al mundo, en la que de repente encuentras un mensaje tuyo colgado en YouTube a la vista de todo el mundo, cada vez es más importante cuidar todos estos aspectos. Ya no hablamos para los vecinos, hablamos para el mundo. Ya no damos una conferencia para veinte, lo hacemos para quienes nos quieran oír y ver en cualquier sitio con conexión a la red. Ya no pasamos una entrevista de trabajo con una persona, sino que nuestro registro queda, en ocasiones, grabado para enviar a la central a miles de kilómetros de aquí. Y rara vez hay una segunda oportunidad. Como dice el viejo adagio, "no hay una segunda oportunidad para dar una buena primera impresión."

#54 27/12/11
UN AÑO, UNA EXPERIENCIA IMPAGABLE

Un año, trescientos sesenta y cinco días, puede ser un periodo muy largo o muy corto, en función de lo que hagas con ellos. Ahora hace un año que me desvinculé de la empresa en la que trabajé los anteriores últimos veinte. Ahora hace un año que fundé una modesta compañía, con inequívoca vocación de crecer, llamada dpersonas. Por estas fechas, el año pasado estaba tomando la copa de Navidad con los colegas del claustro de profesores de La Salle. En el cuaderno que nos dieron, como regalo navideño, están escritas las bases de lo que hoy ya es una realidad. Hoy dpersonas tiene entidad propia, tiene una base aún pequeña, pero muy sólida, de buenos clientes, de personas que han creído en nosotros, de gentes que han confiado en nuestro oficio, que nos han dado una oportunidad de demostrar lo que sabemos hacer, y a quienes les debemos gratitud inmensa.

Ha sido un año de aprendizaje continuo, un año de convertir algunos contactos en muy buenos amigos. También de comprobar cómo algunos de los que pensamos que iban a ser incondicionales, no lo han sido tanto. Un año intenso en emociones, en experiencias, en dudas, en esfuerzos, en imaginación, en creatividad, en gestionar expectativas e incertidumbres, en manejar con equilibrio y acierto las oportunidades... Cuando lo pienso, el año anterior lo pasé trabajando en un proyecto estratégico para la empresa para la que trabajaba. A juicio de una de las personas que me lo encomendó, se trataba del proyecto más importante de los que había tenido la entidad en la historia reciente. El propio presidente me había felicitado por escrito unos días después de entregar con éxito el proyecto. Y si lo pienso, el anterior también había sido un año intenso, y el anterior también... Cuando uno vive cada una de las cosas que hace con intensidad, cuando uno afronta cada reto como una oportunidad única de conocer algo que antes no sabía, la vida se hace más fácil y más divertida, por muchos momentos amargos y duros que también podamos tener.

Escribo esto volviendo en el AVE desde Valencia, después de haber participado en esta excelente iniciativa que han organizado David Llopis y Juan Fernando Bou, con la colaboración de Florida Universitaria. David y yo comenzamos a hablar de este proyecto en la primavera. Ya en el verano, con la luz del mediterráneo de Dénia de fondo, volvimos a avanzar y hoy, casi nueve meses más tarde de cuando ellos lo concibieron, ha visto la luz. Los procesos son lentos, pero con constancia, con trabajo, con ilusión y ganas, todo sale adelante. Guillermo Rius, uno de los pilares de mis amigos de Sendera, tiene estos días puesto en su perfil de Skype: "Hummmm.... Lo que venimos sembrando desde hace tiempo va dando sus frutos...". Y no puede ser más cierto. Con ellos he compartido muchos proyectos este año. A ellos les debo mucho conocimiento, mucho afecto, muchos "cafés emocionales", y muchas risas. Pero no sólo basta con poner la semilla. Para que las cosas pasen, para que la buena suerte se aproxime, hay que buscar un terreno óptimo, pero también hay que abonarlo, hay que regarlo.

El proyecto dpersonas nació con vocación de embarcación de recreo, surgió con vocación de ser un velero divertido, en el que poder hacer buena la frase de George William Ward que nos ha inspirado en la travesía: *"El pesimista se queja del viento, el optimista espera que cambie, y el realista ajusta las velas".*

Ser pequeño y ser libre permite, sin perder el rumbo, tomar los caminos que en cada momento uno considera que son los mejores. Nuestro segundo año podrá ser una cosa y su contraria. Nuestro segundo año es una hoja en blanco por escribir del cuaderno de bitácora que registrará nuestra travesía. El rumbo está fijado. La meta está definida, pero el camino que sigamos para llegar a ella lo iremos trazando en función de las lunas, las mareas y los vientos. No se trata de dejarnos llevar, porque esa es la mejor garantía de acabar a la deriva, quedando a merced de las circunstancias, sino de aprovechar las oportunidades que se presenten para conseguir nuestros objetivos vitales. El filósofo André Gidé dijo aquello de: *"No se descubren tierras nuevas sin estar dispuesto primero a perder de vista, y durante un tiempo, toda orilla".*

Hace algunos días, el ya ex alcalde de Madrid y ministro de justicia de España, Alberto Ruiz-Gallardón, felicitaba las navidades con este texto del filósofo Ortega y Gasset: *"El hombre ha sido siempre así: ha sido una cosa y luego otra, se ha embarcado en un ideal, lo ha agotado y, por haberlo agotado y en virtud de la experiencia que esto le proporcionaba, ha ensayado otro. Las formas más dispares del ser han pasado por el hombre; pues el hombre es pasar, es irle pasando cosa tras cosa".*

Me encantó la cita. Me parece que la vida es un libro en blanco que vamos escribiendo hora tras hora, día tras día, mes tras mes... Pero es cuando llegan las fechas señaladas, cuando llegan los cambios de año, por ejemplo, cuando aprovechamos para hacer un repaso e intentar vislumbrar siquiera lo que será el siguiente. Yo hoy no tengo ni idea de lo que haré dentro de un mes, ni dónde estaré, ni qué mares navegaré, pero sí que tengo claro que haga lo que haga lo haré con la mejor de mis intenciones, con el mejor empeño, y con el deseo de aprender cada día cientos de nuevas cosas que hoy no sé.

Y sé que en este viaje tampoco voy a estar sólo. Igual que mi hijo mayor me ayuda en un montón de cosas ya, el pequeño también me regala su cariño, y mi mujer su incondicional apoyo y soporte, y mis amigos buenas ideas y afecto, y la familia el calor sin contrapartidas, y la vida... La vida me da la energía y la fuerza para caminar cada día con ganas renovadas, con una sonrisa, y mirando siempre hacia delante.

¡Feliz año nuevo!

2012

#55 28/01/12
DE LOS CAMBIOS Y LAS OPORTUNIDADES

Sería muy fácil y muy manido recurrir a la similitud entre los grafismos chinos de las palabras crisis y oportunidad. Se ha utilizado mucho precisamente para destacar la cantidad de oportunidades que se esconden tras una crisis. Pero, ¿y qué hay de las oportunidades que se esconden en un simple cambio, cuando este es voluntario? Hace algún tiempo escribí en este mismo blog que cambiar duele, animado por una conversación que acababa de tener. Sin embargo, en la historia de la humanidad, el cambio es un elemento natural en la vida de las personas.

Cambiamos físicamente, cambiamos de ciudades, cambiamos de parejas, cambiamos de domicilio... Pertenezco a una generación, y probablemente a un entorno social, en los que buena parte de los cambios nos vienen inducidos por factores externos: el tiempo que llevamos en un sitio, la obsolescencia de las cosas, lo que hacen nuestros semejantes. Estos son algunos de los elementos que nos impulsan a cambiar vagamente, siquiera por seguir a la corriente. Las dudas llegan cuando los cambios son voluntarios, persiguen sueños e implican riesgos. Riesgo a perder lo que has conseguido, el estatus, el coche de empresa, una buena situación económica... Ese riesgo, en ocasiones, se convierte en un miedo que nos atenaza, y que no nos permite elegir con libertad.

Jorge Santín, un muy buen amigo, me pasó el otro día un magistral artículo en el que se hablaba de libertad y seguridad. La suma de ambos es siempre 0 para mí. Llevado al extremo, si uno aspira a tener seguridad 100%, deja de ser libre, por cuanto se somete a unos patrones que minan su libertad de acción, de elección. El precio de poder elegir, de tomar un rumbo desconocido, de ganar libertad, es la inseguridad. Cuando uno elige, siempre deja un camino que nunca sabrá a dónde le podría haber llevado.

Conozco personas que mantienen que nunca han elegido. No son del todo conscientes de que, no hacer nada es en sí es estar tomando una decisión, que es no hacer nada. Pero la libertad, como dijo Jacque Phillips, no es solo elegir, sino aceptar lo que no hemos elegido. Debemos quedarnos con las enseñanzas que nos proporcionan las situaciones que creamos, y no mirar atrás para ver qué podría haber pasado.

En los tiempos en los que asesoraba a clientes de Banca Privada con sus inversiones, esto era una de las reglas de oro. Uno no puede vender un paquete de acciones, y seguir mirando la cotización para ver lo que hubiera pasado de quedárselas. No es malo mirarlo para ver si encuentra otra nueva ventana de entrada, otra nueva buena oportunidad de comprar, pero no para lamentarse de la venta. Y esta es la segunda derivada que debemos aprender de los cambios: no son para siempre. El que algunos cambios sean irreversibles no convierte a la nueva situación en definitiva. Cuando uno va montado en un caballo y elige un sendero nuevo, no tiene certeza de lo que le podría haber deparado, si hubiera seguido, es verdad, pero tiene la certidumbre de que, llevando las riendas, siempre podrá elegir un nuevo camino si el que transita no le satisface. Esta segunda derivada le quita mucho hierro a las decisiones, las hace más livianas. Nada es para siempre, de manera que volver a cambiar es una opción que estará siempre, valga la redundancia, a nuestro alcance.

Pero en la vida hay que tener un plan. En mis clases de estrategia siempre digo que si no tenemos claro a dónde queremos llegar, cualquier cosa que hagamos nos irá bien. Pero eso, a la larga, es un problema. Decidir con un fin en la mente es una cosa, e ir donde nos lleva la corriente es otra muy distinta. No diré que peor, pero no es exactamente lo mismo. Uno de los personajes que más admiro es Leonardo Da Vinci. Él supo reinventarse cada poco y fue un extraordinario físico, matemático, inventor, pintor... Supo dar sentido a su vida, y a la del resto de la humanidad de paso, haciendo cosas muy diferentes, y eso no le hizo apartarse de su camino: provocar a la mediocridad, llevar al cerebro humano a nuevas cotas, a conseguir cosas inimaginables en los campos en los que trabajó. Está claro que las oportunidades provocan cambios, y los cambios, nuevas oportunidades.

Dejadme que acabe este post con una cita, al hilo de la dificultad para cambiar, que demuestra que esta es una preocupación de los seres humanos hace ya miles de años. Es de Lucio Anneo Séneca y dice: *No nos hace falta valor para emprender ciertas cosas porque sean difíciles, sino que son difíciles porque nos falta valor para emprenderlas.*

Hace un mes decidí emprender una nueva singladura que me está llevando, en este preciso momento, a tierras lejanas, a tierras que ya son cercanas para mí, a trabajar en nuevos retos, a aportar nuevas formas de hacer y aprender otro montón de ellas.

Este va a ser un año muy divertido, como el pasado, como el siguiente. Buena semana y buena travesía

#56   12/02/12
DEL MIEDO A PERDER...

Hoy me pasa mi amigo Diego algunas reflexiones tomadas de la autora Elisabeth Kübler-Ross, una de las mayores expertas en atención a personas en situaciones terminales y cuidados paliativos. Esta psicóloga falleció hace unos años, pero nos ha dejado un importante legado fruto de personas que, en sus últimas horas, compartían con ella algunas reflexiones acerca de la experiencia de vivir. Hoy me han llamado la atención estas de su libro "Lecciones de Vida":

- *"Si sabemos abrirnos paso a través de nuestros miedos, si somos capaces de aprovechar todas las oportunidades posibles, podemos vivir la vida que tan sólo nos habíamos atrevido a soñar. Podemos vivir libres de juicio, sin temor a la censura de los demás, sin restricciones."*
- *"Hay escasa correlación entre lo que tememos y lo que nos ocurre."*
- *"Avanza un pequeño paso cada día haciendo alguna de las pequeñas cosas que temes hacer."*
- *"Cuando dejamos atrás nuestros miedos, descubrimos una nueva vida."*
- *"La verdadera libertad consiste en hacer las cosas que más nos asustan. Atrévete y encontrarás la vida, en lugar de perderla".*

Todas las frases de la autora hablan de miedo y de temor. Todas. Las personas, cuando ya no tenemos nada que perder, cuando nuestros días se acaban, nos damos cuenta de que no era para tanto. He contado las veces que he escrito la palabra miedo en cualquiera de las entradas anteriores de este blog. Son muy pocas. Quizá porque hace años leí una frase que me impactó y que incluyo en algunas de mis conferencias casi como un ritual: *Hay que pasar del miedo a perder, a perder el miedo.*

Mañana hará dos semanas que dejé la comodidad del hogar y decidí salir de esa zona de confort, que nos mantiene apegados a la seguridad de las costumbres repetidas, a la seguridad de la rutina previsible. No es tan cierto, porque el año ha sido especialmente intenso y divertido, pero se podría decir que comenzar una nueva vida a ocho mil kilómetros de tu casa, supone un cierto cambio. Está siendo una experiencia increíble. Estoy trabajando con personas que sólo pelean por construir, por hacer, por ser mejores cada día. Viendo desde la distancia lo que pasa en mi país, las nuevas reformas van a cambiar en las reglas de quienes trabajan por cuenta ajena en España. No me extraña que la gente esté preocupada. Ese miedo a perder la seguridad que proporcionan los trabajos está haciendo estragos. Y sinceramente, quienes más tienen que preocuparse, son quienes menos aporten, quienes menos valor añadan a lo que hacen. Las personas que se preocupan por entregar lo mejor de sí mismos, quienes dan lo mejor que tienen, quienes se esfuerzan por hacer el mejor trabajo posible, no van a tener nunca problemas. Podrán salir de una empresa, pero seguirán poniendo su talento al servicio de otras o de sí mismos. Hace años que pasamos del miedo a perder, a perder el miedo. Eso nos obliga a estar superándonos cada día, a trabajar en nuevas cosas, a adquirir nuevos conocimientos permanentemente, nuevas experiencias... Y eso, en ocasiones, implica hacer esfuerzos, perder confort y ganar tensión. Pero cuando uno está entrenado, la competición no le sorprende. Y estamos en un momento de competición brutal. Nuestra amenaza no es lo que alcanzamos a ver, sino lo que está por llegar. Tengo la sensación de que hemos estado medio adormilados, pensando en que lo que teníamos nos lo habíamos ganado y era para siempre. Hemos relajado el nivel de tensión de los entrenamientos, y la competición se ha presentado, y nos ha pillado gordos y desentrenados. Es tiempo de ponerse las zapatillas y empezar a sudar de nuevo. Nadie lo va a hacer por nosotros.

Me gustaría cerrar con alguna de las citas de Kübler-Ross: *"La vida tiene muchas más cosas de las que nos permitimos experimentar. Muchas más cosas serían posibles si dejáramos de ser cautivos del miedo".*

Ahora toca salir a entrenar de nuevo, ponerse en forma, que las reglas del juego han cambiado, y el que no esté entrenado va a pasarlo muy mal en esta maratón que aún nos queda por recorrer.

#57 08/03/12
DE ACERTAR O APRENDER

"Los errores son sólo decisiones sobre las que tenemos algo que aprender". Con esta frase culminaba una escena de los dibujos animados norteamericanos de la marca Disney "La Banda del Patio". Gretchen Grundler, que es como se llama una de las protagonistas, dice esta magistral frase intentando convencer al resto de que equivocarse no es malo, que no se sientan mal por haberlo intentado y no haberlo logrado. Equivocarse no es malo. Lo malo, para mí, es no intentarlo. Hay muchas personas que no toman decisiones por no equivocarse, para no tener que elegir abandonar una situación difícil, pero conocida, en pos de un incierto futuro. Muchas de las personas que conozco han ido acompañando a los avatares de la vida, en lugar de provocar el futuro, su propio futuro.

Hoy he mantenido una conversación curiosa con un vendedor de una tienda de muebles. Tras decirme que lo que quería comprar tenía 15 años de garantía, le contesté casi de seguido: "¡Vete tú a saber dónde estaremos dentro de 15 años!" La respuesta ha sido inmediata: "¡Donde queramos!" Rápida y nítida, que dicen por acá en la República Dominicana. "Estaremos allá donde queramos", ha repetido. "¿Estás seguro?" Le he preguntado con intención. "Claro que sí. Yo soy de los que piensan que el futuro lo vamos forjando cada uno". "No puedo estar más de acuerdo", le he dicho. De ahí hemos derivado a la dejación de funciones de la creación del propio futuro por miedo a equivocarnos. Sin embargo, cuando uno se equivoca descubre algo que no debería haber hecho, algo que debe ser modificado para no persistir en el error. Este "algo" es un bien impagable, que sólo aparece después de haberlo intentado. Dicen que el ser humano es el único animal que aprende experimentando de sus propias vivencias. A mí me gusta mucho una frase que dice que "Experiencia es aprender de los propios errores. Sabiduría es aprender de los de los demás". Los mejores logros que podemos encontrar como seres humanos han llegado fruto de mucho error anterior. Cada plano de cada casa, cada pieza del Mac con el que escribo esto, cada tornillo de cada avión, son fruto de muchas horas de ensayo y error de alguien, para que otros lo aprendieran y replicaran con éxito. No hay éxito sin fracasos previos.

Hace unos días hablábamos de ello en una de las clases que di en Barna Business School, la escuela de negocios de acá, donde estoy ayudando a desarrollar un importante proyecto desde hace ya algún tiempo. Fracasar, equivocarse, errar, son sólo formas de aprender. Es verdad que todo aprendizaje tiene un coste, pero también tiene sus ventajas. Cuando uno inicia una actividad, la sombra del fracaso siempre le sobrevuela. Es normal. Además, la enseñanza que hemos recibido nos prepara para tener un plan B si el A nos sale mal. No se nos preparó para imaginar triunfos, sino para prever fracasos y poder anticiparlos, evitando catástrofes mayores. En vez de prepararnos para el éxito, estamos preparados para la desgracia. Yo creo que, por eso, la satisfacción que el ser humano observa superando retos, aparcando miedos, consiguiendo hitos, eliminando angustias, dejando a un lado perezas limitantes, no se puede comparar con nada. El orgullo que supone haberlo intentado, haber dado el paso, y estar aprendiendo cientos, miles de cosas cada día, que antes no imaginaba, no tiene igual. Mi buen amigo Pablo Herrero dice que siempre hay que intentar cosas nuevas. Lo que sabes hacer, ya lo sabes hacer, y siempre puedes volver a ello. Cuando das pasos que te llevan a aprender, ya tu forma de ver las cosas no es igual. Cuando tú cambias, el mundo cambia contigo. Por eso, parafraseando a Paco Muro, entre "ir o no ir", yo siempre prefiero ir. "Yendo" siempre descubres cosas, siempre aprendes algo, siempre vuelves con más de lo que llevaste, bien sea amigos, experiencias, negocio, vivencias, contactos, conocidos, nuevas rutas, nuevas gentes, reacciones distintas, alguno que otro disgusto... Todo suma. En positivo. Todo te hace más grande, mejor, más completo. Mi colega brasileña Leila Navarro, con quien comparto editorial, lo dice en sus Road-shows: "Yo nunca me equivoco. Yo cada día, o acierto, o aprendo".

Vivir es elegir. Yo elijo aprender y estar en movimiento. ¿Y tú?

#58 08/04/12
DE LAS NUEVAS OPORTUNIDADES QUE TE DA LA VIDA

Suena de fondo la hermosa historia de Pedro Navajas cantada por Rubén Blades, cuyo pegadizo estribillo dice aquello de: "La vida te da sorpresas, sorpresas te da la vida..." No puede haber un mejor lugar para oírla que el propio Caribe, así que, desde la ciudad de Santo Domingo, el título de este post sale casi por obligación. La vida te da sorpresas... y muy buenas oportunidades.

Con la explosión de la herramienta LinkedIn en España, llevo unos días entrando en contacto con varios ex colegas de la institución donde trabajé durante veinte intensos y apasionantes años. No es de extrañar, porque más de quinientas personas hemos salido de allí en el último año y medio. Algunos me escriben y a otros les invito yo a contactar... Es una manera realmente sencilla y eficaz de hacer nuevos contactos, y a mí me ha ayudado a conocer ya cientos de personas en mi nueva andadura por estas tierras de ultramar. Sin embargo, esta utilidad de recuperar el contacto perdido con personas con las que has trabajado codo con codo, con excelentes profesionales que acabaron siendo magníficos amigos, reconozco que me tiene fascinado. Y no sólo por retomar el contacto, sino por comprobar cómo cada uno ha decidido tomar las riendas de su vida de manera diferente. He contactado con colegas que han continuado sus vidas profesionales como directivos en banca, he hablado con otros que han reorientado sus carreras en otros sectores, otros que andan en búsqueda activa de empleo (como ahora se ha dado en llamar a buscar trabajo), y otros que han visto en este giro de la vida una oportunidad para perseguir sus sueños. A veces un ERE cubierto, encubierto o circunstancial, puede esconder una extraordinaria oportunidad para dedicarte a hacer lo que de verdad da sentido a tu vida. De una teoría de Jim Collins, de su libro *Good to Great*, he adaptado para mis conferencias un concepto que viene a decir que, para que una actividad sea sostenible y exitosa en el tiempo, se han de dar estos tres factores:

- Que estés preparado para ello.
- Que te brillen los ojos sólo de pensarlo
- Que puedas vivir de ello.

Sin una de las tres, aquello que inicies tendrá sus días contados.

Si estás preparado y puedes vivir de ello, pero no te brillan los ojos, no te emociona de verdad hacerlo, tardarás poco tiempo en buscar otra cosa. Cuando pasas de una determinada edad, no tienes el cuerpo para trabajos que no soportas. Ojo, siempre que puedas elegir. Si no es así, no queda otro remedio que padecerlo. Los que seguís este blog sabéis de mi teoría de que el futuro lo conformamos nosotros, así que la elección es nuestra. Hasta la de cancelar la hipoteca, vender la casa y comenzar una nueva vida. Otra cosa es que no queramos hacerlo.

La segunda opción sería que te brillaran los ojos y que ganaras dinero con ello. Si es así, más tarde o más temprano tendrás que prepararte, tendrás que formarte en la materia, o no habrás tenido más que un golpe de suerte temporal que desaparecerá tan pronto el mercado se ponga en marcha.

La tercera posibilidad de que no funcione es si haces algo para lo que estás preparado, con lo que te brillan los ojos cada mañana, pero con lo que no ganas dinero. Eso se llama hobbie. Si puedes permitírtelo, felicidades, pero si no es así, más tarde o más temprano habrás de poner precio a tus servicios, venderlos y lo que es más importante en esta época, cobrarlos.

Y en eso voy viendo a muchas personas ingeniosas ante las que me quito el sombrero, gente que se ha tomado esta crisis con valentía, que ha cogido el toro por los cuernos, y que ha cambiado su despacho y su coche de empresa, por el "bonobus" y la cafetería de la esquina como toda oficina, y se ha puesto a trabajar en su futuro, en su presente más rabiante. Para mí todo vale. Todo menos quedarse sentado maldiciendo la mala suerte de uno mientras pasan los días y se agotan las ayudas, la autoestima y la paciencia.

#59 15/04/12
¿QUIÉNES SOMOS, DE DÓNDE VENIMOS, A DÓNDE VAMOS?

Ayer por la mañana (madrugada aquí en la República Dominicana), hablábamos en la tertulia de Onda Madrid de los sábados, en la que participo, sobre posible vida extraterrestre entre nosotros. Curro Castillo propuso el tema, llevado muy seguramente por la rabiosa actualidad que vuelve a tener este tema con la llegada a las carteleras de la última película del género. O igual animado por la energía que infunde cada sábado Carlos Anaya, nuestro colega de programa de Astrofacil.com. Con el tono desenfadado con el que tratamos los temas, me propuse provocar a la tertulia sobre si lejos de pensar que los marcianos están llegando, podíamos empezar a pensar que esos a quienes buscamos por el espacio, por la galaxia conocida, con mensajes, películas, sondas, etc... no son quienes queremos descubrir, sino quienes nos han creado. La carcajada os la podéis imaginar. La teoría de la evolución por Raúl Castro, apuntó Curro.

Luego, a la tarde, fui a darme un baño y a cenar con José Manuel Alcaráz, un profesor investigador, colega de la escuela, y con Dania, su chica, una bella dominicana que irradia felicidad y simpatía con su sola presencia. Charlando en el agua, cayó la noche y con ello aparecieron en el cielo miles de estrellas, tantas que yo no recordaba haber visto antes en los cielos contaminados lumínicamente en los que generalmente nos movemos. José

Manuel me decía que, aunque el ojo humano sólo vea unas 5.000 estrellas en la vía láctea, la galaxia en la que nos encontramos, hay entre 200.000 millones y 400.000 millones de estrellas. Y el sol es sólo una de las estrellas. Sólo una. Nosotros estamos en uno de los ocho planetas que rodean a esa estrella pequeñita llamada sol, que nos parece tan grande porque está muy cerca, no por otra cosa. Pero es que se estima que existen cien mil millones de galaxias en el universo observable por nosotros (100.000.000.000). Como yo me atoro un poco con tanto número, le pedí que me lo volviera a decir. "Habitamos en un planeta de los ocho que rodea a una de las pongamos que trescientas mil estrellas de esta galaxia, teniendo en cuenta que hay cien mil millones de galaxias como la nuestra", me repitió con paciencia. "Y nos creemos el centro del mundo", ¡añadí yo!

Entonces no lo pude remediar. Me vino a la memoria la película del show de Truman, en la que hacían creer a un pobre chico que su vida transcurría entre unos límites conocidos de los que no podía salir. Alguien, a unos kilómetros de allá, le había hecho nacer, para alimentar un show en el que se seguía su vida desde unos estudios, y se retransmitía a la nación. Eso me llevó a recordar cuando jugaba a uno de mis primeros juegos favoritos en el ordenador: Simcity. Uno crea ciudades virtuales y con ello llegan los habitantes, idea dónde poner los edificios, los polígonos industriales, las áreas verdes, los bomberos, los colegios, las zonas deportivas, y los aeropuertos... Pero deja que los personajes del juego lo anuncien pensado que ellos han tomado esas decisiones. Los pueblos van creciendo en función de las decisiones de su creador y se convierten en ciudades, y así el juego no tiene fin. Bueno, puede uno incluso lanzar terremotos, epidemias, incendios y otro tipo de maldades, con el fin único de evaluar su capacidad de decisión ante los desastres, y ver cómo su ciudad se recupera antes que otras. Uno idea su ciudad, su estilo de vida, lo que deben o no deben hacer, y hace que sean los habitantes imaginarios quienes piensen que son ellos los que toman las decisiones.

Eso me llevó a pensar que tanta desgracia junta, estos cambios de sistema brutales que sufren los países, estos cambios de modelo tan rápidos, podían obedecer a los voluntarios cambios que estén haciendo nuestros creadores, unos seres superiores, ubicados en otras galaxias desconocidas para nosotros, con otras formas y maneras de presentarse ante nosotros, probablemente ni siquiera perceptibles por nuestro cerebro, y que se divierten con las desgracias que nos mandan.

Y la del alba sería, como decía Camilo José Cela, cuando comenzó a sonar Juan Luis Guerra con esa canción de los 90 que decía: "Somos un agujero, en medio del mar y el cielo, quinientos años después, una raza encendida, negra, blanca y taína, pero ¿quién descubrió a quién?"

Entonces no tuve más remedio que "pinchar" en el iTunes a Siniestro Total, con la canción que da título a este post. Así me dormí, con la idea de no dejar de contar toda esta historia de duermevela, a modo de reflexión entre el sueño y la necesidad de no dar nada por pre-supuesto.

 **03/05/12**
ENTRE HACER Y NO HACER

Entre ambas, yo elijo hacer, siempre.
Elegir implica abandonar un camino para tomar otro, lo cual supone una dosis importante de incertidumbre. Pero es que la

vida está llena de decisiones que vamos tomando. Matthieu Ricard dijo aquello de que "somos el fruto de una serie de actos libres de los que somos los únicos responsables". Igual no creemos haber tomado decisiones conscientes que hayan sido relevantes en algún tiempo, pero la verdad es que cada decisión, incluso la de no hacer nada, tiene consecuencias que hemos de asumir. Y no necesariamente han de ser malas. Como buen país de futboleros, uno se atribuye cada uno de los éxitos personales o del equipo, y los errores, los fracasos, son propiciados por elementos externos de los que naturalmente no tenemos ninguna culpa. Estamos educados en hacernos la misma pregunta cuando tenemos que elegir sobre algo: ¿Y si va mal? Igual no hemos reflexionado sobre ello, porque sencillamente no tenemos conciencia siquiera del significado de esta pregunta. Desde luego, hacérsela nos ayuda a tener un plan de contingencias que nos permita anticipar la respuesta, y con ello mejorar el proceso de elección, pero bien podríamos cambiar la pregunta por: ¿Y si me va bien?

Hacerlo nos ayudaría a mitigar el miedo que nos atenaza para llevar a cabo proyectos, para permitir al barco cambiar de rumbo, para darnos permiso para tomar decisiones de presente, con la información y las circunstancias que tenemos en el momento actual, y no basadas en viejos paradigmas o en escenarios que será difícil que se repitan. Hay un libro de Paco Muro, cuyo título es *Ir o no ir*, que nos recuerda permanentemente la dicotomía entre hacer o no hacer. Si vas, siempre encuentras cosas. Si te quedas en casa, será difícil que las cosas te lleguen. Este es el espíritu que necesitamos hoy como país, como individuos, como sociedad.

Hace años tuve un trabajo en una ciudad nueva para mí, con una actividad, también nueva, en unas circunstancias económicas no fáciles. Varias personas antes que yo habían fracasado en la empresa de sacar adelante aquel reto. Todos ellos me decían que era imposible. Y parafraseando la famosa frase, como yo no sabía que era imposible, lo conseguí. Ir, hacer, me permitió que me conocieran, que poco a poco confiaran en nosotros, y que salieran proyectos, que ganáramos clientes. Esta bola se fue haciendo más grande y con ello los resultados, y me enseñó algo muy útil: Ante la duda, lo mejor es hacer.

Permitidme que lo ilustre con cuatro historias entrelazadas muy recientes:

- Hace unos días acababa de llegar a casa tras un día largo de trabajo, y oí unos botes de balón de basket en la cancha que tengo debajo de mi casa caribeña. "Siendo nuevo en la ciudad, no será fácil que me dejen jugar", pensó el niño que uno lleva dentro. Pero, ¿qué pierdo? Me bajé y estuve charlando con un par de personas. Una de ellas me invitó a jugar con ellos el domingo por la mañana, a lo que acepté sin pensarlo. "Mira, ha merecido la pena ir", pensé.
- Al día siguiente, mientras contaba el resultado obtenido de la invitación en una sesión de formación que estaba dando a unos ejecutivos, poniéndolo como ejemplo de tomar la iniciativa en las cosas, una asistente me invitó a la reinauguración de la oficina de la que ella es gerente. Sin pensármelo dos veces me dije, voy. Entre ir o no ir....
- Allí me encontré con la persona que me había invitado al basket el día anterior ¡Increíble!, pero cierto. ¿Casualidad? No lo creo. Yo creo en las causalidades. Las cosas siempre tienen una causa, y ésta es que te mueves y vas, porque si no voy, sencillamente no me lo vuelvo a encontrar. Él me presentó más

personas allá y quedamos para el domingo como habíamos hablado.
- Dudé si ir, porque estando uno pasados los cuarenta, con un estado físico bastante oxidado, corría serio riesgo de quedarme en la pista "seco". Sin embargo, decidí ir y fui, y allí conocí a un montón de gente, entre ellos a Juan, un pacense con el que recordamos viejos tiempos de basket. Hablando, hablando, ha resultado que tenemos algunos conocidos comunes acá, que podemos tener conexiones profesionales, y hemos vuelto a quedar este fin de semana.

Y todo por el sonido de una bola de basket. Como dice Gemma Hassen Bey, nuestra tiradora paralímpica, si tú te mueves, el mundo lo hace contigo. Y abusando del bueno de Paco Muro, "si no vas, pues eso, que ya no has ido".

#61 15/05/12
DE QUE DES LA MANO Y TE COJAN EL PIE

Abusar de la confianza es tan viejo como el ser humano. Las personas somos moldeables y nos adaptamos a las condiciones. Si son duras, nos cuesta, pero más tarde o más temprano nos adaptamos a ellas. Y, por el contrario, si las condiciones mejoran, nos acostumbramos a ellas de manera automática. Eso no es nuevo, ni exclusivo de las personas. Este fenómeno se reproduce lógicamente en los grupos y es muy fácilmente visible en el deporte, por la constatación pública de los resultados. El equipo que baja la guardia, que relaja su ritmo de trabajo, se desentrena y acaba perdiendo la forma. Y cuando uno no está en forma es muy difícil competir, y cuando llega la competición, coger de nuevo el hábito cuesta mucho más. Eso es lo que les pasa a las personas, a los equipos deportivos y a los equipos profesionales. De ahí que, en ocasiones, el entrenador tenga que tomar cartas en el asunto.

Pero el equilibrio no es fácil. No es sencillo mantener un tono firme de exigencia sin que no haya quien se queje. Y la receta, como he dicho antes, tampoco es bajar la guardia, porque entonces es difícil que lleguen los resultados.

¿Cuál es el camino para conseguirlo?

Yo sólo conozco uno, algo más largo, para el que los resultados acaban llegando, quizá un poco más tarde, pero con esfuerzo llegan: liderar con el ejemplo. "Si esto es importante, yo estoy el primero". "Si hay que recortar, empiecen por mí". "Si hay que echar más horas, no me voy a quedar atrás". La vieja Roma nos dejó como legado el viejo dilema entre la *potestas* y la *auctoritas*. El poder te lo dan. La autoridad te la ganas. Y te la ganas con el ejemplo, con la claridad, con la honestidad y con la lealtad hacia tu equipo. Pero también pasa que el poder es inmediato, y la autoridad tarda en que te la otorguen. Por eso es tan usual tirar del poder de los galones, para imponer algunas medidas. Por eso y porque mientras que te intentas ganar la autoridad, no faltan desalmados que intentan boicotear esta efectiva forma de gestionar. Gentes que sólo entienden el palo y la zanahoria, y que no son capaces de vislumbrar otra forma de gestionar a sus equipos que no sea esta. Y tratan de imponértela, porque sólo así validan sus métodos. ¿Y si resulta que se consiguen mejores resultados otorgando confianza a la gente? ¿Y si se obtienen más frutos permitiendo a la gente que confíe en sí misma? Provocando nuevas formas de hacer, sugiriendo nuevas soluciones, aportando nuevos puntos de vista, trabajando en nuevos enfoques... Yo creo en eso firmemente.

Pero ojo, soy consciente de que no faltan en el camino malos profesionales que abusan, que sólo buscan su beneficio en el corto, desconociendo las ventajas que obtendrían con el nuevo modelo en el largo. Y esto es así. Ha pasado y pasará. Por eso es tan importante tener la libertad de dejar de contar con quienes abusen, con quienes no entiendan que la libertad que las empresas les dan, no es más que para *bienadministrarlas* en beneficio común y no sólo propio. Por eso es tan importante darte cuenta cuando ofreces la mano y te toman el pie.

Un proverbio chino dice que *"La primera vez que te engañen es culpa de ellos. La siguiente es tu culpa"*.

#62   05/06/12
DE LA GENTE INGENIOSA QUE SE "GANA" LA VIDA

Pertenezco a una generación y a una cultura que nos enseñó a "apretarnos el cinturón", a sacrificarnos, a luchar por el futuro, a entregar parte de nuestra juventud por ese futuro mejor y preferiblemente garantizado que llegaría. Muchos de nosotros estuvimos en duermevela muchas noches imaginando cómo nos "ganaríamos" la vida.

En eso, hace ya algún tiempo oí a los autores de *La Buena Suerte*, Alex Rovira y Fernando Trías de Bes, un par de frases que me cambiaron la forma de pensar: "No nos tenemos que "ganar" la vida. La vida la tenemos "ganada" sólo por nacer". De lo que se trata es de generar las mejores circunstancias para que la vida sea lo que has imaginado que sea. Y eso no viene dado, eso sí que has de buscarlo, eso sí que has de ganártelo. Y desde entonces me acompaña este paradigma, que he defendido en mi vida profesional y personal. Tan sólo perdura lo que se consigue con esfuerzo, lo que se busca con anhelo, lo que se trabaja y se suda. Porque si eso desaparece, si te lo quitan, hay una cosa que no van a poder sustraerte: esa capacidad de hacer es tuya, única e intransferible, y allá donde vayas, volverás a demostrar lo que vales, lo que sabes hacer y lo que eres capaz de luchar. Recomiendo firmemente esta majestuosa obra de dos imberbes, entonces, que hoy son leídos y admirados por todo el mundo. Yo les tengo auténtica devoción a ambos por lo que me han enseñado después en cada libro, en cada lectura, o en las fugaces conversaciones que he tenido la oportunidad de tener con ambos en presentaciones de libros o conferencias a las que he tenido la suerte de asistir.

Y toda esta introducción viene al caso por el extraordinario momento que estamos pasando en España y las distintas maneras de abordarlo. Mientras algunos, muchos, se quejan con toda "su" razón por la situación que están pasando, por quienes la han originado, y por la falta de responsabilidad que han tenido ellos en toda esta situación, algunos otros, también muchos, están tirando para adelante con imaginación, esfuerzo y voluntad de olvidar el pasado, no sin antes haber aprendido de él. No digo que los segundos estén más acertados que los primeros, ni que a los primeros no les falten razones para estar "indignados", por usar un término tristemente reconocible en los últimos tiempos. Pero es que, en términos de energía utilizada, desgasta más el berrinche, la pataleta, que la imaginación y el trabajo para hacer cosas diferentes. No es fácil. No sé si es el mejor camino. Pero sé a ciencia cierta que es el único que nos queda. Dejad de mirar hacia atrás, imaginad un futuro diferente al que pergeñábamos hace tan sólo un par de años, y a ponerse manos a la obra para trabajar en él.

Lo ilustro con tres ejemplos:

El primero de ellos lo tomo de un correo que he recibido esta semana de unas personas que habían leído el blog, y consideraban apropiado que pudiésemos colaborar en el conocimiento mutuo. Son las personas de www.ofertia.com que ofrecen a los usuarios la oportunidad de encontrar catálogos, horarios, precios y localización de tiendas de una manera inmediata. Imaginación al poder para encontrar vías alternativas para darse a conocer. Brindo por ello. Y aquí están.

El segundo es de unas amigas que tienen una tienda de ropa online, puesta con mucha gracia y trabajando muchas horas con mucha ilusión para que sea un éxito. Son las chicas del http://www.lepetitcompany.com/ que, como dicen en su página web, han conseguido poner en el mercado un nuevo concepto de entender la moda de los más pequeños. Es la tienda on-line de ropa para bebés, donde podrás encontrar las mejores marcas. Chicas, felicidades por la iniciativa en un momento en el que mucha gente está a la "defensiva" y felicidades por los logros ya cosechados este último año.

El tercero de ellos me llega a través del IESE, la escuela de negocios de la que soy antiguo alumno, y que me ha facilitado estar viviendo esta aventura caribeña en la que estoy inmerso. ¿Quién no ha pensado escribir sus memorias alguna vez?, ¿contar sus vivencias para que les sirvan a otros? ¿Y quién no lo ha abandonado en el primer folio, por falta de conocimientos, tiempo, voluntad o las tres cosas a la vez? Pues en fielmemoria, un grupo de consultores, escritores y editores, lo hacen. Imaginativo, ¿no?

¿Es que acaso no son tres maneras majestuosas de abordar la crisis construyendo? ¿Es que no son tres ejemplos de intentar transformar esta sociedad sumando? ¿De "ganarse" la vida trabajando en lo que a uno le gusta? Seguro que hay más. De hecho, hay miles, así que va para todos ellos mi sincero reconocimiento, mi admiración profunda y mis respetos por lo que suponen como ejemplo a la generación que nos sucede, a la de nuestros hijos, que tendrán que ver en la queja estéril un camino para no andar por él, y trabajar en construirse su Buena Suerte.

#63 17/06/12
NEGOCIANDO EL FUTURO

Comienzo estas líneas inspirado por el seminario sobre negociación que acabo de impartir en Punta Cana, para un importante cliente de nuestra escuela.

Podría parecer que trabajar en el Caribe no lo es, pero ha sido un trabajo bien intenso condensar en un par de horas un mensaje que fuese atractivo, al tiempo que tuviese utilidad para el cliente y los participantes de la firma. Siempre es igual: La clave es trabajar con un tremendo respeto hacia las personas que tienes delante, porque suman cientos de años de experiencias dispares, muy ricas, muy intensas, y uno se siente pequeño al lado de tantas mentes brillantes. Sólo cuidando los detalles, entregando todo aquello que sabes y puedes dar, tienes una cierta garantía de haber cumplido con el deber.

Y de lo que hablábamos es de negociar y vender, dos asuntos tan antiguos como la propia historia del ser humano. Los seres humanos sabemos de negociar posturas, de negociar precios, de llegar a acuerdos con otros... Nos pasamos la vida haciéndolo, pero, ¿negociamos con nosotros mismos? ¿Negociamos, por ejemplo, lo que queremos hacer con nuestros destinos? ¿Cómo queremos reenfocar nuestro futuro? ¿Con quién negocia esto uno? Pues consigo mismo, ¿no? Pero, si negociar es intentar encontrar un buen acuerdo para dos o más partes, ¿quién es nuestra contraparte?

Desde tiempos inmemoriales, el ser humano ha tenido sus pensamientos, sus ideas, sus creencias, divididas en dos: lo correcto o lo incorrecto, lo bueno o lo malo, lo fácil o lo difícil, lo evitable y lo inevitable. No se sabe a ciencia cierta si negociar con uno mismo persigue el intentar cambiar de pensamiento o supone darnos permiso para avanzar, o para aplacar nuestros ánimos. ¿Cuántas veces negociamos con nosotros mismos? ¿Cuántas veces nos damos la oportunidad de escucharnos, de dedicarnos un rato, de crear el espacio, el tiempo y las circunstancias para oírnos con detalle? Sólo así podríamos empezar a pensar en nuestro presente y a negociar nuestro futuro. Hablando de negociar, en Harvard se acuñó lo de la Mejor Alternativa posible para un Acuerdo Negociado, que se ha convertido en la sigla MAAN. ¿Cuál es la mejor alternativa para mi futuro? ¿Cuántas tengo? ¿Cuáles deseo? ¿Cuáles están a mi alcance? ¿Con cuáles he de hacer algo para que lo estén, y qué es lo que tengo que hacer? ¿Qué me pide el cuerpo? ¿Qué necesito? ¿Qué quiero? ¿Y para los que me rodean? ¿Es compatible lo que necesito/quiero/anhelo con lo que ellos necesitan, con lo que demandan o se merecen? Bueno, seguro que hay muchas más preguntas sin resolver que sólo cada quien conoce. Lo importante es encontrar el momento, la motivación, la necesidad de hacer balance, saber dónde estamos y preparar una ruta por la cual caminar.

¿Herramientas? Hay muchas, pero no se necesita más que un papel, o unos pocos, en función de lo amante que uno sea de pintarrajear hojas, un bolígrafo, un poco de música inspiradora, un lugar adecuado, y tiempo no limitado. No se necesita más. Eso y ganas de reflexionar, de "afilar el hacha", de regalarnos un poco del tiempo que nos merecemos... Sólo nos hacen falta ganas de negociar nuestro futuro inmediato, o más lejano, con nosotros mismos. Y adelante. Y es que cuando uno ha encontrado un buen acuerdo consigo mismo, cuando está en paz y satisfecho con lo que es y con lo que está buscando, es cuando las cosas empiezan a cobrar sentido; y entonces todo fluye.

#64 08/07/12
DE LAS MUSAS AL TEATRO

Dentro de nada hará cuarenta años de la desaparición de Ricardo Eliecer Neftalí Reyes Basoalto, más conocido como Pablo Neruda, el genial poeta chileno. Hoy leí este poema suyo gracias a un dibujo que encontré en el muro de Andreu Mateu, todo un ejemplo para mí de no morir lentamente, sino de lo contrario, de vivir una vida rica en múltiples experiencias.

Os dejo con el poema:

Muere lentamente quien se transforma en esclavo del hábito, repitiendo todos los días los mismos trayectos, quien no cambia de marca, no arriesga vestir un color nuevo y no le habla a quien no conoce.

Muere lentamente quien evita una pasión, quien prefiere el negro sobre blanco y los puntos sobre las "íes" a un remolino de emociones, justamente las que rescatan el brillo de los ojos, sonrisas de los bostezos, corazones a los tropiezos y sentimientos.

Muere lentamente quien no voltea la mesa cuando está infeliz en el trabajo, quien no arriesga lo cierto por lo incierto para ir detrás de un sueño, quien no se permite por lo menos una vez en la vida, huir de los consejos sensatos.

Muere lentamente quien no viaja, quien no lee, quien no oye música, quien no encuentra gracia en sí mismo.

Muere lentamente quien destruye su amor propio, quien no se deja ayudar.

Muere lentamente, quien pasa los días quejándose de su mala suerte o de la lluvia incesante.

Muere lentamente, quien abandona un proyecto antes de iniciarlo, no preguntando de un asunto que desconoce o no respondiendo cuando le indagan sobre algo que sabe.

Evitemos la muerte en suaves cuotas, recordando siempre que estar vivo exige un esfuerzo mucho mayor que el simple hecho de respirar.

Solamente la ardiente paciencia hará que conquistemos una espléndida felicidad.

Ya sé que para mucha gente las cosas no están para poemas, pero no puedo encontrar en estas líneas más que sabios consejos, que no han perdido ni un ápice de vigencia desde que fueron escritas. Nada más acabar de leerlo, he pensado que esto debería ser el eje de una asignatura en los colegios, de forma obligada, algo así como una troncal que animara a los estudiantes a explorar, a no conformarse, a indagar, a preguntarse los "por qué" y los "para qué".

Yo tuve la suerte de tener una profesora que nos enseñó cómo "no morir lentamente". Con Ángeles Rodríguez Ley, que así se llama, sigo teniendo contacto. Fue una extraordinaria profesora de Historia y Geografía y hoy es una muy buena amiga. De ella aprendimos que ser adolescente no significaba tener extirpados el sentido común y la capacidad crítica del cerebro, ni siquiera temporalmente. Sé que hoy, veintiocho años después de que me diera clase, muchos alumnos actuales siguen agradeciéndole esa impagable enseñanza.

Quizá es por eso que para mí salir, viajar, hablar con desconocidos, iniciar nuevos proyectos, cambiar, arriesgar, son maneras de mantener vivos mente y cuerpo. La adrenalina que generan estas actividades se ve después recompensada con la aparición de las endorfinas, las que nos regulan la sensación de felicidad, calma y sosiego. Son como una droga. Una vez que has probado sus efectos, ya no puedes dejarlo.

Tensión y calma, dos estados nos mantienen en la vida. Dos estados que nos alejan de la lenta muerte de la que habla Neruda. Ahora sólo quedaría pasar del papel a la acción, o por citar a otro grande, Lope de Vega, pasar de las musas al teatro.

#65 07/08/12
EL SECRETO DE LOS BUEYES

Hace unos días me decía una persona: *"Tú eres un buey, y yo soy otro. El mundo lo construimos los bueyes, las personas que no nos dejamos vencer, que no nos despistamos fácilmente de nuestros objetivos, que hacemos las cosas sí o sí".*

Cuando acabamos la conversación empecé a pensar en lo que sabía yo de bueyes. Guardo algunas imágenes en la memoria como recuerdo de mis vacaciones en Galicia, en la testaruda "Costa da Morte", casi tan testaruda como el trabajo de los propios bueyes. Los recuerdo como animales nobles, trabajadores, apreciados por el esfuerzo que evitan a sus amos, por la ayuda en la dura tarea de la siembra, cuyos beneficios se aprecian sólo con el paso del tiempo. Un buey es un buen animal, duro, fuerte, infatigable y generoso. Por eso entendí que era uno de los mejores cumplidos que me habían hecho nunca.

Intenté recordar algunos de los momentos en los que mi trabajo había sido generoso, sacrificado, tenaz y que había supuesto buenos réditos al pasar algún tiempo. La verdad es que encontré muchos momentos, desde mi etapa en la radio como locutor y director de programas, pasando por mi época de aprendiz de empleado en la mejor línea aérea de España, hasta mis múltiples ocupaciones en banca, o como profesor de escuela de negocios, como consultor, escritor, conferenciante, empresario, directivo... Siempre ha sido igual. Cuando he tenido una buena idea en la cabeza no he parado hasta conseguir ponerla en marcha. No hay secretos. Si se hacen las cosas con determinación, si se le pone pasión y se está dispuesto a aprender lo que no se sabe, pero se necesita para llevar las cosas a cabo, los resultados llegan. También hay que saber dejar lo que no le va a servir a uno en la nueva singladura, y rodearte de personas que sumen, que aporten buen rollo. Así, también los resultados llegan. Y no unos resultados cualesquiera. Si las cosas se hacen bien, son excelentes.

¿Será ese el secreto de los bueyes? Determinación, pasión, generosidad, capacidad de sacrificio y constancia. No hay otras recetas para mí.

- Determinación para dar un paso al frente. Algunos pasos no son fáciles, pero hay que darlos convencido de que es lo mejor que se puede hacer para alcanzar lo que quieres para ti y los tuyos. No estoy hablando de saltos al vacío, pero sí de valentía para afrontar lo que llega y tomar las riendas del destino.

- Pasión por las cosas bien hechas, por la vida, por las relaciones humanas, por una buena cerveza o por contemplar el más bello paisaje. O las cosas se hacen con pasión o es mejor no hacerlas. Sólo vamos a vivir una vida, que sepamos, así que más vale vivirla intensamente, dejando huella, sin pasar de puntillas por ella.
- Generosidad para poder dar y saber recibir. Muy pocas veces reparamos en ello, y yo hago mucho hincapié en los cursos, seminarios y conferencias. Generosidad es estar para el otro, es prestar atención a las personas y corresponder dejándote ayudar. Eso es ser generoso.
- Capacidad de sacrificio para mejorar, para superarte a ti mismo. Robin Sharma, un afamado escritor contemporáneo, utiliza una frase que dice: *"No hay nada noble en ser superior a otra persona. La verdadera nobleza radica en ser superior a tu antiguo yo".* Esta para mí es la clave del éxito. La superación personal independientemente de lo que haga el resto.
- Constancia para perseverar, para no abandonar en el intento, para apretar los dientes y no decaer, aunque las condiciones te animen a ello en ocasiones. Jim Ryun, un atleta estadounidense, acuñó una frase que he releído siempre que he tenido oportunidad: *"La motivación nos impulsa a comenzar y el hábito nos permite continuar".*

No me cabe la menor duda de que sean estos los secretos de los bueyes o no, son excelentes cualidades que necesitamos si queremos abotonar nuestro futuro, si queremos sacar esto adelante, siendo "esto" cualquier cosa que nos propongamos.

#66 13/09/12
¿SIRVE DE ALGO LA EXPERIENCIA O EN ESTOS TIEMPOS YA NO?

Esta mañana me he topado con esta interesante reflexión de Vicente Moreno, un extraordinario profesional, al que por amistades mutuas he tenido la suerte de conocer mejor, y valorar muchas de sus cualidades como la gran persona que es. Dice Vicente: "La experiencia lo es todo. La experiencia te ayuda a identificar pautas, te ayuda a anticipar situaciones, te ayuda a reconocer los datos críticos, te ayuda a diferenciar lo que es posible de lo que es probable..."

¿De verdad nos sirve la experiencia pasada en estos veloces tiempos de cambio? ¿No vale hoy más la capacidad de adaptarse a los cambios que la experiencia en resolver viejos axiomas? ¿No hemos crecido sobrevalorando la experiencia? ¿No será que la experiencia era lo más valioso que teníamos a mano para resolver problemas? ¿Y ahora? ¿No tenemos tantas alternativas que la experiencia ha quedado en un segundo plano? ¿Nos puede servir la experiencia siquiera para elegir bien, para tomar buenas decisiones?

Me he quedado pensando un buen rato en algunos supuestos sobre el particular con los que hemos crecido:

1. "La experiencia es un grado". La generación de nuestros padres acuñó esa frase que repetida cientos de veces se convertía en un "karma", en una forma de entender la vida. Probablemente tenía que ver con el espíritu militar, en el que los ascensos en la cadena de mando, los "grados", se obtienen (se supone) por méritos, pero también por "antigüedad". Eso hacía que muchos sólo ascendieran cuando les llegaba el turno, lo que confería al concepto de "paso del tiempo", a la

antigüedad, un indiscutible valor. Hace años trabajé en una compañía en la que cuando pasabas determinado tiempo allí eras "ascendido" automáticamente. No importaba el desempeño, no importaban los conocimientos, ni la calidad del trabajo entregada. Ascendías y punto.

2. "Tengo 30 años de experiencia". Tener muchos años de experiencia no es igual a tener mucha experiencia. Muchas personas no han querido o no han tenido la oportunidad de desarrollar una verdadera carrera profesional, rica en experiencias y cambios, trufada de conocimientos y retos. Mucha gente ha trabajado siempre en lo mismo, de la misma manera, y en la misma empresa. Todos conocemos casos de esos. Mi hermano Rubén dice que hay personas que dicen tener 30 años de experiencia, cuando en realidad tienen "un año de experiencia" repetido 30 veces.

3. "Soy un experto en eso". El mundo va tan rápido que hace años ser un experto en MS-DOS o en programación BASIC, fue útil por dos quinquenios. El que fue experto en Windows 3.11 lo fue por cinco años, y al que lo es de Windows 7, le fue útil apenas por dos. Es sólo un ejemplo. Cuando yo me incorporé al banco en el que trabajé veinte años, acababan de cambiar el sistema transaccional. Nada más llegar me di cuenta que tenía la misma experiencia en el nuevo sistema, que gente que llevaba allí quince años, de modo que desmonté de golpe las dos premisas anteriores. De hecho, me convertí, en la primera semana, en el "experto".

Con estos ingredientes, ¿sirve de algo la experiencia tal y como la conocemos? ¿No nos ata la experiencia a viejos anclajes que hoy ya no nos sirven? ¿No nos está limitando? La experiencia de uno no es más que eso, una experiencia del momento en el que vivimos una situación, que viene determinada por las condiciones en las que se estuvo, y que no necesariamente se van a volver a repetir. Es más, lo normal es que no haya una nueva oportunidad de tener las mismas condiciones. Si esto es así, ¿por qué utilizar viejas soluciones para nuevos problemas?, ¿para qué nos sirve?, ¿nos valen las respuestas antiguas a las nuevas preguntas?

Mario Benedetti escribió una frase que me parece genial y que utilizo mucho: *"Cuando teníamos todas las respuestas, de repente nos cambiaron las preguntas".*

Pensaba en esto, porque me parece que hoy la experiencia no es tan importante como la capacidad de adaptarse y de aprender. Mi compañera Lucía Sánchez me decía estos días mientras hablábamos de ello: *"Lo que hoy es experiencia, mañana es obsolescencia".*

Hoy, de los réditos de la experiencia se vive peor que de la capacidad de aprender. Porque aprender es también liberarse de lo prendido (a-prender), dejar de lado viejos hábitos o viejas soluciones que nos sirvieron en algún momento, pero que ahora no nos van a ayudar en nada. Aprender es también saber liberarse de la experiencia no útil, de aquella que sólo me supone un lastre en mi desempeño presente y futuro.

He llegado a la conclusión de que la única experiencia que sirve, que hoy supone "un grado", es la de aquel que es capaz de adaptarse rápidamente a los nuevos entornos, esté donde esté. Tener experiencia en resolver situaciones complejas, adaptándose pronto a los cambios y estimulando a otros para que lo imiten, sí que me parece hoy de un valor incalculable. Quien ha tenido experiencias de este tipo y sabe manejar esas situaciones, para mí, sí que es un experto en algo útil hoy.

#67 01/10/12
EL FUTURO YA ESTÁ AQUÍ

Esta es una semana de dobles noticias y a cuál mejor.

Ahora hace un par de años escribí un post sobre las 10.000 visitas que había tenido el blog en un periodo, desde el comienzo de su andadura. En aquel momento fue una excelente noticia para esta modesta bitácora, que sólo aspiraba a recoger cosas en las que creía, y que se me amontonaban en la cabeza. Sólo un mes más tarde escribí otro post que hablaba de "Un futuro esperanzador".

Estos dos años han transcurrido en un suspiro, en un abrir y cerrar de ojos. En este tiempo he fundado una consultora que ha ayudado a unas cuantas empresas a ser mejores, hemos trabajado en proyectos de diferente envergadura, y he cambiado hasta de continente. Sólo cuando uno echa la vista atrás y ve el camino recorrido se da cuenta de lo avanzado y a la velocidad que ha ido ocurriendo todo. Y en eso, en este septiembre que acaba, otra cifra mágica se ha presentado en el blog. Más de 10.000 páginas vistas en un sólo mes, visitas que llegan ya desde muchos rincones del planeta. Un ascenso vertiginoso, que me anima cada vez más a seguir dejando aquí vivencias y provocando debates, que luego continúan en algunos grupos de redes profesionales. Es una actividad apasionante para mí, aunque en ocasiones me robe el poco tiempo libre que me queda, después de largas jornadas de trabajo.

La segunda, y mucho más importante que la anterior, es que la revista Emprendedores www.emprendedores.es está entregando mi libro *"Tiempo para Decidir"*, en su número de octubre. Poca gente se puede hacer una idea del orgullo y la ilusión que me produce esto. En una ocasión me dijo Sergio Bulat, el editor de Empresa Activa, con quien trabajé en la publicación del libro, que estos tienen vida propia, que uno no sabía cuándo, de repente, se hacían mayores. Para mí, *"Tiempo para Decidir"* se acaba de hacer mayor y ya tiene vida propia. Tuvo su tiempo de adolescencia en librerías de España y Latinoamérica; hoy vuela ya libre por medio mundo, y ahora en los despachos y "garajes" de los emprendedores. A Sergio le estoy tremendamente agradecido por su apoyo permanente. También quiero agradecer al director de *Emprendedores*, Alejandro Vesga y a Manuel Poyato, que se interesaran por TPD. A los dos les tengo mucha admiración, cariño y agradecimiento eterno. Desde aquí animo a todos los lectores a que no dejen de comprar *Emprendedores* este mes y los siguientes...

Unos días atrás, mi amiga Cristina Ordóñez me compartía esta frase de John Schaar: *"El futuro no es un lugar al que estamos dirigiéndonos, sino uno que estamos creando. No debemos encontrar caminos, sino trazarlos, y la acción de hacerlo cambia tanto al hacedor como al destino".* El futuro, en definitiva, lo escribimos con cada una de las acciones del presente, y por eso es tan importante no dejar de disfrutar y vivir con intensidad cada minuto.

Ese "futuro esperanzador" del que hablaba acabando 2010, ese futuro incierto, pero tremendamente retador e ilusionante, llegó para quedarse. Según escribo esto, me he puesto la canción de Radio Futura con la que tanto disfrutamos algunos y que decía: "el futuro ya está aquí".

#68 08/10/12
¿QUÉ QUIERES SER DE MAYOR? ¿CUCARACHA, ZORRA O ERIZO?

Acabo de leer un interesante artículo de mi colega el profesor Raúl Lagomarsino, Director Académico de INALDE, en el que habla de los motivos por los que empresas "tiranosaurios" como Motorola, Kodak o Blockbuster, dinosaurios predominantes entre dinosaurios, desaparecieron del universo por no poder resistir a su particular asteroide. Cita en el artículo el caso de las cucarachas, quienes son genéticamente idénticas a las antepasadas que convivieron con los dinosaurios, y que han sabido sobrevivir a las circunstancias por siglos hasta nuestros días.

Las cucarachas se encuentran entre las especies más resistentes del planeta. Algunas de ellas pueden estar sin comida un mes entero, o dejar de respirar durante 45 minutos, simplemente ralentizando los latidos del corazón. No es por casualidad que se diga de ellas que serían la única especie que sobreviviría a un ataque nuclear, y que acabarían repoblando la tierra. No me digan que no es capacidad de supervivencia. Son animales que no sólo compiten entre ellos, sino que son capaces de cooperar en momentos de dificultad. Un estudio de la universidad de Florida llegó a demostrar cómo eran capaces de dividirse en grupos iguales, o seguir instintivamente a otros "semejantes", que no eran otra cosa que minirobots a los que se les habían inyectado las sustancias que les hacen agruparse por el olor.

Según esto, en los tiempos que corren, no estaría mal ser algo "cucaracha", si lo llevamos al terreno de las personas, de los profesionales en las empresas o del mundo directivo en general. Pero el nombre "cucaracha" suscita un cierto rechazo, cuando uno imagina al animal en cuestión. Si se le aplica a una persona, generalmente se quiere decir de ella lo peor. Una "cucaracha" es una persona rastrera, sucia en sus formas, vil, que generalmente empleará las peores artes con tal de sacar tajada de alguna situación. Es así. Si usted se sienta ante su jefe y le llama "cucaracha" a la cara, intentando hacerle un cumplido, tendrá serios problemas para arreglarlo después, si es que puede...

Otra opción para sobrevivir con algunas garantías en este momento es ser el mejor en lo tuyo. De eso habla Jim Collins en su libro *Good to Great*, cuando hace referencia a la fábula de la zorra y el erizo, que a su vez se recoge en el libro del mismo nombre de Isaiah Berlin.

Berlin mantiene que cuando se enfrentan la zorra y el erizo, este último es que gana sistemáticamente. ¿Y por qué? ¿No es la zorra más rápida, más ágil, más lista? ¿No tiene más recursos que el erizo? Berlin, citando a su vez al poeta griego Arquíloco dice: *"Muchas cosas sabe la zorra, pero el erizo sabe una sola, y grande".* La fábula cuenta que mientras que la zorra sigue muchos objetivos al mismo tiempo, es capaz de ver el mundo en toda su complejidad, pero está siempre difusa, moviéndose en diferentes planos, y sin integrar sus ideas en una visión unificada, los erizos, por el contrario, simplifican la complejidad del mundo en una sola idea que unifica y guía todo lo demás. Reducen los retos y los dilemas en ideas simples, y desechan todo aquello que no tiene que ver con estas ideas. Por eso, cuando una zorra y un erizo se enfrentan, siempre grana el erizo.

La capacidad de supervivencia de la cucaracha, la habilidad multitasking y el conocimiento de la zorra, o los objetivos claros y sencillos del erizo son cualidades dignas de mencionar. En los últimos posts de este blog he hablado mucho del pasado, del presente y del futuro. Usted decide, señora o caballero, entre estas tres maneras de afrontar su presente, de dibujar su propio futuro, sea cual sea su pasado. Así es la vida, la capacidad de decisión es suya.

Yo, pudiendo elegir, me quedo con lo mejor de cada uno.

#69 27/10/12
SUPERMAN SE PONE POR SU CUENTA

Las cosas no están bien. No es un secreto. Hoy leía que el año que viene no va a ser mejor, sino más bien bastante peor.

No soy original si digo que cada día recibo correos, contactos por LinkedIn de personas que han dejado su empleo forzosamente o diez minutos antes de que fuese así. Hoy mismo he hablado con una persona que me contaba que en dos meses han perdido su mujer y él sendos buenos empleos en banca, de esos que te decían las madres de antes que eran "para toda la vida". Y la gente se queda noqueada, normal. No por esperado, cuando llega el momento, se recibe mejor. Hoy, mucha gente trabaja en empleos en los que están esperando recibir una llamada, de un momento a otro, que les comunique su cese, su baja, su renuncia, su cancelación. Da igual como lo llamemos: uno pierde "su" empleo. Para mí el drama no es ese, siendo duro y difícil como es, sino que hay personas que al quitarle el trabajo es como si le arrancaran un brazo, como si le quitaran algo que nunca fue suyo, pero que creyó que sí. Andrés Pérez Ortega de quien he circulado estos días por las redes sociales un magnífico post que enlazo también aquí, suele decir que el término "empleado" es "usado". Y señores, así es. Cuando a uno le "emplean", lo que van a hacer es "usarle", sacarle el máximo partido, y cuando no sirva, o las condiciones no se den, lo alejarán de la empresa, lo apartarán como hacemos con los juguetes que ya no nos gustan, no nos sirven, o de los que nos aburrimos cuando somos pequeños. A los empleados nos usan y nos tiran cuando no servimos. Eso es estar "empleado". Así de crudo. Puede decir en la misión de la empresa que las personas somos lo más importante, pero no es verdad.

Cuando llega el momento de la salida forzosa, lo único que puede hacer uno es empezar a gestionarlo cuanto antes. Hay cosas que no se pueden cambiar, que son irreversibles. Es como cuando en basket te pitan una quinta falta que nunca hiciste, o cuando en fútbol te sacan una tarjeta roja que no mereces. Da igual. No tiene vuelta atrás.

Hay todo un proceso que pasar para poderlo superar:

- Primero, tomar conciencia de que fui sólo un número, una cifra, un instrumento al servicio de una corporación, un "empleado usado", mientras les fui útil. ¡Tu salida no es "injusta"!, es sólo una variable, una regla del juego que se ha activado. No son malos, ni tienes la culpa de nada.
- ¿El siguiente paso? Gestionar el duelo, gestionar el dolor de la pérdida, gestionar el desengaño producido. Sé que no es fácil, yo pasé por ello. Unos meses antes, había escrito un libro sobre todo esto: *La Puerta Abierta*.
- ¿El tercer paso? Poner en valor lo que sé hacer. Señores, ustedes no son parados, son profesionales que trabajaron durante años para un solo cliente que les pagó cada mes, y que ha decidido no pagar más por sus servicios. Y si eso pasa, ¿qué se puede hacer? Pues sencillo, encontrar nuevos clientes, uno o varios, aquellos que valoren lo que sé hacer y

me pague por ello. ¿Los van a contratar antes diciendo que son parados? Pues dejen de decirlo.

¿Que tengo miedo a vender mis servicios? Pues aprendo.

¿Que no sé cómo puedo hacerlo? Pues pregunto

¿Que no sé lo que sé hacer bien? Bueno, ahí tienes un problema

Pero ser autónomo, convertirte en un profesional de lo tuyo por tu cuenta, no es malo. Está en nuestra naturaleza. Ese es el estado natural del ser humano. La certeza del salario, la pensión, el subsidio, son conceptos muy modernos. ¿200 años?, ¿300? Nada, comparado con los dos millones de años que tiene el ser humano en la tierra. Mi reflexión es que, si hemos permanecido 2 MM de años buscándonos el sustento casi a diario como especie, estamos preparados para seguir haciéndolo. Lo que ocurre es que parte de la raza humana que sobrevivimos, la de los países industrializados, hemos crecido pensando que, sin un salario, sin un sueldo, sin un trabajo, no somos nada. ¿Es fácil? No. ¿Hay que trabajar? Mucho. Empecé a escribir este post ayer por la tarde en un avión volando a Panamá. Hoy y mañana lo pasaré en Bogotá dictando clases para EDIME, la escuela de mandos medios de la prestigiosa Universidad de la Sabana, y el sábado estaré de nuevo en Santo Domingo. Pero merece la pena. La vida, a veces, te da oportunidades de hacer cosas que ni imaginabas en el estadio anterior.

Y prueba de que todo cambia, la podemos encontrar en el propio Superman, que también ha decidido ponerse por su cuenta. Hoy una noticia cuenta que "Superman deja el diario en el que lleva trabajando toda la vida —concretamente desde 1940— para conservar su independencia como periodista". Y continúa: "Superman es posiblemente la persona más poderosa del planeta, pero ¿cuánto tiempo puede estar sentado en su escritorio, con alguien respirando en su nuca que le trata como la persona menos importante en el mundo?".

 06/11/12
¿ES LA VIDA CUESTIÓN DE SUERTE?

¿Hasta qué punto influye la suerte en la vida de las personas? ¿Qué culpa tiene la suerte o la mala suerte del buen o mal devenir de uno? ¿Podemos influir en la suerte? ¿Se puede ayudar a la suerte? ¿Podemos cambiarla? ¿Podemos dejar todo en sus manos? ¿Y en las de la mala suerte? ¿Hasta qué punto la suerte es determinista? ¿Y determinante? De todo ello hablaba hace unos días con mi colega, el profesor y director del departamento de Finanzas de Barna Business School, Fernando Barrero.

Tengo varias aproximaciones al tema que me gustaría compartir. Mientras escribí *La Puerta Abierta* mantuve de fondo la música de Fito y los Fitipaldis cada día. Tenían una canción que me fascinaba y que decía:

Un día la suerte entró por mi ventana,
vino una noche y se fue una mañana,
quizá solamente me vino a enseñar
que viene y va...

El título "Viene y va" recoge lo efímero de la suerte, lo pasajero que es su efecto para todo el mundo y nos recuerda de ella:

Que todos pueden tener,
que nadie puede guardar...

La suerte es así, caprichosa, efímera, pasajera, errática, aleatoria, democrática, filibustera, canalla, generosa y terca. Como he dicho, escuchaba a Fito de fondo mientras escribía, igual para recordarme que el resultado tendría que ver sólo con la calidad de lo que hiciera y del esfuerzo realizado, y no con un golpe de suerte. Una de mis canciones favoritas del siguiente álbum decía:

Puedo escribir y no disimular,
es la ventaja de irse haciendo viejo,
no tengo nada para impresionar,
ni por fuera ni por dentro.

La libertad del ser humano para elegir y la suerte, las decisiones y el azar, dos principios que, entremezclados, han marcado el destino de generaciones. Creo que lo que conocemos como "suerte" es donde se juntan la preparación con la oportunidad. Creo que, para tener éxito, como decía Picasso, "hace falta que cuando la musa llegue, te encuentre trabajando". Creo que, en cierto modo, cada uno se forja su propia suerte en función de las decisiones que va tomando. No creo en malas rachas, sino en decisiones no acertadas.

Es cierto que de esos pensamientos se escapa el momento de nacer. No elegimos ni dónde ni cuándo nacemos y, por tanto, es verdad que, en la sociedad que vivimos, esos dos factores determinan en muchos casos la vida de las personas. Sin embargo, todos conocemos casos de personas que han crecido en entornos muy humildes, muy pobres y que luego han tenido vidas muy ricas, y viceversa. Desde el momento en que tomamos nuestras propias decisiones, empezamos a definir nuestro presente y, con él, de forma irremediable, nuestro futuro.

Del mundo del deporte podemos extraer muchas enseñanzas de la gestión del azar, de la suerte. Al final, el balón ha de pasar por el aro en el caso del basket, la pelota ha de cruzar la línea de la portería en fútbol, y el viento no puede desviar la trayectoria de una flecha en tiro al arco.

#71 01/12/12
¿ES LA CREATIVIDAD LA CLAVE PARA SALIR DE ESTA SITUACIÓN?

Va a hacer ahora veinte años que gané mi primer premio de innovación. En esa época trabajaba en una oficina bancaria y una de nuestras mejores clientes me traía cada sábado sus extractos de "fondos de inversión", un producto de ahorro colectivo que se liquida a diario, para que le ayudara a entenderlos. El problema es que la señora tenía varias modalidades, y recibía un documento por cada uno de los fondos, y no era capaz de entender nada. Además, todas las semanas tenía que sumar las cantidades para saber el balance que tenía. Me acordé de un profesor que tuve en ICADE, que nos repetía como una letanía: "Innovar no es inventar cosas extraordinarias, sino resolver problemas cotidianos con soluciones sencillas". Pensé entonces que a alguien ya se le habría ocurrido, pero que como banco debíamos preparar un informe que aliviara esta tarea a los clientes. Mandé al concurso de iniciativas trimestral esta propuesta, y un mes más tarde me dijeron que mi idea era brillante, que se llevaría a cabo y que me daban el primer premio. El Banco feliz, la cliente también y yo encantado, todo por semejante simpleza. Luego le cogí el gusto y vinieron otros más...

A veces, la idea más absurda puede ser la más útil. La conexión entre dos cosas, antes no imaginada, puede dar con un producto revolucionario. ¿No has sentido alguna vez el deseo de imprimir una foto tomada en el iPhone para regalar a alguien? ¿Y proyectarla en una pared como si se tratara de diapositivas? Hay soluciones muy ingeniosas, pero también las hay menos elaboradas pero que resuelven problemas que aún no tenemos, lo cual las hace más atractivas. El iPhone 5 no ha hecho más que salir, y ya hay unas personas que han pensado en un cargador de emergencia de distintos colores, para cuando tu iPhone 5 se quede sin batería.

Hasta la forma en que estos tipos han conseguido los fondos para sacar adelante sus productos es verdaderamente novedosa. Se llama crowdfunding, una revolucionaria manera de conseguir micro aportaciones, a cambio de "gestos de preferencia" con el donante. Le tengo que agradecer a Gianni del Mas que nos hablara de muchas de estas cosas, en una interesante conversación que tuvimos esta semana.

Vivo en un país emprendedor por naturaleza. Aquí cada día se abren negocios divertidos, ingeniosos, insospechados... Los propios "colmados" son tiendas de conveniencia que tienen una importante carga de emprendimiento, por cuanto han de manejar compras, ventas, operaciones (todos cuentan con servicio de *delivery* que te lleva las cosas al domicilio), logística de aprovisionamiento.

Nací en el país en el que se inventó la boina, el futbolín, la fregona o el chupa chups. De allí salieron unos alocados marinos que pretendían encontrar las Indias por el lado contrario, y se toparon con bellas tierras y hospitalarios habitantes. Hoy es una referencia mundial para muchas cosas en el extranjero.

Si estamos de acuerdo, por tanto, en que la creatividad no es más que una forma de encontrar soluciones sencillas que resuelvan problemas cotidianos, y que vivimos rodeados de personas que podrían usar la imaginación como forma de vida, ¿qué nos falta para encontrar esas soluciones sencillas? ¿Qué nos falta para ser más imaginativos? ¿Qué falla?

Vayamos al origen de la educación, a la escuela. Hace ya algún tiempo vi un video de Sir Ken Robinson en TED que habla de que en la escuela se mata la creatividad. Partiendo de esa base, si en la escuela nos eliminan muchos de los conceptos que estimulan la creatividad en las personas, no nos queda otra que reconstruirlos, que recuperar esa confianza en la capacidad de crear, lo que David Kelley llama la "confianza creativa".

Crear, hacer algo que antes no existía, supone dejar un legado; da igual que se trate de escritura, pintura, música, edificios, leyes... Cualquier cosa que se crea tiene valor en sí misma. Y si ya tiene utilidad para las personas que nos rodean, ni te cuento.

En estos tiempos que vivimos, sólo la imaginación es más importante que el conocimiento, como decía Einstein. Por eso, más que en la queja permanente, deberíamos estar juntando esfuerzos, en sumar talentos, en volver a encontrar esa innovación que nos hizo grandes como pueblos, que nos permitió avanzar como civilización. Y no hablo sólo de esa revolucionaria innovación tecnológica que nos permite a diario tocar un cristal y ver a un familiar en el otro lado del globo. Mucha gente podría pensar que eso está sólo al alcance de unos pocos. Sin embargo, el espíritu inconformista e imaginativo que está detrás de todos los inventos citados, es el que reivindico. Y es que además es gratis, no cuesta nada.

#72 15/12/12
¿TRABAJOS O EMPLEOS? ¿QUÉ ES LO QUE FALTA?

"Trabajo hay mucho, lo que no hay es empleo. Y el mundo ha cambiado. Hay que pensar cómo obtener ingresos por mis servicios, bien por cuenta ajena o por cuenta propia".

De este modo analizaba hace unos días Alfonso Alcántara, a quien sigo hace mucho tiempo, la situación en la que se encuentra en este momento la sociedad, en una entrevista en ABC.

No puedo estar más de acuerdo con su apreciación. Para mí, el concepto del salario, tal y como lo conocemos, ha muerto. Cada vez se va a pagar más por los servicios prestados y no la "iguala mensual" a la que estábamos acostumbrados, que suele castigar a quien mejor lo hace, para premiar al que menos valor aporta, pagándoles lo mismo. Todos hemos visto casos de injusticia "salarial", que el modelo al que caminamos fulmina.

Pero para dar el cambio y pasar de una nómina a trabajar para uno mismo hace falta que se den tres elementos: saber hacer algo (todo el mundo sabe hacer algo), ser bueno en ello (aquí empiezan los problemas), y saber entregarlo al resto. Es en la última parte en donde yo creo que está la mayor dificultad. Tenemos muchas personas bloqueadas en este momento porque no saben poner en valor lo que hacen. Porque no se atreven a encontrar una salida que no sea la de que otro empleador les dé una nueva oportunidad. Hay muchas personas que "vendieron" sus servicios en una entrevista de trabajo hace veinte años, y han dejado de hacerlo durante este tiempo. No es fácil ponerse de nuevo en el mercado. Da mucho vértigo. Pero hay que salir de esa zona de confort. Trabajar para uno implica poder tener varios "pagadores", y eso minimiza el riesgo de la nómina. Mucha gente ha pensado por generaciones que un trabajo fijo garantizaba el sustento. Y hoy ya no estamos en eso. No hay trabajo fijo. Sólo cantidad que lo resuelve.

Hace unos días escribía estas notas en uno de los debates que el último post generó en el grupo de antiguos alumnos del IESE en LinkedIn:

En el mundo moderno quizá hemos perdido de vista los oficios antiguos, porque los procesos industriales les han hecho pasar a la historia. Sin embargo, hay muchas profesiones que absorbieron las empresas, que hoy se pueden desempeñar por su cuenta. ¿Cuantos licenciados en derecho no han ejercido nunca como abogados? ¿Cuántos podrían ofrecer sus servicios a PyMES recién abiertas, con poco coste o a cambio de otros servicios que necesita? ¿Cuántos economistas han salido este año de las empresas? ¿Cuántos de ellos se han ofrecido a emprendedores a hacerles la parte financiera de los business plan que han de presentar a bancos o inversores? ¿Cuantos periodistas van a salir de empresas editoras, periódicos, etc.? ¿Cuántos de ellos pueden estar prestando sus servicios como outsourcing en temas de comunicación en empresas pequeñas con costes competitivos? Son sólo ejemplos como muy evidentes, pero hay miles de oportunidades que se nos escapan hoy por no estar entrenados, por no ser capaces de darnos cuenta de que la cosa ha cambiado, y que ya nada volverá a ser igual. Lo siento, pero es así. Y cuanto antes nos demos cuenta, cuanto antes despertemos del letargo en que este shock nos ha metido, antes nos pondremos a caminar, porque hay una cosa cierta: caminar hay que caminar. Lo contrario es la muerte. Y uno puede caminar voluntariamente, o arrastrado por las circunstancias. Esa es la decisión de cada uno.

Es momento de salir de la zona de confort.

#73 31/12/12
OTRO AÑO QUE SE VA, NUEVOS RETOS QUE LLEGAN

2012 está ya dando sus últimas bocanadas. Son muchos los que esperan que cambien los años a ver si con ello se acaban las "malas rachas". La noticia es que las "rachas" no tienen nada que ver con los años naturales, sino más bien con cambios de actitudes. A veces pasa que uno tiene una mala racha de salud hasta que decide cuidarse, o está sacando malas notas en los estudios hasta que decide estudiar, o le están saliendo mal las presentaciones últimamente en la empresa hasta que decide cambiar las plantillas y esmerarse en los contenidos y las formas. Es verdad que otras veces las "malas rachas" exceden la voluntad del individuo y uno no puede más que capear el temporal como mejor sabe. Quienes seguís el blog sabéis de mi apelación constante a la actitud individual como "única receta" para salir de las malas rachas. Algunos años atrás me mandaron estas frases por diferentes vías, y me parecieron graciosas entonces: "Si la vida te de palos, hazte una cabaña", "Si la suerte te da la espalda, tócale el culo". Hoy sigo pensando que el destino lo forjamos cada uno con nuestras decisiones, y que la actitud con la que se afrontan oportunidades y dificultades determinan la durabilidad de las primeras, y la extinción de las segundas.

Es verdad que comienza un nuevo año, que pasamos una página del calendario, una página que se ha llevado por delante millones de sueños, miles de puestos de trabajo, incluso cientos de vidas. De los que quedamos depende que 2013 sea igual o mejore. De nosotros, de nuestra actitud como personas y como agrupaciones, ya sean estados, naciones, pueblos o como queramos llamarlo. De la voluntad para salir adelante depende que lo hagamos o no. De las iniciativas que tomemos para atender esa voluntad va a depender el ritmo al que lo hagamos. De los aciertos que tengamos dependerá la velocidad.

Hoy no me quiero hacer más extenso. Me gusta encontrar los primeros días del año que comienza algunos momentos para reflexionar, para echar la vista atrás y repasar mentalmente errores y aciertos, y encontrar en ellos áreas de mejora y palancas de cambio. Los finales de año son para mí como los finales de temporada en el basket. Ya da igual el lugar de la clasificación en el que hayas quedado. Lo importante son las lecciones que has aprendido, lo que te llevas, lo que puedes mejorar, lo que vas a cambiar el año siguiente, porque, señores, esta nueva temporada está a punto de comenzar. Uno decide si quiere hacer un año estelar o quiere salir a empatar. Uno decide si pone toda la carne en el asador o se conforma con su destino. Uno decide los cambios que ha de hacer para conseguir sus metas o si por el contrario ya le va bien como está.

Os deseo que podamos seguir compartiendo en 2013 inquietudes, experiencias y aprendizajes.

2013

#74 20/01/13
IBERIA, VODAFONE, TELEMADRID: EL CARTERO SÓLO LLAMA DOS VECES

Me despierto con la noticia de que a la mujer de un amigo le fue a visitar el cartero a las 9 de la mañana del pasado sábado. Hasta entonces, ella trabajaba en Telemadrid, como en los últimos quince años. Quince años de planes para la empresa, de asunciones de retos, de proyectos exitosos, de aprendizajes, de cosas hechas bien y de cosas a mejorar, de felicitaciones, de palmaditas en la espalda, de tardes de sábado, de domingo, de noches, de madrugadas, de todo... Quince años, por qué no, de satisfacciones personales, de defender la empresa en cada comida familiar, de apoyar públicamente a quien te paga. Quince años que ahora se esfuman, desaparecen al tiempo que el timbre suena.

Hace unos días, cenaba con un amigo con el que trabajé en Iberia tres años. Él ha permanecido allí otros veintitrés más. A él no le ha llegado el cartero, deseo con toda mi fuerza que eso no pase, pero su compañía está amenazada con despidos que rondan las 4.000 personas. Nadie le va a devolver estas navidades en las que no sabe si será el elegido o no, si tendrá trabajo en las siguientes o no.

Dos días más tarde leo que la filial española de Vodafone calcula en 700 las personas que sobran.

Para la sociedad, para el país, no es fácil digerir esta cantidad de noticias en tan poco tiempo. Para los afectados es mucho peor. La diferencia es que para estos últimos no hay nada que perder. Tanto si el cartero ha llamado ya a su puerta (qué tiempos aquellos en los que te despedía el director de Recursos Humanos con cara de pena), como si prevé que esto va a pasar en breve, como si no le aplica ninguna de las dos anteriores, pero le gustaría estar alerta, conviene empezar a hacer algunas cosas:

1. Piense en su futuro con optimismo. Está demostrado que los pensamientos negativos producen acciones negativas y los resultados, por tanto, van a ser negativos. Pensar en clave de oportunidad es siempre mejor que pensar en clave de problema. Si ve que en este momento no puede pensar en positivo, aprenda a hacerlo, merece la pena.

2. Pase el duelo cuanto antes. Cualquier pérdida dolorosa, aunque se trate de un empleo, necesita su tiempo de duelo. Uno se siente defraudado, dolido, engañado, usado y eso hay que superarlo.

3. Sea rápido, no hay descanso. Una de las cosas que me causa una profunda desazón cuando oigo a alguien que acaban de despedir es: "me voy a tomar unos mesecitos ahora de tranquilidad, y luego ya veremos". En un entorno como en el que vivimos, no hay tiempo que perder. Póngase manos a la obra cuanto antes.

4. Elabore su plan de acción, ¡ya! Qué quiero hacer, por dónde voy a empezar, a quién voy a llamar, cómo lo voy a hacer, cuándo y qué voy a hacer en cada momento... Planifique y escriba su propio plan de acción. Da igual si lo que quiere es encontrar otro trabajo, montar un negocio, ponerse por su cuenta, asociarse a alguien, o lo que quiera que sea. Lo que no se planifica no se sigue.

5. Elabore "su" plan, y no el de otros. Todo el mundo le va a decir ahora lo que tiene que hacer, cuál es su mejor opción, los pasos que ha de dar... Es el momento de los consejeros bienintencionados (y no tanto), que le van a tratar de

organizar la vida. Un argumento más para que el plan que se trace obedezca a sus intereses futuros.
6. Pida ayuda. Si para su plan lo necesita, no dude en hacerlo. Mucha gente no sabrá cómo ayudarlo si usted no se lo pide. Es hora de aparcar el orgullo si con ello acelera su plan o incrementa sus posibilidades de éxito.
7. Persista en su idea. No abandone a la primera. Si su plan es un buen plan para usted, si es coherente con lo que quiere hacer en el futuro, no lo dude. Persista en la idea con determinación sorteando las trabas que el caprichoso destino le va a ir poniendo por delante.
8. Esto no es un decálogo, de modo que lo que le queda es escribir en adelante las acciones que, a usted, y sólo a usted, le van a ayudar a estar preparado. Es algo así como su plan de preparación física. Y este debe estar adaptado a su condición. No todo el mundo puede preparar un maratón del mismo modo. No todo el mundo puede correrlo. Empiece por 5 kilómetros, por preparar 10, pero empiece ya.

#75 27/02/13
DEL "KNOW HOW" AL "KNOW WHO"

La sociedad global del conocimiento está cambiando nuestra forma de hacer las cosas, nuestra forma de entender las relaciones, y nuestra forma de comprender nuestro pasado, para entender nuestro presente y dibujar nuestro futuro. Eso es una realidad. Y además se ha instalado en nuestras vidas tan deprisa, que no nos hemos dado cuenta apenas.

Una de las derivadas de estos cambios es la manera en que nos relacionamos con otras personas. Este tiempo nos está proporcionando unas herramientas que nos conectan, en tiempo real, con cualquier persona, en cualquier parte del mundo. De ahí la "globalidad" de la sociedad del conocimiento.

Una prueba de ello en el mundo de los directivos es LinkedIn. Yo me sumé a la herramienta gracias a Jaime Echegoyen, que era por entonces el CEO del Banco en el que ambos trabajábamos. Sería el verano de 2006 cuando recibí una invitación suya para conectar. Hoy, seis años y medio más tarde he alcanzado los 2.000 contactos en esta plataforma. Y lo mejor no es eso, sino que estos 2.000 contactos me permiten llegar a casi 13 millones de profesionales en todo el mundo. Según las estadísticas de la propia herramienta, hoy puedo llegar a casi 37.000 personas más que hace un par de días. Se entenderá que esta es una plataforma inmejorable para el manejo de las relaciones profesionales.

Podría decirse que esto de la bondad de las relaciones no es nuevo. Y es verdad. Es de las cosas más viejas de la existencia del ser humano. Yo crecí con ello. Mi padre me repetía incesantemente esta frase mientras iba forjando mi futuro: *"Tan importante como saber mucho es conocer a mucha gente que sepa"*. Y otra que decía: *"Hay que tener amigos hasta en el infierno, porque nunca se sabe..."*. Los beneficios de haberlo aprendido son incalculables.

Hemos crecido en una época en la que contaba el yo, lo que valgo, lo que sé, lo que he estudiado, el puesto que ocupo y mi valía profesional. Se hablaba del know *how*, de lo que sé hacer, de mi experiencia. Hoy, cuando muchos pensamos que la experiencia ya no es "un grado", cuando muchos de nosotros luchamos más por colaborar que por competir, cuando muchos creemos en sumar más que en dividir, es cuando estar bien relacionado vuelve a cobrar sentido. Hemos pasado del "know how" al "know who".

Porque hoy, más importante que lo que eres o sabes, es a quién conoces.

#76 15/04/13
¿PROCRASTINAS?

Aplazar las tareas complejas, aquellas que nos dan pereza, que nos resultan difíciles o incómodas, ahora tiene un nombre: procrastinar. Resulta que eso que es tan nuestro, que nos lleva a estudiar el día antes en el examen, a hacer la declaración de impuestos la tarde anterior al fin del plazo, o a preparar el informe clave para presentar a la empresa la misma mañana de madrugada, tiene un nombre rimbombante. Lo que antes era postergar, ahora se llama procrastinar.

Pero, ¿por qué postergamos nuestras obligaciones, nuestras decisiones, nuestras tareas cotidianas en definitiva? Según algunos estudios, hay tres razones fundamentales que conforman el ABC de la procrastinación:

A. La parálisis por el análisis. Hoy en día hay tanta información disponible que en ocasiones la postergación viene dada por la incapacidad de determinar un diagnóstico confiable y con ello un plan de acción que llevar a cabo.

B. Por exceso de tareas. La abultada carga de trabajo que tienen a menudo los directivos, nos mete en una rueda de la que no es fácil bajar, ni siquiera para afilar el hacha, siguiendo el sabio ejemplo del séptimo habito de Stephen Covey.

C. Por miedo al fracaso. No hacemos las cosas porque creemos que nos van a salir mal, que no vamos a estar a la altura, que es una tarea compleja o laboriosa, en la que lo mejor es no embarcarse.

¿Qué podemos hacer para vencer estas circunstancias y tomar "el toro por los cuernos"?

Apunto media docena de sencillos pasos que pueden ayudarnos:

1. **Define bien el punto de partida y la meta**. Tomar consciencia de dónde estoy y dónde quiero llegar, saber con lo que cuento y cuán lejos está el destino nos ayuda a dimensionar correctamente el esfuerzo que hemos de hacer y nos ayuda a dar el siguiente paso.

2. **Planifica el camino... y disfruta de él**. Al igual que en la vida civil, el premio no es la meta, el premio se encuentra en el camino. Planificar bien la ruta, armar un plan de trabajo con el conjunto de tareas que me harán lograr la cima supone buena parte del éxito. Edurne Pasabán, la experimentada alpinista española, dice que subir un "ochomil" no tiene dificultad. Se trata de dar un paso, y luego otro, y luego otro... Y disfrutar de lo que se aprende en el viaje...

3. **Comprométete contigo y con otros**. Vas a tener tentaciones de abandonar, de dejarlo. Eso es humano. Pasa siempre. Si el único que conoce el reto en el que estás inmerso eres tú mismo, tendrás más posibilidades de "hacerte trampas" e incluso de abandonar, que si te comprometes con otros. Ese suele ser un estímulo añadido para no dejar la tarea a medias. Yo acabé mi segundo libro a tiempo, a pesar de infinidad de dificultades, gracias a que me comprometí con la Coach con la que yo me estaba certificando a que lo terminaría. No fue ella, fui yo el que lo acabé, es verdad, pero el compromiso con otros supone siempre un estímulo mayor.

4. **Celebra los pequeños logros**. La consecución de pequeñas metas ayuda a continuar, a no bajar la guardia. Celebrar estos pequeños hitos forma parte del reconocimiento del trabajo bien hecho y le ayudará con el esfuerzo al enfrentarse al siguiente escalón. Dicen que comerse un elefante es difícil, a no ser que usted lo trocee en pequeñas partes y establezca un plan. Celebrar un cuarto del camino, la mitad o las tres cuartas partes del reto, le ayudará a ver lo recorrido y hacer más llevadero el resto.
5. **Sé generoso con el esfuerzo, date un buen premio**. Te lo mereces. El reto era duro y lo conseguiste. No escatimes, prémiate como lo harías con otros. Date un buen homenaje. Siéntete orgulloso de ti mismo y correspóndete como te mereces.
6. **Y ahora que lo has conseguido, busca nuevos retos.** Haber conseguido un reto difícil es un primer paso. El camino está lleno de ellos. Toma algo de oxígeno y piensa en el siguiente. Aprovecha el impulso; el hábito que has interiorizado le ayudará a continuar.

De todo esto estuvimos hablando este fin de semana con un grupo de Directivos de una importante cadena hotelera en Bávaro. Por el interés con el que han abordado este asunto, y por el clima de colaboración que existe entre ellos, estoy seguro que sus resultados al respecto van a mejorar sustancialmente.

Ellos se pararon a afilar su hacha, ¿y tú?

#77 13/05/13
DESDE LA OTRA ORILLA

Cantaba Juan Luis Guerra allá por los 90 aquello de "somos un agujero, en medio del mar y el cielo, quinientos años después...", en una bella canción que hablaba de su querida República Dominicana, y del deseo de mejora. Esta es una tierra de gentes inquietas, que desean mejorar y que están haciendo un esfuerzo enorme por fabricarse un futuro más justo, menos desigual, con modelos más sostenibles. Es un país emprendedor, como otros del área.

Hoy, ese canto a la esperanza, a que llueva café en el campo, se podría escuchar en cualquier rincón de mi país, España, en el otro lado del charco. Tenemos la cifra más alta de desempleo de nuestra historia, perspectivas de que esto va para rato, pérdida de confianza en las instituciones, en todas, una elevadísima tasa de desempleo juvenil, desahucios diarios, manifestaciones, etc. Hoy, un 40% de los jubilados ayuda a algún miembro de la familia... No me digan que no es un termómetro de que algo no funciona bien...

Mi generación, la que tiene hoy 45, no va a tener esa pensión media actual de 1.000 euros garantizada, ni la sanidad gratis, ni descansará a partir de los 65... Es así, no piensen otra cosa. Nuestra generación está pagando un estado del bienestar que no podremos disfrutar cuando nos llegue el momento. Poco a poco vamos a ir viendo cómo los servicios subvencionados van desapareciendo, cómo las pensiones se van recortando, cómo las ayudas disminuyen, cómo la sanidad dejará de ser universal y "gratis total" para el usuario... Todo eso y muchas cosas más que no imaginamos.

Cuando uno ve todo esto desde el otro lado del charco, a 7.000 km de distancia, tiene que evitar echarse las manos a la cabeza.

No hay recetas mágicas para levantar cabeza. Sólo una muy antigua: el trabajo duro. Pero como en cualquier proceso de duelo, lo primero que hay que hacer es aceptarlo.

¡Señores!: esto no se resuelve solo, no va a llover café en el campo, ni en las ciudades, ni en ningún sitio. No nos lo van a arreglar los políticos, los que sean. Todos han tenido sus oportunidades y todos han defraudado sistemáticamente. De nada sirve la queja estéril, el llanto inútil, la inaceptable violencia que se ejerce en algunas "manifas" propias de países subdesarrollados...

Mientras un país como el nuestro se permita cuatro niveles de administración, mientras tengamos que soportar tanto cargo público, tanto político que no ha sabido administrar la opulencia y ahora se queja, a esto le queda para largo. Tenemos unas administraciones ineficientes, sobredimensionadas y fofas, que no sirven para enderezar el rumbo. Pedirles a ellos que lo arreglen, no va a solucionarlo.

Esto tiene solución desde los ciudadanos individuales, desde los ciudadanos colectivos, desde cada uno, desde cada varios. Agruparse, colaborar, sumar... Y no me refiero a juntarnos para manifestarnos, cosa que obviamente permiten las leyes, sino a huir del victimismo para pasar a la acción. Tenemos que juntar fuerzas e imaginación para construir en lugar de destruir, para sumar en lugar de restar, para armar un nuevo modelo de nación que permita a nuestros hijos volver a conocer el valor del esfuerzo.

Con el tiempo hemos conformado una sociedad perezosa, aplicada a la ley del mínimo esfuerzo como patrón de conducta, que sólo se queja cuando le quitan las migajas que le daban a cambio de comparecer en sus trabajos.

Esto se resuelve pensando en lo que puedo hacer por el país y por mí y mi familia, en lugar de lo que el país o sus representantes vayan a hacer por nosotros. Sé que esto ya lo dijo Kennedy, pero creo tanto en ello que lo he adaptado a mi ADN, a mi forma de pensar y vivir.

Es tiempo de cambiar, de ponerse en acción, de reponerse del golpe, de restañar las heridas, de ponerse a caminar desde mañana mismo.

#78 31/05/13
SUPER MARIO Y LAS DECISIONES

Tomar decisiones no es asunto baladí en el mundo de los directivos. De hecho, las dos misiones más importantes que tienen los directivos en todo el mundo son dirigir personas y tomar decisiones. Tan simple y tan complejo como esto. He hablado mucho en este blog sobre la dirección de personas. El profesor del IESE, Miguel Ángel Ariño, tiene un blog muy interesante sobre toma de decisiones que recomiendo, porque siempre hay aprendizajes que obtener.

Pero, ¿por qué resulta tan difícil tomar decisiones? ¿Y buenas decisiones? ¿Por qué no hacemos muchas veces nada en búsqueda de estas últimas? ¿No hacer nada no es estar tomando ya una decisión? ¿Y no puede estar siendo esta la peor posible?

A menudo me encuentro con directivos que no toman decisiones, que prefieren pegar "patadas para adelante" a los asuntos, a ver si con un poco de suerte los problemas se disipan, o simplemente se resuelven solos. ¿Cuál es la razón? ¿Miedo? ¿Incompetencia? ¿Haraganería? ¿Estrategia premeditada? Por más que pienso, no encuentro otra razón que estas cuatro.

Cuando no hacer nada obedece a una estrategia predeterminada, no digo nada. Eso, como decía antes, es estar tomando una decisión, que es dejar que pase el tiempo. Otra cosa es que opine que las contraindicaciones que a menudo tiene este tipo de comportamientos, tengan que ser evaluadas de antemano, para no dañar ni la confianza ni las relaciones con las personas del equipo. Peor es no tomar decisiones por no saber qué hacer, o por no estar dispuesto al esfuerzo que conlleva la acción que sigue a la decisión. Sin embargo, tengo la impresión de que la principal causa de inacción de los directivos de hoy en día es el miedo; el miedo a equivocarnos. Tomar decisiones con poca información, como a veces ocurre, en mercados tan cambiantes, genera incertidumbre, duda, y eso atenaza al directivo e inhibe la acción.

¿Qué puede hacer un directivo para aprender a tomar mejores decisiones?

Lamentablemente lo único que no puede hacer es volver atrás en el tiempo. Las generaciones que nos siguen van a tomar decisiones más rápidas con menos información. No necesariamente van a ser mejores, pero ante un fracaso se levantarán antes, volverán a tomar nuevas decisiones antes, y saldrán adelante más rápidamente, que los que ahora ocupamos puestos de responsabilidad. Ellos pertenecen a lo que llamo la generación Super Mario. Han crecido con unos juegos en las manos que les está entrenando a tomar decisiones en milésimas de segundo, con escasas consecuencias. Seguro que no falta quien dice que no vale, porque saben que no se juegan nada. Pero de eso se trata, de entrenarse en la toma de decisiones sin perder nada en el intento. Pruebe a jugar a una de esas maquinitas. Intente ir a la velocidad de su hijo por esos caminos llenos de trampas, agujeros negros, caídas interminables, premios, enemigos, amigos, monedas de oro, líquidos deslizantes, aceleradores insospechados. ¿Le suena a algo? La vida en estado puro. Y en cada ocasión tendrá que hacer una cosa u otra sin tiempo para pararse a decidir, sino guiado por su instinto, por su cerebro reptiliano.

¿Está todo perdido si no juego bien a Super Mario?

Claro que no, pero si cree que la toma de decisiones es un "must have" para usted, tiene que entrenarlo. A eso nos dedicamos en las escuelas de negocio como Barna Business School, a entrenar a directivos en la toma de decisiones y en la dirección de personas. Las escuelas que trabajamos con el método del caso, permitimos encontrar al directivo ese espacio en el cual equivocarse sin riesgo, en el que rectificar posiciones sin exposición, en el que contradecirse sin ponerse colorado, en el que debatir consigo mismo y con otros, en el que desanclar antiguos paradigmas y anclar nuevos, en el que aprender desaprendiendo. Reflexión, aprendizaje y nuevos conocimientos sin riesgo. Los mejores ingredientes para mejorar en la toma de decisiones sin tener que recurrir al bueno de Mario.

#79 15/06/13
CINCO PRINCIPIOS IRRENUNCIABLES PARA UN DIRECTIVO

Odio los decálogos. Vaya por delante esa opinión generalizada que comparto a veces. A lo largo de mi carrera profesional he leído decenas, cientos de decálogos de cómo ser un buen empleado, un buen directivo, un buen jefe, un buen emprendedor... He leído cosas de los cinco continentes, he buscado las mejores prácticas allá donde podía ver algo interesante, algo que pudiera servirme. He encontrado verdaderas joyas y cosas infumables. Hasta aquí nada nuevo. Si estás leyendo esto, a ti también te habrá pasado. Hace un tiempo di un paso más y recogí buena parte de estas inquietudes en dos libros, que contienen experiencias que pudiesen servir a otros directivos. El primero trataba de llevar los valores del baloncesto, del deporte de equipo en general, al mundo de la empresa. El segundo contaba cómo afrontar la desvinculación profesional de un directivo con su empresa. Pero como en este mundo no se deja de aprender, a medida que pasa el tiempo uno va convenciéndose de algunas cosas, probando otras y desechando las que menos le sirven. Con el paso del tiempo he llegado al convencimiento de que un buen directivo sólo tiene que hacer cinco cosas, pero hacerlas bien.

1. **Tener una visión clara y alineada de cómo hacer las cosas y saber comunicarlo**. Parece sencillo, pero es uno de los fallos más generalizados que veo en algunos directivos a los que trato y escucho a diario en mi trabajo actual. No saber dónde quiere estar la empresa dentro de cinco años, no tener claro un objetivo, no saber el "qué" hace que el "cómo" sea en ocasiones errático, tomando decisiones no uniformes, que están más cerca de la improvisación y de la inmediatez del "apagado de fuego" que de la labor directiva. En otras ocasiones, también bastantes, el directivo tiene la idea en su cabeza, pero su incapacidad para comunicarlo puede acabar con sus mejores propósitos. Tan importante como saber es saber contarlo.

2. **Organizar un buen equipo y una estructura lógica que lo soporte**. No me haré aquí muy extenso, porque el formato del blog no me lo permite, pero seleccionar un buen equipo, con gente que aporte, que sume, que empuje, que se crea la misión de la empresa, del grupo, que provoque, que rete, que sienta lo que estamos haciendo, es vital. Tener un equipo de

mediocres que me dicen que sí a todo, pero luego no hacen, que provocan mal ambiente, que mienten, que bloquean iniciativas, que se escaquean a la primera de cambio, que no son responsables, me garantiza sólo una cosa: el fracaso más temprano o más tardío.

3. **Implicarse en el proceso. Dar ejemplo**. Si algo es importante, usted es el primero. No significa que tenga que coger el violín de la orquesta cuando la cosa se pone fea, ni que tenga que entrar al campo a tirar el penalti decisivo. Eso es trabajo del equipo, pero sí hay que entrenar a las siete de la mañana, usted no puede llegar a "y media". Si hay que viajar tres días seguidos sin descanso, usted no puede ir en business, mientras el equipo va en las mazmorras. Dar ejemplo significa implicarse al máximo en su papel, estar disponible, esforzarse más de lo que le pide a su gente, comprometerse con más intensidad. Muchos de los fracasos empresariales que he visto a lo largo de mi vida, están en no entender este pequeño detalle.

4. **Hacer seguimiento. Dar feedback**. Las personas necesitamos sentirnos queridas, necesitadas, importantes y estimadas. Y si no es así, necesitamos que se nos diga. Cada día, cada semana que usted no habla con su equipo, que no les cuenta cómo van las cosas, que no les retroalimenta sobre cómo ve usted la jugada, se produce un desenganche. No conozco a nadie que no necesite saber lo que piensan sus jefes de lo que está haciendo y cómo lo está haciendo.

5. **Buscar nuevas y mejores opciones. Aprender cada día**. No deje de aprender. Este mundo, la vida que nos ha tocado vivir, va a tal velocidad que, si usted cree saber todo o casi todo

de su negocio, está literalmente "muerto" profesionalmente. Siempre hay novedades que explorar, sectores que conocer, tendencias que digerir, buenas prácticas que implementar, siempre se está aprendiendo. La mejor manera de aprender es, en ocasiones, desaprender buena parte de aquello que le trajo hasta acá. Mucha gente dirige hoy sus empresas con modelos del siglo pasado, sin esforzarse en saber qué es lo que tiene que hacer para conseguir llevar a la empresa a donde quiere. Pero para eso, y por eso esto es un proceso circular que no acaba, hay que tener una visión clara de a dónde se quiere ir.

#80 28/10/13
LA NUEVA EMPLEABILIDAD DEL SIGLO XXI

Hace algunos días me cambié un correo con un compañero español que tuve en Dominicana y que ahora se encuentra en Perth, Australia, en el otro lado del globo. El doctor Alcaráz, que es como se le conoce en los ambientes académicos a mi buen amigo José Manuel, me hablaba de la empleabilidad. Curioso término para manejarse en este momento entre dos personas que están trabajando a miles de kilómetros de sus ciudades de origen, en las que, por cierto, los desempleados se cuentan por miles.

Pero, ¿qué es la empleabilidad? Dando vueltas por la red he encontrado esta definición en un artículo del suplemento "Su Dinero", del diario digital *El Mundo*, de hace nada más y nada menos que catorce años:

La empleabilidad es la posibilidad que usted tiene de encontrar empleo y amoldarse a un mercado de trabajo en continuo cambio.

Esta nueva realidad que hemos convenido en llamar "globalidad", ya no tiene vuelta atrás. Hoy se puede trabajar en proyectos con personas que están a miles de kilómetros, con husos horarios muy diferentes. Se comparte información y se publican blogs que se leen en todas partes del mundo, se estudia en las mejores universidades del plantea, de forma online, desde cualquier otro lugar, se trabaja con aplicaciones compartidas gratuitas al alcance de cualquiera, en tiempo real, desde cualquier rincón de la galaxia conocida... Ya no hace falta "estar", ya no hace falta comunicarnos de forma síncrona con otros, ya no es necesaria la presencia física en el mismo lugar para comunicarnos, para intercambiar y para trabajar con otros. Y eso, lejos de restar oportunidades, las multiplica exponencialmente.

Hace unos meses asistí a una interesante conferencia del economista encargado de la red de profesionales de la educación terciaria del World Bank, Jamil Salmi. Su provocadora ponencia citaba a Peter Knight, cuando en 1994 decía: *"Al inicio del Siglo XXI la gente podrá estudiar lo que quiera, cuando quiera, donde quiera, y en el idioma que prefiera, digitalmente".* Salmi se aventura a pronosticar que en el futuro cambiaremos 15 veces de ocupación a lo largo de una vida laboral, y eso no será posible sin una educación continua, especialmente enfocada en los cambios en la carrera profesional.

Eso que pronosticaba Knight, y que corroboraba Salmi ya está aquí. Hemos entrado en una nueva era en el campo de la empleabilidad de las personas. Pero también en el de la necesidad de estar más al día. Con la desaparición de los trabajos para toda la vida, llega la multiplicidad de vidas laborales dentro de la misma. Esta nueva era nos da la oportunidad de reinventarnos, de usar nuestra experiencia y conocimientos en otras áreas, en otras industrias, pero con ello también la obligación de formarnos permanentemente. En unos meses acabaré el Programa de Alta Dirección de Empresa (PADE), que comencé en Mayo en Barna Business School, la escuela de negocios dominicana para la que trabajo. En paralelo estoy tomando un programa de Marketing en Wharton a distancia, y otro de Inteligencia Emocional con el mismísimo Richard Boyatzis, en Case Western Reserve University. Este es el precio a pagar si uno quiere estar al día. Este es el gratísimo peaje que la vida le pone delante al directivo del siglo XXI.

Un nuevo futuro ha llegado para quedarse. Un nuevo presente nos provoca cada día. Bienvenido sea.

#81 30/11/13
¿ES USTED OBJETIVISTA O RELATIVISTA?

Hace algunos meses discutía con un compañero sobre relativismo u objetivismo, las dos grandes teorías para enfrentarse a la verdad de las cosas. En los tiempos de Platón y Sócrates, los dos defendían la naturaleza de una sola verdad universal, el objetivismo. Llegaban a la verdad a través de la mayéutica, del arte en el que el alumno encontraba la verdad a través de las sabias preguntas del maestro. Se burlaban y atacaban con cierta virulencia a los sofistas, aquellos que trataban de entender que existen tantas verdades como interpretaciones daban las gentes.

El poeta Almafuerte (1854-1917), en una décima de sus Milongas clásicas, decía: "Yo proclamo lo que digo / sin meditar lo que dije / ni me asombra ni me aflige / pensar que me contradigo / cualquier ideal persigo, / pues todos los hallo buenos: / los magines están llenos / de juicios que no se avienen / y las mismas cosas tienen / mil razones por lo menos".

En aquella conversación se me tildaba de "relativista"... Y es verdad, igual lo soy por pensar que todo es relativo. En los dos últimos años, diría que casi en los diez últimos años, he trabajado mucho en aprender de otros, en entender que lo que opinan es legítimo, que lo que piensan es explicable bajo su prisma, que sus decisiones obedecen a un conjunto que tiene que ver con genes, educación y experiencia. Cada vez me asustan más las personas que sólo tienen un punto de vista sobre cualquier tema, que no saben, no quieren o no les compensa conocer otros puntos de vista y valorarlos como diferentes, encontrando elementos que engrandezcan y amplíen sus juicios sobre las cosas. Yo he sido muy así, pero me lo estoy quitando...

Pero, ¿qué es la verdad?, ¿hay una verdad absoluta?, ¿es la verdad relativa?

Las reglas, las normas que ponen los gobiernos y los estados, conforman el estado de opinión de lo que está mal o está bien. Lo que está mal se sanciona y lo que está bien se permite. Cuando se baja al entorno de las familias nos encontramos una inmensidad de reglas que premian o castigan, y que definen el bien y el mal. La razón o la sinrazón. El premio y el castigo. Lo aceptable y lo inaceptable. Y eso, sin querer (o queriendo), va conformando "la verdad" del ser libre, condicionándolo a aceptar lo que otros consideran que es bueno o no. Curioso, ¿no? Hay tantas verdades como parejas, como familias, como gobiernos o como naciones. Hay tantas verdades como leyes, constituciones o religiones. Y todas ellas son verdades absolutas, infranqueables, intolerantes en muchos casos. Algunas son verdades excluyentes con los que no piensan lo mismo, por lo que, en ocasiones, se contradicen.

Tomo un extracto del libro *Emociones y Lenguaje en Educación y Política*, de Humberto Maturana, a quién descubrí en mi certificación como Coach Ejecutivo hace años, para dibujar mi acercamiento a este interesante tema:

Si me encuentro con el otro desde una posición en la que pretendo tener un acceso privilegiado a la realidad, el otro debe hacer lo que yo digo o está en contra mía. En cambio, si me encuentro con el otro, consciente de que no tengo ni puedo tener acceso a una realidad trascendental independiente de mi observar, el otro es tan legítimo como yo, y su realidad es tan legítima como la mía, aunque no me guste y me parezca amenazante para mi existencia y la de mis hijos. Más aún, puedo decidir actuar en contra de ese otro y la realidad que configura con su vivir, pero lo haré bajo mi responsabilidad y deseo, no porque él o ella estén equivocados.

Un abrazo absoluto o relativo, a su gusto.

2014

#82   08/01/14
SOBRE PLANES, APRENDIZAJES Y DESEOS

En estos días hay personas que celebran el fin de un año. A mí me gusta más celebrar el comienzo del siguiente. Un año es un espacio simbólico para encerrar un ciclo, para hacer balance y establecer nuevos retos. La realidad es que es un continuo, y detrás de un martes irremediablemente va a venir un miércoles, como ha pasado este año, pero el ser humano necesita tener estas referencias temporales siquiera por costumbre.

Así que, año nuevo, vida nueva. Toca empezar a construir un ciclo, a visualizar nuevos retos, a pensar en cinco/diez años vista de nuevo. Estos días convivimos con listas de buenos propósitos, con ilusiones, con intenciones, que no van más allá de comenzar la dieta el lunes que viene, de ponerse con el inglés, o de ir de una vez por todas al gimnasio. Y lo peor es que sabemos que no va a pasar ni una semana, para que la comodidad del día a día nos arrastre a nuestra zona de confort, y la lista la podamos dejar para el año que viene tranquilamente. Los sueños son para eso, para seguir siendo sueños.

Si queremos de verdad que los sueños se conviertan en realidad, si queremos que se cumplan, no tenemos que hacer más que poner acción por medio. Hay que ponerse manos a la obra. Pero, ojo, también hay que tener un plan. Siempre hay que tener un plan. No significa tener un plan inamovible. En este mundo tan cambiante, ninguna hipótesis puede permanecer en pie medio mes sin que surjan cambios posibles. Y eso no hace que debamos olvidar el plan inicial, siempre se puede adaptar, pero lo que no es ya una opción es dejarnos llevar, esperar a que el azar dibuje nuestro destino. Sólo si sé dónde quiero llegar, en qué espacio de tiempo y cómo quiero hacerlo, podré empezar a tomar las decisiones que me lleven allí.

Toda decisión tiene como resultado dos variables: aciertas o aprendes. No hay otra. Las equivocaciones, como he repetido en otras ocasiones en este blog, no son más que aprendizajes para el futuro.

Y con los nuevos años llegan también los nuevos deseos para los demás. Los repartimos a diestro y siniestro. Deseamos para los demás salud, suerte, éxitos, proyectos, trabajos, alegrías… Os deseo una buena ración de todo esto a quienes seguís el blog, y espero que hagáis como yo, hacer todo lo posible para que 2014 sea un año inolvidable.

#83 14/01/14
LA MILLA EXTRA

Hablaba hace unos días con mi buen amigo Marco sobre la diferencia entre hacer las cosas bien o hacerlas de forma extraordinaria. Aquí en Dominicana, por la influencia del norte que tenemos, hablamos de "dar la milla extra", de conseguir resultados excelentes en lugar de sólo conseguir los retos propuestos. ¿Está la gente dispuesta a entregar su milla extra? ¿Qué clase de motivación se necesita para hacerlo?

Dar la milla extra supone esfuerzo, supone una mayor dosis de trabajo, supone dedicar más tiempo, cuidar los detalles, revisar la tarea una y otra vez, hacer un par de llamadas más, verificar de nuevo, conseguir más información, contrastar los datos, insistir, perseverar, no tirar la toalla… Dar la milla extra, dar el 120%, implica también preparar el trabajo, planificar antes de hacer, informarse, conocer el entorno, el mercado, las condiciones, y hacerlo de manera esmerada, con cuidado, con rigor y con profesionalidad. Hemos hablado del post y el pre, pero uno da la milla extra cuando entrega su trabajo de forma inmejorable. Lo hace cuando pone pasión y dedicación, cuando se preocupa por el otro, cuando se esmera en poner lo mejor de sí, cuando no sale solo a cubrir el expediente, sino a lograr la excelencia.

La ejecución cuenta, pero la actitud marca la diferencia.

Las personas que hemos hecho deporte sabemos mucho de eso. Un buen partido de uno excelente se diferencia muchas veces sólo por una cosa: la actitud con la que el equipo, con la que las personas que lo componen, trabaja. Y luego están las cualidades naturales, la preparación, el momento de forma, y otros factores, pero la determinación, la pasión que se pone o no a las cosas, marca la diferencia.

El biomecánico de la selección española de natación, Raúl Arellano, lleva años trabajando con nadadores en mejorar sus movimientos, en concentrar la perfección en el deslizamiento en el agua, en la resistencia con la superficie. Es un trabajo artesano, casi como el del carpintero que repasa cuidadosamente su obra y la lija una y otra vez para eliminar las impurezas. Es trabajar en esa excelencia que se entrega al cliente. Y los resultados se dejan ver. Desde hace algún tiempo trabaja con nuestra nadadora Mireia Belmonte y los resultados son más que visibles.

De esto hablaba con Marco, cuando me paré a pensar en algo que conviene que pensemos de tanto en tanto: ¿Estoy dando la milla extra? ¿Qué me hace falta para conseguir pasar al grado 212? ¿Qué tengo que hacer para conseguir eso que me falta? ¿Cuándo empezaré? ¿Cómo sabré que lo he logrado?

#84 02/02/14
APRENDIENDO A DESAPRENDER

Dicen que a los niños se les hacen largos los días porque no dejan de aprender cosas. A los adultos se nos pasan los días, los meses, sin darnos cuenta porque seguimos rutinas, patrones aprendidos, que hace que no tengamos sensación de que el tiempo se va.

Para los que somos inquietos, aprender cosas es una de las experiencias más gratificantes que se pueden sentir. A medida que los seres humanos crecemos y acumulamos experiencias, podría parecer que el margen de aprendizaje se estrecha, y nada más alejado de la realidad. Hoy es muy posible que el primer paso que haya que dar para aprender algo sea desaprender lo aprendido.

Al igual que cuando alguien desea mejorar su swing en el golf ha de empezar de 0, o quien aprendió a conducir sin ayuda ha de empezar por el principio con el profesor de autoescuela, si quiere eliminar vicios adquiridos, muchas de las cosas que aprendemos requieren desaprender lo aprendido con anterioridad.

Y aquí va otro aprendizaje: Aprender a desaprender. Desaprender requiere de una buena dosis de humildad para darme cuenta y aceptar que lo que yo sabía, aquí y ahora ya no sirve. La experiencia, como he escrito en este post otras veces, ya no es un grado. Si acaso, empieza a ser un problema en ocasiones, ya que te ancla a viejos paradigmas que hoy no nos son válidos. De poco sirve el mapa de Londres en París. Pero no es fácil darse cuenta de eso. No es fácil gestionar que lo que te fue bien en el pasado, lo que te hizo exitoso, lo que te sirvió en otras latitudes, hoy no aporta ningún valor, sino más bien no ayuda nada. Más que un salvavidas, a veces la experiencia es un lastre que te puede llevar al fondo si no eres capaz de soltarlo a tiempo. Y no es un proceso sencillo. De ahí la dificultad de desaprender.

Sin embargo, las ventajas que tiene hacerlo superan con creces a los inconvenientes. En primer lugar, por la gratificación del resultado, del logro, y por la toma de conciencia del nuevo nivel adquirido. En segundo lugar, por la libertad que proporciona. Es más libre quien más puede elegir y, por tanto, si sé hacer una misma cosa de dos maneras distintas, soy más libre que si estoy sujeto a solo una. Y en último lugar, porque esto del cambio es adictivo, y una vez que he conseguido librar obstáculos, gestionar incertidumbres y miedos, dar con soluciones distintas, ya estoy preparado para el siguiente cambio. Y eso, en este mundo tan cambiante, es una ventaja frente a quien no está entrenado en tal tarea.

Alvin Toffler apuntó aquello que decía: *"Los analfabetos del siglo XXI no serán aquellos que no sepan leer y escribir, sino aquellos que no puedan aprender, desaprender y reaprender"*.

Lo que hay tras los cambios, lo que hay más allá de la zona de confort, son siempre experiencias intensas, de las que generan aprendizaje...

#85   26/02/14
EMPRENDER CON LOS DEDOS DE UNA MANO

Con el sugerente título de *El reto de Emprender*, abordamos la semana pasada en la escuela de negocios para la que trabajo, la presentación de uno de los primeros casos dominicanos, que hemos documentado y escrito. Se trata de la historia de éxito de la cadena de restaurantes Adrian Tropical, aunque más exactamente, aborda la filosofía de emprendimiento de su fundador, Luis Marino López.

Aprendí mucho de él y de su historia. Yo suelo prestar mucha atención a las personas que crean cosas, a las que dejan un legado, a las que se atreven, a las que se lanzan a un futuro incierto, a las que tienen en una historia mucho que contar. Y Luis Marino es de esas personas y quiso compartir algunas claves de su éxito. De las notas que tomé de lo que él dijo, quiero extraer como clave del éxito cinco palabras que comienzan con D, como si de los propios dedos de una mano se tratara.

Disciplina. Necesaria para asumir las adversidades que llegan, porque llegan, y tener clara la meta y lo que tengo que hacer para conseguirlo. La gente que hemos hecho deporte sabemos que la motivación te estimula a empezar, pero sólo el hábito, conjugado en ocasiones con una férrea disciplina, hará que avances. En un momento de su exposición hizo una pausa para posteriormente decir algo igual muy evidente, pero que muchos emprendedores olvidan tan pronto la cosa empieza a ir bien: "Para hacer negocios hay que estar ahí, y estar presente". No sólo hay que "estar" sino que hay que estar "presente" para el cliente, para el empleado, para el suplidor, para el socio, para la competencia. Eso también requiere de disciplina personal.

Disposición. Ese "estar presente" tiene también mucho de voluntad, de disposición de servir, que fue la segunda gran D que apuntó. De hecho, han resumido su misión y visión a los siguientes epígrafes:

Misión: SERVIR

VISIÓN: Servir SIEMPRE

Para hacerlo tiene un secreto que se apuntala en dos plataformas:

Plataforma del Amor

Amor = Respeto + Consideración + Sensatez.

Plataforma de la Verdad

En cada conflicto hay un 99% de mentira de alguien.

Destreza. Un elemento imprescindible para hacer bien las cosas, para desarrollar ese "olfato" que permite ver lo que otros no ven. Toda empresa tiene sus riesgos. De hecho, el término empresa tiene que ver con aventura, y en toda aventura siempre hay peligros que sortear con destreza y enemigos a los que gestionar.

Y hablando de enemigos, Luis Marino nos dejó con las dos últimas D's, como los motivos por los que no es bueno tener enemigos. Él decía que los enemigos:

Dispersan y Distraen. Ahora el reto lo tiene Luis Marino, como hablaba con mi colega y amigo, el profesor Fernando Barrero, en hacer crecer con solvencia ese emprendimiento que fue, y que hoy tiene ya un tamaño respetable. Porque como el propio protagonista dijo para finalizar: *"La empresa que no nace para crecer, no tiene razón de ser"*.

#86   04/04/14
TODO SUMA

Llevo unas semanas, ¡qué digo unas semanas!, llevo toda la vida pensando que todo suma, que toda experiencia deja una huella indeleble que te permite ser más rico, que te permite conocer más cosas, y con ellos tener más opciones y ser más libre.

En estas últimas semanas he vivido de cerca muchas nuevas situaciones, desde el plano laboral, hasta el personal, observando también quizá con más interés cambios que se producían en otros de los que pudiera extraer enseñanzas.

Hace sólo unos días que tomé seis aviones en dos días para estar en El Yopal, en el corazón de Colombia, para impartir unas sesiones de formación a personas que trabajan como suplidores de una compañía petrolera de allá. Encontré gente muy divertida, con muchas ganas de aprender y de vivir experiencias nuevas, con mucho que contar, con mucha experiencia que transmitir a otros. Si dirigir proyectos me parece una tarea apasionante, impartir formación a personas tan agradecidas no tiene precio para mí. Por suerte, hoy hago ambas cosas.

Pero por ser bonito, no es un camino sencillo. Cuesta adoptar nuevas formas de hacer, de relacionarse, dejar tu bagaje a un lado, al menos aquellas formas de hacer que ya no sirven, no es sencillo. Requiere de un primer momento de tomar conciencia, otro de determinación para dejarlas atrás, y un tercero para reaprender nuevos hábitos, nuevas habilidades, entrenarlas, y ponerlas en marcha. Y eso es un proceso que en ocasiones puede llegar a ser doloroso. Pero te enseña mucho. Los mejores aprendizajes generalmente llegan con las vivencias intensas.

Las personas que han trabajado en más áreas, en más empresas, en más sectores, con diferentes responsabilidades, tendrán un mejor futuro que aquellas que nunca cambiaron, que siempre hicieron lo mismo o que, siendo expertos en lo suyo, no conocieron otras formas de hacer.

Por eso, toda experiencia suma. Todo engrandece. Mis casi dos años y medio en Dominicana me han enseñado tantas cosas que sería imposible enumerarlas, pero mi actividad como empresario hizo lo propio, y mis veinte años en Banca lo mismo, y mis actividades comunicativas en los medios, o como conferenciante, ponente, profesor, o tertuliano, no han hecho sino sumar y conformar mi propuesta de valor personal.

#87 15/06/14
EL GRAN PARQUE DE ATRACCIONES QUE ES EL MUNDO

Hace sólo unos meses hablaba con una persona de Colombia sobre la riqueza de vivir en diferentes lugares y conocer diferentes culturas. Él me explicaba que les hablaba a sus hijos de esto con un sencillo ejemplo: "Vuestro mundo será como un gran parque de atracciones. Tenéis una pulsera que os permite entrar en todas las atracciones que queráis. Ese es el mundo que os va a tocar vivir. Vosotros decidiréis si queréis estar siempre en la misma atracción, en el mismo país, o preferís ir cambiando para conocer mejor el parque que es el mundo".

Me pareció una excelente manera de enseñar a los niños el poder que van a tener en sus manos si saben encontrar las mejores oportunidades allá donde se encuentren, si saben aprovechar las ventajas que traen consigo los cambios. Cuando uno se plantea cambiar, salir de su zona de confort, le asaltan las dudas. Aquí y en la China. Y no sólo las dudas. Con ellas llegan los miedos que nos atenazan, los vértigos, el temor ante lo desconocido. Eso es universal. Hay culturas más avanzadas en estos temas que asumen los cambios como algo natural, pero hay otras en las que moverse a doscientos kilómetros de casa es un drama.

¿Se nos ha hecho el mundo pequeño de repente?

Hoy el mundo, como los parques de atracciones, se va haciendo cada vez más pequeño. Las distancias físicas se reducen, con aviones que tardan pocas horas en cruzar grandes océanos, o trenes de alta velocidad que enlazan países y devoran kilómetros. Pero nuestra otra realidad digital hace que las distancias simplemente no existan. Hoy mis hijos pueden estar jugando con amigos en Dubái, Tokio o Costa Rica en tiempo real, mientras yo hablo con José Manuel en Perth, o Iñaki en Suiza u Odetta en Uruguay.

Los cambios proporcionan vivencias intensas, y con ello llega el aprendizaje, las nuevas relaciones, y los amigos en todas las partes del globo. Gentes que como tú están fuera de su casa, que saben de las dificultades de la adaptación a nuevas culturas, que te entienden y te apoyan. Y de ahí nace la amistad con diferentes. Y cuando uno le coge el gusto a eso de cambiar, el mundo se acorta. Las distancias no son tantas. La promesa de nuevas experiencias, de nuevos retos por vivir, hace que sigas ejercitando esa extraordinaria capacidad de adaptación que poseemos los seres humanos, y que se caigan las barreras.

Mañana comenzamos un nuevo cambio, hoy pasamos una nueva página. Nuestro mundo será más grande, y el mapa más pequeño. Nos vamos a México.

#88 07/07/14
TIEMPOS DE CAMBIO

Que vivimos tiempos de cambio convulsos no es una sorpresa para nadie. Que las tecnologías están ayudando o impulsando estos cambios tampoco. Que el mundo hoy no se parece, no sólo al de antes de la caída del muro de Berlín, sino al de días antes del desgraciado episodio de las Torres Gemelas, no es una novedad. La sociedad civil se adapta como puede, y con ella el mundo de la empresa. No queda otra. Adaptarse o quedar anclado en la más absoluta indiferencia, para quienes están empujando y promoviendo cambios.

Leía hace unos días que por primera vez en la historia estamos conviviendo cuatro generaciones diferentes en las empresas: los Tradicionalistas, los Baby Boomers, la generación X, y la generación Y. Estamos esperando a los Centennials, que al paso que vamos con el tema de jubilaciones, antes de que los viejos se hayan podido ir, ya los tendremos en las empresas. Cuando hablamos de la gestión de los RRHH, estamos hablando de gestionar las voluntades de las personas, y estas están muy ligadas a las inquietudes, las preferencias, los anhelos, del tiempo al que representan. No tiene nada que ver la motivación de un Baby Boomer con la de la de un joven de la generación Y.

Entender y ser entendido

No abundaré mucho en esto porque ya hay mucho escrito sobre ello. Sí diré que para mí no hay otra clave que desarrollar en cada grupo la milagrosa fórmula de entender y ser entendido. Y entrenarlas. Muchas veces no entendemos a los diferentes y, por supuesto, ellos no nos entienden a nosotros. Pero en el tiempo que estamos viviendo, no nos queda otra. O lo hacemos o, como decíamos con los cambios, estaremos sentados sobre una nave ingobernable. Este es el reto de los directivos actuales. Entender y hacerse entender. A esto hay que sumar otro importante factor propio de nuestros tiempos: la movilidad geográfica de los profesionales. En los últimos tres años he trabajado con personas de más etnias, países, procedencias y por supuesto edades, de lo que lo había hecho en mis veinticuatro años anteriores juntos.

Respeto a lo diferente

Ante esto no queda otra que volver, ahora sí, a algo que ha dado siempre buen resultado a quien lo ha practicado: el respeto por las opiniones del otro. Hace años que escribo que ya la antigüedad no lo es todo. Ser el más veterano, ser el que más "sabe", ya no es garantía de éxito en los tiempos que corren, precisamente porque igual las soluciones a los problemas de siempre, no serán las soluciones de siempre. Sin embargo, el respeto no ha caído en desuso, no ha pasado de moda. Desde el respeto al otro se puede no estar de acuerdo, se puede discutir y se puede negociar. Desde el respeto se puede aprender. Cuando no hay respeto por las opiniones del otro no hay aprendizaje.

Vivimos unos apasionantes tiempos de cambio en los que la capacidad de adaptación, la voluntad de entender, y el respeto, van a cobrar más importancia que nunca. Tres competencias que, de no tenerlas, se pueden desarrollar.

¿Cuándo empezamos a entrenarlas?

 **31/08/14**
¿APORTAS UNA SOLUCIÓN O SÓLO FORMAS PARTE DEL PROBLEMA?

De esta manera solía acabar un buen amigo mío con los chismes de pasillo, y con los cenizos que se pasan el día quejándose de lo que hay y lo que se hace, vaticinando siempre malos presagios, en lugar de sentarse a pensar y proponer soluciones. Que hay cosas mal en las compañías es un hecho. Que nada es perfecto es otro. Que nada se arregla con la queja lastimera, el más cierto para mí. Y eso lo vemos en todos los lugares, en la vida de las empresas, en las familias, en la sociedad civil en general y lamentablemente en el mundo de la política. Decir lo que está mal es fácil, encontrar soluciones, no tanto.

Por eso hay personas que ante un problema prefieren encontrar al culpable, antes de pensar en qué hacer para arreglar la situación. Uno de los primeros jefes que tuve se empeñaba en encontrar al culpable, antes que ponerse manos a la obra para encontrar soluciones e implementarlas. Definitivamente es más fácil abroncar a quien derramó el vaso, en lugar de pensar en cómo quitar la mancha.

Encontrar soluciones a los problemas, una de las facultades más codiciadas en los directivos. Y es que no es sencillo. Ante un problema, raramente hay una única solución. En la duda de cuál será la mejor, se prolongan los tiempos, y con ello crecen las dudas y las incertidumbres, y llega el análisis, y luego más datos, y luego más análisis, y con él la parálisis. Es en ese miedo a decidir en donde las compañías pierden tanto dinero, en donde dejan pasar buenas oportunidades. Y toda esta "decidofobia", término que oí por primera vez a mis socios de Sendera, hoy integrados en el equipo de Nexe, se da por la incapacidad de los gestores de confiar en sus gentes.

En este lado del globo en el que trabajo ya desde hace un tiempo se acuñó el término empowerment, como una excelente solución para que las personas asuman como suyos los retos, y tengan las herramientas y la libertad para decidir. Porque esa fobia a decidir no viene de abajo, sino de quienes no permiten a las personas explotar todo su potencial, y que el talento aflore. Hoy, más que nunca, una compañía no puede tener un "equipo de obedecedores", en lugar de una "multitud de solucionadores". Ese es el reto del futuro. Las generaciones que nos siguen obedecen mal, pero afortunadamente tienen buenas soluciones, más imaginativas e interesantes que a lo mejor las planteadas en la mesa. Y ellos son los que van a dirigir este mundo en adelante, así que más nos vale empezar a escucharlos pronto. Son la generación que yo llamo "Super Mario", aunque bien se podrían llamar "Assassin's Creed" o "League of Legends". Personas que en lo virtual son capaces de tomar cientos de decisiones en un juego en minutos, que los lleva al éxito o a la derrota. Y se entrenan en ello cada día, sin saberlo. Y arriesgan (nada porque es un juego), pero les va la vida (virtual) en cada una de las decisiones. Y ese entrenamiento, como el que tiene un piloto en un simulador de aviones, es el que le permitirá estar en forma para tomar mejores decisiones en tiempo record, en su vida profesional.

Se acabó el tiempo de la queja y el reclamo. Estamos ante la era de las soluciones. ¿Y tú? ¿Aportas soluciones o sólo formas parte del problema?

#90 28/09/14
CARTA A GARCÍA

Comparto esta semana este documento que he encontrado mientras leía "La culpa es de la vaca". Me ha encantado, ya que, aunque está escrito hace mucho tiempo, no ha perdido ni un ápice de vigencia. El libro atribuye la autoría a Elbert Hubbard, escritor, editor, artista y filósofo estadounidense.

UNA CARTA A GARCÍA

Hubo un hombre cuya actuación en la guerra de Independencia de Cuba brilla en mi memoria como el sol en su pleno esplendor.

Sucedió que, en aquella guerra, cuando los Estados Unidos decidieron intervenir en favor de los rebeldes cubanos, se vio muy clara la necesidad de un entendimiento inmediato entre el Presidente Norteamericano y el jefe de los patriotas el General Calixto García. Pero ¿cómo hacerlo? Hallábase García en esos momentos, Dios sabe dónde, en alguna tenebrosa montaña escondida en el interior de la isla. Y era absolutamente necesario ponerse en comunicación con él para organizar los planes de ataque y de defensa. Pero, ¿cómo hacer llegar a sus manos ese despacho? ¿Qué hacer?

Alguien dijo al Presidente: "Conozco a un hombre llamado Rowan. Si alguna persona en el mundo es capaz de dar con García es él, Rowan".

Llaman a Rowan. Le piden que valla en busca de García, esté donde esté, y que, a costa de cualquier sacrificio, le haga llegar esa carta importantísima.

Rowan toma la carta. La guarda bien escondida en un bolsillo interior. A los cuatro días desembarca en las costas de Cuba que está en poder de los españoles.

Desaparece en la selva tenebrosa, para aparecer de nuevo a las tres semanas al otro extremo de la isla.

Cruzando un territorio sembrado de peligros y donde pululan los enemigos por doquier, y entrega la carta a García. Los dos frentes coordinan acciones y se gana la guerra.

¿Cómo logró llegar hasta donde estaba el destinatario de su carta? Es algo tan interesante que merecería escribir una novela al respecto. Pero no tengo interés de describir aquí el modo como esto sucedió. El punto sobre el cual quiero llamar la atención es este: "El jefe da a Rowan una carta para que la lleve a García. Rowan toma la carta y no pregunta: pero ¿pero dónde podré encontrar al tal García?, ¿por dónde me voy a ir?, ¿esto será fácil?, ¿no traerá peligros este oficio?, ¿y por qué yo y no otro?

Nada de esto pregunta ni comenta. Se va sin más a cumplir lo que se le ha encomendado.

Qué lástima que a muchos lo único que les hace trabajar es la mirada amenazadora y la voz tormentosa del capataz o del vigilante del grupo.

En los últimos tiempos se oye hablar de los explotadores. Que fulano se hizo rico porque exploto a los demás... o que los extranjeros vienen al país e inmediatamente se hacen ricos, puede ser, pero lo que no explican es que ese señor no tuvo miedo en llevar su carta a García. Que no tuvo miedo a levantarse a las cinco y trabajar hasta tarde la noche. Que los fines de semana en vez de ir a la cantina, se fue a hacer planes de progreso o a perfeccionar sus conocimientos. Que mientras los otros charlaban él trabajaba. Que mientras los demás dormían él echaba cabeza buscando soluciones. Por eso triunfaron porque supieron lanzarse a la acción sin miedo ni pereza.

Porque en vez de echar a una alcantarilla la carta a García y dedicarse luego a buscar excusas por no haber conseguido fama ni éxitos, se lanzaron con toda el alma a buscar fórmulas para triunfar, y como *"todo el que busca encuentra",* encontraron las fórmulas, y practicándolas, consiguieron el triunfo.

#91   09/11/14
¿CON TUS GAFAS O CON LAS MÍAS?

¿Qué es verdad? ¿Qué es mentira? ¿Quién tiene la razón? ¿Por qué? Hace años que pienso que el mundo se está quedando sin verdades absolutas, afortunadamente. Hoy más que nunca, gracias a la cantidad de información que existe, todo es relativo. Las religiones, los políticos a través de las escuelas cuando hemos sido pequeños, y de las leyes e ideologías después, las propias familias, nos han enseñado a entender y seguir verdades absolutas, que sólo se explican por la falta de conocimiento de "otras" verdades también absolutas, lo que hace a ambas relativas.

Y es que cuando uno viaja, cuando uno lee, cuando comparte, cuando conoce, cuando conversa, en la medida que es capaz de escuchar y entender a otros, se da cuenta de que el que tienes enfrente es un legítimo otro, con la misma libertad para ver las cosas de manera distinta a como tú las ves. Y eso, amigos, es para mí la culminación, el éxito en el pensamiento del ser humano. Tu punto de vista, aunque no lo comparta, es para mí legítimo si para tí lo es. Tienes todo el derecho a pensar como piensas. Otra cosa es que tus acciones me dañen o menoscaben mi libertad. Ya se sabe que mi libertad acaba donde empieza la tuya.

Nada de esto es nuevo, pero vengo dialogando desde hace años con diferentes personas de estos temas y leyendo al respecto, y creo que aceptar que somos distintos, que tenemos capacidades y cualidades diferentes, entender la diferencia, como un valor, nos permite sacar provecho de las relaciones, aprender y enriquecernos. Y no sólo estoy hablando de la amistad, sino que es perfectamente aplicable en la familia, o en el entorno de la empresa, y ni qué decir en la política. Lo que yo veo es lo que yo veo, tengo tanto derecho a tener mi punto de vista diferente al tuyo y a compartirlo, y a darte la oportunidad de que veas con mis gafas lo que yo veo, como tú lo tienes al contrario. Ojalá la humanidad pudiese desarrollar gafas similares a las que proporciona la tecnología 3D, para poder intercambiar con otros, y apreciar el mundo desde su legítima mirada como el otro que es. Aprenderíamos a tener conversaciones poderosas, creceríamos en vez de limitarnos, dejaríamos de censurar y criticar al otro para centrarnos en admirar y aprender de sus cualidades. En definitiva, seríamos mejores.

No hay nada que me reste más energía que alguien que en lugar de aportar se pasa el día fijándose en lo que hacen otros con el único fin de poner de relieve sus fallos, de enjuiciar su forma de hacer, de criticar a unos y a otros por ser diferentes. En muchos casos, estas personas están esperando que se cometan fallos que justifiquen su fatídico presagio, que le dé la razón. Estas personas son dañinas en las organizaciones. Son gente que está instalada en la crítica generalizada como máxima aportación. Gente que no está a gusto con nada ni con nadie, que critica el sistema, el colegio de sus hijos, al casero, al jefe, la autoridad, los procesos... Gente para la que nada de lo que les rodea está bien. Su verdad es absoluta y no hay otra posible. Son gente que no es capaz de pensar siquiera que se puede ver la vida con otras gafas, de otra manera.

Un extraordinario poeta asturiano devenido en político, que vivió a mitad del siglo XIX, D. Ramón de Campoamor, no lo pudo decir más alto y más claro como en este bello poema que es, siempre desde mis gafas, la mejor de las maneras de expresar lo que pienso al respecto:

En este mundo traidor,
nada es verdad, ni mentira,
todo es según el color
del cristal con que se mira.

#92 15/12/14
ESTO TAMBIÉN PASARÁ

Cuenta una vieja leyenda que un Rey le pidió al sabio del lugar una receta infalible para cuando todo fuese mal, para cuando hubiese agotado todas las soluciones posibles a su alcance. El sabio, tras unos días de reflexión, le dio a su señor un pequeño papel doblado varias veces, con la advertencia que sólo lo abriera cuando de verdad hubiera agotado todos sus recursos. Unos meses más tarde, el rey se encontraba en una dura batalla y fue acorralado junto a algunos de sus hombres por el enemigo en un bosque frondoso. Viéndose en situación extrema, y con el ruido de los caballos de los enemigos casi encima de ellos, decidió abrir el papel que le confió el sabio. Ansioso por saber lo que allí encontraría, lo leyó: "Esto pasará". Sin sentir mucho alivio, comenzó a oír cómo el enemigo pasaba de largo y se alejaba... Unos días más tarde fueron recibidos en su ciudad por una multitud que festejaba los logros del valeroso rey. Como agradecimiento pidió al sabio que le acompañase en el balcón a saludar a la jubilosa población. Cuando estaban allí, rodeados de miles de personas que saludaban y vitoreaban, el sabio pidió al rey que volviese a leer el papel, y una vez que éste lo hubo hecho, el sabio le dijo: "Majestad el papel que le entregué sirve también para estos momentos. Créame, esto también pasará".

La primera vez que me topé con esta leyenda yo era un joven al que todo iba viento en popa y que creía en sus recursos. Naturalmente no tenía ninguna intención de que aquello "pasara", y por tanto le presté sólo la atención que se pone a un texto simpático, que cuenta algo que seguro le puede servir a alguien. Veinte años después me gustaría encontrar a ese sabio, para decirle lo útil que puede llegar a ser esta frase para mucha gente. El convencimiento de que las cosas son cíclicas, que cambian, que igual que no hay un buen momento eterno, tampoco lo hay malo. Las cosas, sencillamente pasan. Es verdad que no podemos dejar todo al destino. Igual que el sabio advirtió al rey que lo abriese sólo en el momento que hubiese agotado todos los recursos a su alcance, las personas debemos trabajar en decisiones que vayan conformando nuestro futuro, respuestas puntuales a los retos que se nos plantean, soluciones que resuelvan nuestros problemas. Nadie más lo va a hacer por nosotros. Nuestras decisiones libres van conformando nuestro destino. Así que ser conscientes de que nada es para siempre puede ayudar a relativizar muchas de las cosas que nos pasan.

Como decía el sabio, también es importante ser conscientes de que lo bueno tampoco es para siempre. Hay que disfrutar los buenos momentos, abrazarlos y darse cuenta de lo privilegiado que se es cuando éstos llegan. Pero uno no puede olvidar que todo es pasajero. Yo siempre he creído que uno no puede vivir del cargo, de lo que pone en su tarjeta. El puesto es temporal, la persona permanece. Mucha gente vive pensando que "son" lo que dice en su tarjeta, cuando en realidad sólo "están siendo" lo que pone su tarjeta. Cuando el puesto cambie, cuando quien le paga decida dejar de hacerlo, la persona no puede dejar de "ser". Un buen ejemplo lo tenemos en los deportistas de élite que muy pronto dejan de estar bajo los focos: se apagan los aplausos, y se dan cuenta que han dejado de "ser". Comienza entonces otra nueva vida anónima en la que a pocos interesa lo bueno que fuiste en tal o cual materia, sino lo que puedes hacer en ese momento. Y si no se es consciente de eso, si no se gestiona bien, cuando los teléfonos dejan de sonar, el vacío puede llegar a ser insoportable. Conozco muchos ejemplos de personas que en algún momento fueron exitosas y que no contaron con el papelito del sabio para advertirles que "Esto también pasará".

2015

#93 03/01/15
CREAS U OBEDECES

Esta semana encontré en LinkedIn una frase que decía "Si te emociona lo que haces, estás creando. Si no, estás obedeciendo". Inmediatamente lo compartí. El primer comentario fue de Juan Pedro Fuster, quien me decía que la creatividad no estaba reñida con la obediencia, y tiene razón.

Llevadas a los extremos, las situaciones pueden sonar contradictorias, pero en el día a día, que un creativo de una agencia de publicidad obedezca a los socios de la firma, o a los propios clientes, no debería restarle nada de creatividad. ¿O sí? Esta es la cuestión. A los profesionales nos pagan por nuestros conocimientos y habilidades. Ahí está el sueldo. El valor que aportas tiene que ver con tu "cómo" cuando te dan el "qué". Si te dan el "qué" y el "cómo", tu valor se reduce a obedecer, y sinceramente lo podría hacer cualquiera. Estaremos de acuerdo en que si te sientan en una mesa y te dicen: toma nota, vas a llamar a esta persona y decirle: "bla, bla, bla, bla..." Es muy distinto a que te digan: "tenemos este problema, mira a ver cómo lo resuelves". La cosa es muy distinta. Espero que el ejemplo, por simple, no haya perdido profundidad. Si te exigen lo que tienes que hacer y cómo, da igual a quien lo encarguen. El valor que aportas es 0. Si por el contrario buscas y encuentras la mejor manera de hacerlo para los intereses de la compañía, estás al tiempo obedeciendo y creando, estás poniendo lo que sabes hacer, tu "cómo", y eso es lo que marca la diferencia.

El anterior decano de la escuela de negocios dominicana donde trabajé unos años decía: "Dime lo que quieres que haga. Lo más fácil para mí es obedecer". Mantuvimos algunas interesantes conversaciones con esto. Es verdad, la gente se acostumbra a obedecer porque es mucho más cómodo y sencillo que buscar soluciones y acertar. Si me equivoco siguiendo tu orden, te has equivocado tú, no yo. Adiós responsabilidad. Por eso mucha gente prefiere obedecer en lugar de aportar soluciones, porque es mucho más sencillo y menos costoso en términos de esfuerzo, tiempo, e incluso riesgo a equivocarme y quedar mal. Así se va dejando de "crear" para seguir "obedeciendo". Así se va dejando de sentir emoción por lo que haces, y se acaba "sufriendo" un trabajo.

Hace ya casi tres años escribía en mi blog que uno puede saber que ha alcanzado la verdadera felicidad en el trabajo si se dan estas tres circunstancias:

- Que te apasione lo que haces, que te brillen los ojos cada día.
- Que estés preparado para hacerlo.
- Y que ganes dinero con ello.

Cuando eso pasa no es necesaria ninguna motivación. Va intrínseca en lo que haces. Hay muchas teorías que han desbancado al palo y la zanahoria, que tristemente se siguen aplicando, y que por supuesto han mejorado las de Maslow, Herzberg o las más modernas de Goleman, que tienen que ver con esto que contaba en mi post. Una de las mejores con las que he podido trabajar recientemente es la de Daniel Pink, quien nos recuerda que la verdadera motivación viene de la sensación de autonomía, la capacidad de aprender y mejorar del individuo que le llevará a la maestría, y la pervivencia de los retos, que animan a buscar metas sin crecimientos incrementales, sino exponenciales.

Y tú, ¿qué vas a hacer? ¿Crear u obedecer?

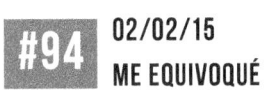

02/02/15
ME EQUIVOQUÉ

Mucho se está escribiendo estos días del Superbowl: Que si récord de audiencia, que si el show del intermedio, que si 30 segundos en TV pueden valer 4,5 MM del apreciado dólar...

Quienes entienden de esto hablan estos días de una decisión en la última jugada, que habría cambiado la historia del partido a 27 segundos del final. Un final de infarto, por cierto. Y es que la vida está llena de decisiones. Decidimos en el trabajo, decidimos con los amigos, con nuestras familias, con nuestros hijos... La vida pasa en una sucesión de decisiones interminables. Y lo mejor es que todas ellas dejan una enseñanza. Hay decisiones que te llevan al éxito y otras al fracaso, aunque este sea sólo en el momento presente. Uniendo ambas cosas, las enseñanzas que te brindan lo que podrían parecer errores, pueden ayudarte, y mucho, en el futuro.

En esta ocasión me quedo con el error de Pete Carroll, el entrenador de los Seahawks, cuando, teniendo cuatro posibilidades para avanzar una escasa yarda, ordenó un pase largo que acabó interceptado por un listísimo novato de 24 años apellidado Butler, y que le dio el triunfo a New England. Inmediatamente, en el mismo momento, los comentaristas dispararon contra Carroll, contra su coordinador ofensivo Darrell Bevell, sobre el quarterback Russell Wilson. ¿Por qué se les ocurriría esta jugada teniendo a un jugador como Lynch en el campo, que pasa por en medio de quien se le ponga por delante, y no habría tenido mucha dificultad para cambiar el rumbo del destino? ¿Acaso son idiotas y no lo vieron? ¿Acaso no saben de esto y el triunfo del año pasado fue un espejismo, como llegar a la final del Superbowl este año?

Si te has perdido o no te has enterado de mucho, te resumo, porque yo me habría perdido también. El entrenador escucha a su ayudante, le da una orden al que tiene que pasar la bola, y entre los tres la lían parda. ¿Qué ocurriría en la vida real? Bueno, las circunstancias, la tensión, el árbitro, la publicidad tan larga en TV, la desconcentración de ver cantar en el descanso... Excusas. Patrañas de mal perdedor. ¿Saben lo que hizo el entrenador?: Dijo: *"Es mi culpa. Fallé. Me equivoqué"*. En primera persona. Sin medias tintas. Y, ¿saben lo que dijo el quarterback encargado de pasar?: *"No hay que echar la culpa a nadie más que a mí. Si hubiera lanzado mejor, seríamos campeones"*. Me encanta esa forma de asumir las consecuencias de las decisiones.

¿Quién no se equivoca en su trabajo? ¿Acaso no somos humanos? ¿Acaso estamos programados para ser infalibles? ¿Por qué nos cuesta tanto reconocer nuestros errores y pedir perdón por ello? Vivimos muy a menudo rodeados de gente que se pasa el día dando lecciones a otros, que no se equivocan, que se creen infalibles, pero que precisamente por eso no suenan reales.

Señores, tomé una decisión equivocada, erré, asumo las consecuencias, aprendo de ello, y asumo el escozor y dolor que produce la derrota como un aprendizaje para el futuro.

Reconocer los errores, obtener el jugo de la enseñanza que lleva asociado, y volver a intentarlo, es el motor de la humanidad. Tener la humildad de reconocer los errores propios, no sólo no te hace más débil de cara a los otros, sino que por su escasez en los tiempos que corren, es una actitud que te convierte en un humano sabio al que todos querrán tener cerca.

#95 02/04/15
INNOVACIÓN Y EMPRENDIMIENTO: ¿UN MATRIMONIO OBLIGADO?

Vengo de pasar unos días por la costa oeste de los Estados Unidos. Regreso re-enamorado de ese espíritu emprendedor que se respira en California y que quedó impregnado desde los primeros pobladores que buscaban lo desconocido, pasando por los que sobrevivieron a la conquista del oeste, hasta los más recientes supervivientes de las "puntocom", que hoy vuelven a tener Silicon Valley hiperinflacionado con sus astronómicos salarios.

Tuve la oportunidad de pasar por las oficinas de Apple, de Facebook, de Google, de LinkedIn, de pasear por los jardines de Stanford... En apenas 30 minutos de distancia se encuentra buena parte del talento que ha revolucionado la forma en cómo nos comunicamos, cómo transmitimos conocimientos y contenidos, cómo compartimos con otros nuestra vida, cómo vivimos, en definitiva. Se respira un ambiente vibrante, de gente que apuesta, que crece, que hace crecer... Me llamó la atención lo que imagino que a todos: el ambiente de trabajo, los espacios para compartir, los lugares de esparcimiento, la libertad controlada que se respira y se ha conseguido transmitir... Uno piensa que por allí han andado, y andan, las personas que han desarrollado Internet, los Smartphone, las redes sociales. Uno siente que anda entre gente que cada día pone lo mejor de sí ante retos y proyectos inciertos, inventando un futuro que hoy ni siquiera alcanzamos a imaginar.

Estos días me he repetido las mismas preguntas: ¿Qué tienen las personas que innovan?, ¿qué hace falta para innovar?, ¿cómo las compañías consiguen crear este nivel de tensión innovadora?, ¿y mantenerlo? No faltará quien se refiera al dinero que ganan estas personas como un extraordinario aliciente para la innovación.

Pero, ¿es cierto? Si el dinero ha demostrado no ser un "motivador" sino más bien un elemento "higiénico", ¿podrá ser un elemento determinante en la innovación? ¿Innova la gente por dinero?

Lo cierto es que buena parte de estas empresas no eran más que tímidos emprendimientos hace menos de veinte años. Todas ellas consiguieron encontrar ese hecho diferencial que les ha permitido llegar a dónde están. Todas supieron ver en la Innovación su oportunidad para crecer y ¡de qué manera! Ocuparon espacios que antes nadie lo hacía, generaron categorías de productos/servicios que no conocíamos. Hoy a nadie le extraña que algunas de ellas estén a la cabeza de las compañías con mayor crecimiento en capitalización bursátil. No es casualidad tampoco que los Estados Unidos sigan siendo el primer país en aportar empresas al Top 100 mundial, como recoge un informe de la consultora PWC.

Nada garantiza que una *startup* vaya a salir adelante por innovar, pero tengo claro que, si no lo hace, si no ofrece algo diferente, ya sea en precio, distribución, en las propias características del servicio o el producto, o en la forma de llegar al usuario, tendrá serias dificultades para crecer.

Afortunadamente, las generaciones que van llegando saben bien de esto. Hace unos días vi un anuncio de una Universidad, cuyo reclamo es que el 70% de los alumnos que acababan sus estudios de Administración de Empresas fundaban una al acabar. Es que tiene todo el sentido del mundo. Lo que no lo tiene es que alguien se haga una carrera de cinco años, un grado de cuatro, para optar a un trabajo temporal mal remunerado, con tal de tener un empleo. Hoy los chavales lo saben, y cada vez hay más iniciativas en este sentido. El programa "The Masters" al que estas dos semanas están asistiendo estudiantes de entre 15 y 18 años de diferentes partes del mundo, da buena muestra del interés y la necesidad de ir introduciéndose en el mundo de las empresas.

Y si uno lo que tiene es un trabajo por cuenta ajena, más le vale pensar en cómo innovar para ofrecer valor a su patrón. Pero también cómo emprender, o lo que se ha dado en llamar intraemprender, para que se ponga en valor su trabajo, sus conocimientos, y sea deseable para el empresario.

Innovar y emprender ya no sólo son buenas opciones. Estamos obligados a ello, hagamos lo que hagamos.

#96 27/04/15
¿QUIERES SABER CÓMO SOY? INVÍTAME A JUGAR

Muchas veces nos preguntamos sobre el tipo de persona que tenemos delante, sobre el empleado que queremos reclutar, o si estamos ante el mejor novio para una hija. Con frecuencia nos hacemos una primera impresión, pero no tenemos mucha seguridad de si estaremos acertados o no.

Hace ya seis años contaba en un post del blog cómo el hermano de Michelle Obama, Craig Robinson, había jugado al baloncesto con un joven Barack para decirle a su hermana si le veía buen chico o no. Y es que tal y como uno se comporta en la cancha, lo hace en la vida. La velocidad del deporte muchas veces no permite andar calculando comportamientos, y es ahí donde nuestro cerebro reptiliano nos muestra cómo somos, enseña nuestra verdadera y genuina cara. En la cancha, haciendo deporte, no podemos escapar de lo que somos y de nuestra forma de hacer.

Basado en la teoría de William Moulton Marston, podríamos hablar de que existen cuatro tipos de comportamiento dominante en las personas, lo que define de algún modo cómo somos de verdad, y nos ayuda también a entender algo mejor al resto.

¿Quieres saber cómo eres? ¿En quién de estos cuatro deportistas te ves más reflejado?

Resultados: Cristiano Ronaldo

Me da igual lo que pase si se consiguen los resultados esperados. Lo importante es lograr el objetivo. ¡Ah!, ¿que estabas por ahí? No te vi. Sólo tengo ojos para la portería. Es por lo que me pagan. Empujo con decisión para que se den las cosas. No puedo con los pusilánimes, con los que no luchan, con los que no ven tan claro como yo que no hay otro camino que conseguir los retos propuestos. Nada me detiene. Y, por cierto, me da igual si a ti te importan las personas. A mí no. Lo que importa es el logro.

Amigos: Magic Johnson

Prefiero un buen pase a una canasta. De veras. Disfruto tanto viéndote encestar como si lo hubiera hecho yo mismo. Si te caes te ayudo a levantarte, si te veo en un rincón trato de hablar contigo. No gestiono bien que te traten mal en público o que te ninguneen. Para mí las personas son amigos que aún están por conocerse. Creo que se pueden conseguir resultados extraordinarios contando con la complicidad de las personas, con el esfuerzo del equipo, y me concentro en eso, en crear buenas y saludables relaciones que me ayuden a triunfar.

Tranquilidad: Tom Brady

Me gusta llegar al campo y que esté todo en orden. Cada día manejo mi carro unos kilómetros por la costa contraria a la que nací, sabiendo que me voy a encontrar en un ambiente seguro, relajado, que domino y conozco, sin sobresaltos. A pesar de ser considerado el mejor quarterback de la liga durante años, llevo

15 años en el mismo equipo. Me gusta tener la certeza de lo que va a pasar. Sé escuchar a los demás y magnifico la lealtad de las personas.

Normas: Sebastian Vetel

Alguien que ha ganado 4 títulos mundiales con sólo 27 años no puede ser otra cosa que un tipo del que aprender algo. Los que le conocen dicen de él que es concienzudo, meticuloso, analítico, frío, que sopesa bien los pros y contras antes de tomar decisiones... A Sebastian le gusta la calidad y la precisión. No puede dejar de tener control sobre los detalles, sobre todo los que afecten al resultado final.

Si te ves reflejado en más de uno de estos cuatro perfiles, es normal. Todos tenemos un rasgo dominante, que se ve acompañado por otro que lo complementa. Lo importante es saber que cada uno de estos cuatro perfiles tiene elementos que pueden sernos de mucha ayuda para auto-conocernos, para descubrir cómo nos relacionamos con los demás, cuáles son nuestros *drivers* para el éxito, qué cosas podemos mejorar, y qué otras nos van a hacer triunfar.

En los años que llevo trabajando en el desarrollo de directivos de los cinco continentes he podido encontrar en esta herramienta un fenomenal apoyo para la dirección de sus carreras, para la definición de sus destinos y, sobre todo, para apoyarles en el logro de los mejores resultados.

#97 01/06/15
GESTIONANDO LA DIVERSIDAD

Regreso de pasar unos días en La Habana, en donde están sucediendo cambios mucho más rápidos que los que recogen los medios. Una ciudad expectante por lo que está por venir. Hemos estado trabajando allí un grupo de directivos de la empresa para la que trabajo, en una de las reuniones que sobre estrategia hacemos cada semestre. Si los cambios que se están llevando ya a cabo en el país me han impresionado, vuelvo más contento por el momento que estamos viviendo como compañía, y siendo más consciente de que conseguir el reto que tenemos por delante requiere de entender bien la diversidad y saber gestionarla.

Porque estos son los retos del directivo actual, y más específicamente de las personas que nos dedicamos a los recursos humanos: gestionar, no sólo el ritmo que impone el momento, sino la diversidad de países de procedencia, de perfiles profesionales y de edades.

PAÍSES. Hoy no es extraño convivir profesionalmente con personas de otros países. Sólo nuestro equipo directivo tiene personas de 9 países distintos. Entender y gestionar las diferencias requiere no sólo olfato, sino conocimientos y habilidades que no se encuentran en los libros tradicionales de management. Nos hemos instalado casi sin darnos cuenta en un mundo global en el que interactuamos con diferentes creencias, diferentes formas de entender la vida y los negocios, diferentes ritmos de trabajo... No queda otra que aprender a gestionarlo tan rápido como quieras que vaya el negocio.

ESTILOS. A esto hay que sumar los estilos de comportamiento. Aprovechamos el encuentro para aplicar el conocido test DISC a los miembros del equipo directivo. Afortunadamente contamos con una sana combinación de todos los perfiles, por lo que tenemos asegurado un equilibrio en la forma de enfocar los problemas y en la toma de decisiones. Tener un equipo heterogéneo es positivo, pero a la vez es complicado de gestionar y dirigir, porque cada uno requiere de cosas diferentes para dar el máximo. Conocer e interiorizar los diferentes estilos de los miembros del equipo, nos ayudará a gestionar sus expectativas, a dominar los resortes de sus motivadores, y a conseguir poner su talento al servicio de la empresa.

GENERACIONES. Y por si fuera poco, vivimos en un mundo en el que se juntan cuatro generaciones bien diferentes en edad de trabajar: La de después de la guerra, los baby boomers, y las generaciones X e Y. Todas ellas con motivadores bien diferentes, con formas de gestionar la autoridad y la tarea bien distintas. Con intereses contrapuestos en ocasiones. Y de eso también hemos de ser conscientes los directivos. Si uno puede aportar frescura y descaro, y el otro, serenidad y confiabilidad, aprovechémoslo. Pero entendamos otra vez que no hay "café para todos" y que he de adaptar mi estilo personal de dirigir a lo que más estimula a cada cual.

¿Qué podemos hacer?

Hay varias teorías que para mí siguen siendo útiles como herramientas para aplicar.

La primera de ellas es la del Liderazgo Situacional, de Hersey y Blanchard, acuñada hace casi medio siglo. Hoy sigue vigente porque pone el foco en el previo, en conocer el grado específico de madurez de la persona, para la tarea que le encomendemos. Y eso no tiene nada que ver con los años que tenga, ni con los estudios que posea, ni con dónde haya nacido, sino con el nivel de competencia que tiene para esa tarea, en ese momento. A partir de ahí tendremos que aplicar los diferentes conocidos estilos: Dirigir, Persuadir, Participar o Delegar. El que corresponda a cada momento. Y lo mejor es que no es fija, ya que puedo avanzar o retroceder en la curva para ajustarme al ritmo de cada persona.

La segunda es de unos años después, y tiene que ver con cómo asignar tareas a los conocimientos de la persona, para que se produzca lo que Mihály Csíkszentmihályi denomina "Flujo".

El Flujo es ese estado en el que las personas llegan a estar absorbidas en sus actividades, hasta el punto en el que la conciencia se reduce a la propia actividad, centrándose en ella, y consiguiendo resultados extraordinarios. De no hacerlo así nos encontraremos con ansiedades, temores y miedos por un lado, o relax, aburrimiento y desidia por el otro. Interesante no dejar de leerla.

La tercera, más moderna y asentada a la realidad que vivimos, la diseñó Daniel Pink y la recogió en su libro DRIVE, que en español se tradujo como *La sorprendente verdad sobre qué nos motiva*. Daniel nos sugiere que la motivación del palo y la zanahoria ha pasado a la historia, y que la motivación de una persona viene dada por tres aspectos: Autonomía, Dominio y Finalidad. Si conseguimos que una persona desarrolle su trabajo de la manera más autónoma posible, si alcanza un nivel suficiente de dominio de la tarea, y si tiene claro el "para qué" de lo que está haciendo, tendremos a una persona extraordinariamente motivada. Si por el contrario le freímos a instrucciones y le damos el "qué" y el "cómo", no le estaremos dando espacio, ni enseñando a pensar y mejorar, y dejará de entender el sentido de su trabajo.

Tiempos de no dejar de aprender, tiempos de seguir mejorando en la tarea de dirección, de probar nuevas herramientas, si queremos gestionar la diversidad con la que seguiremos trabajando en el futuro.

#98 24/06/15
CARRERAS PROFESIONALES ¿CONVENCIONALES?

Que el mundo está cambiando no es un secreto. Que el concepto de vida profesional también lo está haciendo es algo que no debería seguir sorprendiendo. Hace años, quien podía presentar un CV estable, con pocas compañías, sin saltos entre salidas y entradas, tenía un tesoro a ojos de los evaluadores. Hoy, alguien que no sólo no esconde, sino que pone en valor sus tiempos entre empresas como periodos de aprendizaje personal, como periodos en los que aprendió y creció, en los que probablemente tuvo que prepararse para un cambio de actividad o sector, es alguien valioso. En estos tiempos de dificultades y sobresaltos, interesa más tener a tu lado a alguien capaz de luchar y de buscarse la vida, que a alguien que nunca tuvo que sobreponerse a situaciones difíciles. En el deporte, por utilizar un símil visible, uno quiere tener al lado a alguien entrenado en las dificultades, antes que a quien no lo está.

Por eso, inspirado en Arthur Clarke cuando dijo *"El futuro ya no es lo que solía ser"*, me atrevo a decir que, hoy, las carreras profesionales no serán lo que eran nunca más. Hoy, encontrar múltiples facetas del candidato, discontinuidades explicables y explicadas, cambios de sectores y actividades, cambios de países, multiplicidad de tareas, diversidad de culturas empresariales vividas, nos lleva a pensar que estamos ante un candidato con capacidad de adaptación, con un enorme bagaje útil para los retos que el mundo laboral plantea y va a plantear. Hoy la experiencia se mide en los retos que has sido capaz de superar, en la diversidad de proyectos que has puesto en marcha, en el valor que has aportado en diferentes entornos, en las diferentes culturas de las que has bebido... En definitiva, hoy tu valor se mide por la riqueza de tu pasado.

Pero ojo, porque nada de esto sirve si no eres capaz de ponerlo en valor ante tu futuro empleador o cliente. Del mismo modo que presentar un brillante CV tradicional no era garantía, por sí solo, de enamorar a cualquiera de los dos personajes anteriores, lo mismo pasa con los nuevos. Pilar Gómez Acebo hablaba en una conferencia del Curriculum Mortis. Y es verdad. El CV sólo habla de lo que fuiste. Ya. No vale para más. Con suerte te ha servido para estar sentado allí. Ahora, el reto es explicar cómo ese pasado puede aportar el valor esperado, ante quien tienes enfrente de ti. Yo me canso de oír: fui tal, fui cual, me premiaron por esto, me valoraron esto otro, fui el primero en... *So, what?* Dime cómo todo eso me puede ayudar, cómo satisfará las necesidades de mi empresa, qué puedes aportar para los retos que tendremos por delante, qué vas a poder hacer por mí. Eso es lo que quiero oír. Eso es lo que quiere oír tu futuro empleador, ese cliente al que estás tratando de enamorar para que pague tus servicios.

¿Y la edad? ¿Es un problema?

La edad sólo está en la cabeza. He visto gente anciana con 30 y chavales de 57. Sólo es una cuestión de actitud. Uno es joven mientras tiene un proyecto. En mi experiencia, desde el lado del entrevistador, he podido constatarlo muchas veces. Sólo si el entrevistador tiene acotado un estricto rango de edad, tendrás que trabajar algo más apara enamorarlo. Pero sólo eso. Si consigue ver el valor que le puedes aportar, si eres capaz de que le brillen los ojos pensando en cómo su vida será más fácil teniéndote a su lado, seguirás en el loop.

Tiempos apasionantes de paradigmas derribados, tiempos de talentos liberados, de cambios trepidantes, de quinquenios de meses, de romper con anclajes del pasado, y tener mirada fresca y optimista hacia el futuro que está por venir.

#99 09/07/15
¿PARA QUÉ SIRVEN LAS REDES PROFESIONALES?

Mucho se ha escrito sobre la importancia del networking en los tiempos que corren. Mi amigo José Alcaraz tiene una conferencia en la que habla del concepto de que *"your network is your net worth"*, en un astuto juego de palabras sobre el valor que aporta tener una amplia red de contactos. Yo también he usado en mis conferencias aquello de que ya no es tan importante el "know how" como el "know who", apelando al mismo concepto de lo importante que es hoy dar con el contacto clave para hacer un negocio. Hasta para encontrar trabajo. Ya hay estadísticas que apuntan que el 80% de las vacantes son cubiertas por contactos y conocidos, y nunca llegan a publicarse.

5.000 abrazos, 35 millones de posibilidades.

Cuando hace ya unos años, el consejero delegado de la empresa donde trabajaba en aquel momento, me invitó a tener mi perfil en LinkedIn, me pareció una excelente herramienta para conocer nuevas personas. Hace unos días alcancé los 5.000 contactos de primer nivel, lo que me lleva a tener un millón de contactos de segundo nivel, casi cinco millones si contamos los usuarios de los grupos, y si busco a los amigos de los amigos de mis amigos, el tercer nivel, la cifra llega a 35 MM, casi todo un país como España. Una inmensidad. Poder llegar con cierto nivel de solvencia a 35 MM de personas no es nada desdeñable. Es verdad que mucho ha ayudado vivir en tres países diferentes, llevar 28 años trabajando, y tener una saludable predisposición a mantener el contacto con aquellos que pasan por mi vida.

Y ¿qué se puede hacer con esto? ¿En qué se traduce ese "capital"?

Buena pregunta. Veo personas que acumulan contactos como si fueran cromos. Nunca han tenido, y nunca van a tener un contacto útil con ellos. Cuando hablo de "utilidad" me refiero a que sea mutua. Hay otro perfil de usuarios que sólo usa la red en beneficio propio y, como en la vida, si uno sólo usa los contactos cuando le interesan, si no comparte contenidos, si no ayuda a quien pueda necesitarlo, el beneficio que pueda sacarle a la red a la larga será muy escaso. Creo que el mayor valor de estas redes profesionales comienza cuando uno se pone "a la orden", cuando uno es lo suficientemente generoso, como para estar a disposición de aquellos contactos que puedan necesitar algo que esté en tu mano. Como en la vida, las redes corresponderán y te serán de utilidad en la medida que tú las enriquezcas.

Compartir conocimientos y experiencias

El conocimiento no es de uno. Generalmente las cosas las aprendemos de otros, de los libros, de lo que vemos y oímos... Hasta los investigadores que generan nuevos conocimientos, lo hacen apoyados en lo que observan, y en lo que otros observaron antes. Por tanto, creo que con el conocimiento hay que ser generosos. Cuando empecé a enseñar en escuelas de negocio era frecuente que las personas me pidieran el material empleado. ¿Cómo no? Muchos se sorprendían de que se lo entregara sin más problema. El valor de esta información no está en la información misma, sino en la interpretación, en la forma en la que se entrega, en definitiva, en la experiencia añadida de quien la cuenta. Eso, y no otra cosa, es lo que la hace única, quién lo cuenta y cómo lo cuenta. LinkedIn ha sabido de eso redirigiendo mucho del contenido de los blogs hacia su herramienta Pulse, permitiendo a sus usuarios que publiquen post, como este que quedan adheridos a tu perfil incrementando el "exposure".

Por eso, si cosechamos una buena red, numerosa, amplia, con perfiles de los que aprender y a los que aportar, si compartimos conocimientos, si entregamos valor, multiplicaremos las posibilidades de estar bien conectados, de encontrar a la persona clave que estamos buscando, y seremos profesionales más valiosos, mejor considerados para el mercado.

#100 — 09/08/15
TODO ESTÁ EN NUESTRO CEREBRO

Que el cerebro, esa masa desconocida que ocupa 1.500 centímetros cúbicos y pesa 1.400 gramos en nuestra cabeza, dicta lo que tenemos que hacer y cómo, no está en discusión. De cómo sacar el máximo provecho de él, es de lo que me he preocupado de leer en unos días de descanso que he tenido.

Hace años que conocí con el profesor del IESE, Luis Huete, cómo podíamos convertir círculos viciosos en virtuosos, tan sólo con cambiar nuestra actitud. *"Las cosas me van mal, por eso dejo de salir o alimentarme bien, mis relaciones sociales se deterioran, me encuentro mal conmigo mismo, y las cosas no me salen bien, sino mal"*. La receta para revertir estos círculos que atrapan voluntades no nos pareció compleja en ese momento. Se trata tan sólo de dar instrucciones al cerebro de que haga lo contrario e invierta el ciclo. *"Las cosas no me van bien, empiezo a alimentarme bien, cuido mis relaciones sociales, me encuentro feliz conmigo mismo y las cosas empiezan a irme mejor, estoy feliz".* Si fuera tan sencillo como esto no existirían las depresiones, ni veríamos en los medios o en nuestros círculos cercanos situaciones de dificultad, por las que tantas personas pasan sin saber o poder salir de ellas.

Estos días, tratando de conocer más y mejor este apasionante mundo gracias a Diego del Agua, he estado leyendo a Estanislao Bachrach, quien habla de cosas tan interesantes como la neuroplasticidad del cerebro, que nos permite reconstruir nuevas relaciones neuronales mientras afronta cambios antes no imaginables. En su libro *En cambio*, habla de la voluntad como el motor más importante, que nos permite producir los cambios deseados gracias a nuestro cerebro.

Y eso tiene su aplicación directa en el mundo de la empresa. ¿Cuántas veces hemos oído decir: *"Yo soy así y no puedo cambiar"*? *"Yo hago las cosas de una manera y al que no le guste que no mire" "Ya soy muy mayor para cambiar"*. Bachrach demuestra con pruebas tomadas de científicos cómo, a pesar de que desde los 3 a los 16 años perdemos cerca de 20.000 millones de sinapsis por día, en la etapa adulta podemos construir nuevas con ayuda de la voluntad de hacerlo para "mirar" las cosas de otra manera. La buena noticia es que ya no nos tenemos que escudar en nuestros heredados cerebros reptiliano y límbico, para justificar la inacción ante estímulos para los que nos gustaría adaptarnos de forma distinta, sino que está en nuestra mano construir nuevas conexiones neuronales que nos permitan afrontar las cosas de otra manera. Cambiar es posible.

Los frenos y los miedos

Pero cambiar duele. La memoria está diseñada para evitar al ser humano un desgaste de energía, buscando datos cada vez que necesitamos algo. Y con ello llegan los hábitos, que nos ayudan a dar respuestas automáticas a estímulos conocidos. Estos extraordinarios recursos se vuelven obstáculos para el cambio. Para cambiar situaciones hay que cambiar hábitos y eso no es sencillo, porque nos adentra en lo desconocido. A su vez, nos provoca miedos, que cuando son paralizantes, nos llevan a la inacción. La mejor manera que el ser humano encuentra para justificar esta inacción es apelando a la imposibilidad de cambiar.

Donde la magia sucede

Sin embargo, de todos es sabido que la mayor parte de las cosas excitantes, de las experiencias que enseñan, se producen fuera de la zona de confort, y por eso queremos cambiar y salir. Por eso los cambios se mitifican cuando los vemos en otros, porque sabemos lo que cuesta cambiar, porque somos conscientes del esfuerzo que supone manejarse en aguas turbulentas, porque valoramos el coraje de navegar en la incertidumbre. Pero, además de excitantes, las experiencias intensas son las únicas que proporcionan aprendizaje, y con ello enriquecimiento personal.

 09/09/15
¿CONOCIMIENTOS? ¿HABILIDADES?

Comparto este post desde Jamaica, donde estoy impartiendo unos talleres sobre liderazgo, a las personas con responsabilidades gerenciales de nuestra organización. Es curioso como en todas las culturas salen las mismas inquietudes: ¿qué es más importante en los líderes, los conocimientos técnicos o las habilidades?, ¿qué se debe trabajar antes? ¿Conviene esperar a desarrollar a futuros líderes hasta que lo sean?, ¿con qué empezamos?

Parece claro que muchos puestos directivos necesitan contar con conocimientos técnicos, pero me sigue llamando la atención que muchos de los líderes aún sientan que lo son por sus conocimientos, y no tanto por sus habilidades. Cuando uno pasa de "hacer" a "hacer hacer", las competencias que se necesitan son otras. Y es precisamente aquí, donde encontramos los mayores escollos para estas personas: seguir pensando que su valor está en el conocimiento, y descuidar las habilidades. De hecho, durante mucho tiempo, a las habilidades relacionadas con la gestión de otros, la comunicación, el pensamiento crítico, la gestión de emociones, motivación, etc., se les consideraba "competencias blandas", en un claro menosprecio por parte de quienes no las consideraban importantes.

Y es que quienes llegaron a puestos de responsabilidad por sus conocimientos, consideran que es la única manera de llegar, y en ocasiones vetan todo lo que tiene que ver con "eso otro que dices", en clara demostración de su antipatía por desconocimiento hacia las habilidades blandas.

¿Por dónde empezar?

Lo primero que hay que tener claro es que los conocimientos se aprenden y las habilidades se entrenan. Con esto, podemos empezar a elegir dónde y cómo avanzar, en el camino de crecer profesionalmente. Hoy la oferta para adquirir conocimientos está absolutamente deslocalizada. Desde los millones de libros que aún se siguen publicando cada año, pasando por las universidades y escuelas de negocio tradicionales, a las se han unido pequeñas consultoras especializadas en diferentes áreas. También la red es protagonista. Hoy muchos conocimientos están en la nube: desde los sofisticados MOOC's (Massive Online Open Courses), en plataformas como Coursera, que cuenta con algunas de las mejores universidades y business schools del mundo, e imparten materiales interesantísimos permanentemente actualizados, hasta portales monográficos, blogs de contenidos especializados, webinars, etc. Sólo tiene que encontrar lo que mejor se adapte a su situación y necesidades.

¿Y las habilidades?

Como ya he dicho, las habilidades se entrenan. Si usted trabaja en una empresa, pida que empleen presupuesto y medios en ayudarle a mejorar en esto. Si lo hace por su cuenta piense que, como otras actividades, uno puede intentar entrenarlas solo, o hacerlo en compañía de otros. En las grandes ciudades no es difícil encontrar qué hacer, pero las poblaciones pequeñas o distanciadas siempre han estado en desventaja.

Si tiene oportunidad, no deje de asistir a seminarios, talleres, cursos o diplomados de duración extensa. Cuando se trata de entrenar y se hace bien, más es mejor. En estos entrenamientos podemos conocer nuevas personas, interactuar con otros, y eso hoy para mí es inmejorable en el tema de entrenar las habilidades.

De esto hablaremos en el programa de Radio 4G, en el que he comenzado a colaborar desde la semana pasada, de la necesidad de formarnos permanentemente para seguir siendo competitivos.

Póngase manos a la obra. No hay tiempo que perder.

#102   18/10/15
ME HAN DESPEDIDO ¿ME ECHO A LLORAR O ME ALEGRO?

Un despido es un despido. No hay que quitarle trascendencia...ni tampoco darle más de la cuenta. Según el diccionario, un despido no es más que *"la decisión del empresario, por la que pone término a la relación laboral que le unía a un empleado".* Y está muy bien, porque coloquialmente se suele decir: *"La empresa me/le ha despedido".* Y no es sí. Las empresas no son las que despiden, no tienen manos ni poder de decisión. Las personas que las dirigen son los que toman las decisiones. Y son legítimas. Quienes dirigen las empresas deciden cuándo y a quién seleccionar, dan la orden de contratar y pagar por los servicios, sancionan y premian, capacitan y, finalmente, cuando ya no les interesa, despiden a las personas. Así es. Tan sencillo como eso. En muchas empresas un empleado es alguien que sirve para un fin, y cuando éste ya no se justifica, deja de ser usado y sale de la empresa.

¿Y ahora qué?

O como dicen por acá, *So what?*, ¿qué sigue? Eso ya es cuestión de cada cual. La pérdida de un empleo, como cualquier pérdida, requiere de un proceso de duelo. Ese es el tema de mi segundo libro, *La Puerta Abierta*, en el que escribí bastante sobre el duelo. Y aquí es donde empezamos a ver diferencias. Hay quienes ven en su salida de la empresa una injusticia inmerecida como pago de sus servicios, y hay quien lo ve como una oportunidad para hacer cosas diferentes, o las mismas en sitios distintos. Entremedias hay una amplia gama de reacciones escoradas hacia un lado o hacia el otro. Quienes más rápido superan el duelo, quienes antes comienzan a buscar nuevos horizontes, antes tendrán éxito. Aquellos a quienes el proceso de duelo se les atragante, quienes piensen que han sido injustamente tratados, quienes no consideraban que eso les podía pasar a ellos, es posible que afronten el futuro con menos optimismo, con un estado de ánimo y una autoestima más bajos, y por ello las posibilidades de éxito disminuyan.

¿Qué hacer? ¿Cómo tomar un despido?

Quienes siguen este post saben lo enemigo que soy de dar consejos y así voy a seguir. No creo en recetas infalibles, no creo en decálogos milagrosos. Hace ya algunos años vengo aferrado a la idea de elegir como trabajo actividades que te gusten. Sólo cuando trabajas en algo que te apasiona dejas de tener la sensación de trabajar. Por eso, un despido puede ser una extraordinaria oportunidad de reencontrase con los sueños. Como decía hace unos días un comercial de la CNN durante el debate demócrata de Hillary Clinton (en medio de cuatro señores bien ataviados): "Para conseguir tus sueños, sólo tienes que hacer una cosa: perseguirlos".

Si pensamos en un despido como un cambio de ciclo, como una puerta que se cierra para que se abran otras, como un guiño del destino, estaremos mentalmente más preparados para poder evocar nuestros sueños y eventualmente lanzarnos a perseguirlos. Si por el contrario nos sumimos en pensar en una injusticia que nunca fue, en un drama inexistente, tardaremos mucho más en salir adelante. De usted depende. Sólo de usted. Bueno, y de su manera de afrontar los retos en virtud de su educación, pasado y forma de pensar. Todo vale. Si piensa que es un problema lo será. Si piensa que es una oportunidad así será.

Termino con esta vieja leyenda Cherokee que les contaba un abuelo a sus nietos:

Hay una batalla teniendo lugar en mi interior... es una pelea terrible entre dos lobos.

Un lobo representa el miedo, la ira, la envidia, la pena, el arrepentimiento, la avaricia, la arrogancia, la culpa, el resentimiento, la inferioridad, las mentiras, el falso orgullo, la superioridad y el ego.

El otro lobo es la alegría, la paz, el amor, la esperanza, el compartir, la serenidad, la humildad, la amabilidad, la benevolencia, la amistad, la generosidad, la verdad y la fe".

Miró a los niños y les dijo: "Esa misma lucha está teniendo lugar en vuestro interior y en el de cualquier persona que viva".

Los niños se quedaron pensando un momento y uno de ellos le preguntó al abuelo: ¿Y cuál de los dos lobos ganará?

El abuelo respondió: "Aquél al que tú alimentes.

#103 02/11/15
¿CREES QUE PODRÍAS TRABAJAR SIN JEFE?

Hoy sobrevolará esta pregunta en mi participación en el programa de Radio 4G "Llámame Fredy", en el que entro por Skype desde hace algunas semanas, con Alfredo Arense. Hacer radio siempre ha sido una de mis grandes pasiones (y en otra época mi oficio), y participar de la mano de un maestro como Fredy, me hace iniciar los lunes con una emoción distinta.

Pero vayamos al grano, ¿se puede trabajar sin jefe? La pregunta surge por un artículo que me manda el propio Fredy.

La Holocracia, que es como se llama la tendencia no es un término nuevo, sino que es una tendencia que lleva unos años tomando forma en empresas norteamericanas como Zappos. com, una empresa de 1.500 empleados, que se ha convertido en el espejo en el que mirar esta tendencia.

¿En qué consiste?

Más que describir aquí la forma de funcionamiento, me gustaría hablar de las ventajas e inconvenientes que veo. Definitivamente este tipo de organizaciones aportan mayor responsabilidad a las personas, menos burocracia, y se supone que mejores resultados. Al no tener que estar preguntando, consensuando o pidiendo permiso, uno se puede dedicar verdaderamente a resolver los asuntos con su mejor saber y entender. Y eso da autonomía y sensación de logro. En el fondo, a los directivos nos pagan por dos cosas: por tomar decisiones y por dirigir personas. Si las decisiones son tomadas por las propias personas, y éstas pueden ser autodirigidas, ¿para qué se necesita un directivo?

¿Cómo se toman entonces las decisiones que trascienden a la tarea individual y afectan al conjunto?

El sistema lo resuelve diciendo que el mundo funciona sin que haya nadie que te diga cuando tienes que cruzar la calle, nadie al que tengas que pedir opinión sobre si vas hacia el sur o hacia el norte, y que la propia sociedad puede autogestionarse sin necesidad de órdenes permanentes. Ese es el concepto que lleva la Holocracia a las empresas.

¿Y quién cuida del valor de los accionistas?

Para mí esa es la pregunta. En todas las empresas que lo están implantando hay unos dueños, y tienen unos consejos de administración que se encargan de marcar las líneas estratégicas, y generalmente uno de esos consejeros, el delegado (CEO), es el encargado de que esas líneas estratégicas se conviertan en tácticas por los mandos medios, y en operativas por la línea. En el funcionamiento clásico, las órdenes viajan de arriba a abajo, mientras en la Holocracia, no habiendo teóricamente órdenes, las decisiones se toman en los diferentes círculos, compuestos por personas de rangos similares. Algunas de ellas pueden estar como enlace en diferentes círculos para coordinar tareas, otras hacen de "secretarios" de las reuniones, y otros aportan conocimientos técnicos allá donde se necesitan.

¿Estaría usted dispuesto a poner su dinero en manos de este tipo de organizaciones? ¿Les dejaría las decisiones sobre cómo enfocar su negocio? No me diga que no hay que tener nervios de acero... Recuerde que si las toma usted, entonces estamos en el esquema clásico... ¿Puede este tipo de organizaciones dejar a los dueños las decisiones estratégicas, y delegar en los círculos la forma de resolver? En el fondo es lo que muchos venimos reclamando hace años. Las empresas han de decirte el "qué", ya que el "cómo" lo has de poner tú, es lo que paga tu sueldo. En ese sentido creo que son opciones que conviene explorar, entre otras cosas porque el mundo está cambiando tan deprisa que, si queremos tener resultados distintos, hay que hacer cosas distintas. ¡Pruebe! ¡Atrévase! Valore los riesgos y expóngase. Pero no lo ponga todo a un color. Experimente, pero con gaseosa.

#104   05/12/15
¡A SUS PUESTOS!

No hay día que no piense en lo importante que es para alguien que desarrolla cualquier tarea en cualquier campo, hacerlo en aquello para lo que ha nacido, aquello en lo que su naturaleza se pone a su lado, y no en su contra.

Hace años que trabajo viendo cómo personas excelentes, con iniciativa e inquietud, desperdician sus años profesionales en tareas rutinarias, o personas rutinarias hacen esfuerzos por adaptarse a trabajos en los que hay de todo menos estabilidad, continuidad o rutina. Por poner sólo dos ejemplos gráficos.

Muchas veces encontramos personas en empresas que no están teniendo un desempeño óptimo, a pesar de esforzarse cada día y poner toda su buena voluntad.

¿Cuánta energía se desperdicia? ¿Y dinero? Y por seguir con las preguntas ¿cuántos empleados estresados, angustiados, aburridos o desmotivados tenemos en las compañías, pudiéndolo evitar? Tanto asignar tareas para las que no se está preparado, o que las tareas estén muy por debajo de la preparación, ambas situaciones generan muchos problemas que a veces sólo se manifiestan con el tiempo. De ahí que todo esfuerzo en conocer bien a las personas, todo lo que sea bucear en los diferentes modelos de comportamiento, y entender el de sus colaboradores, le va a dar como empleador una ventaja sustancial frente a quien no lo hace. De paso ahorrará disgustos a su gente y dinero en errores y costos de oportunidad.

La importancia de un buen *assessment* en la selección

Esto comienza desde que alguien se acerca a una compañía o viceversa. A menudo las entrevistas de selección consisten en rebuscar en el pasado del candidato a través de su CV, evaluar las competencias con lo que nos dice que hizo, y hacerle unas "originales" preguntas acerca de áreas de mejora y fortalezas, que naturalmente siempre se llevan a una entrevista de trabajo más que preparadas.

Es por eso que yo recomiendo invertir, como punto de partida, en sencillas pruebas de *assessment* que nos aseguren un *matching*, lo más ajustado posible, entre las características del puesto y las del candidato.

Pida ayuda

Si no sabe cómo hacerlo o no tiene personas preparadas en su empresa para llevarlo a cabo, busque ayuda en empresas especializadas. Nunca es tarde. Si no lo pudo hacer en su momento, la buena noticia es que aún está a tiempo. En estos años, en los que colaboro con empresas en descubrir los talentos de sus colaboradores, ayudándoles a encajar en aquellas posiciones a las que mejor se adaptan, he aprendido a usar muy buenas herramientas. Ninguna de ellas es milagrosa o automática, pero con un sencillo proceso posterior con el colaborador, se consiguen resultados asombrosos.

Impleméntelo en su proceso de selección, busque conocer mejor a cada componente de los equipos que ya tiene. Eso le va a servir para recolocar a personas claves que no estén encajando como un guante en sus puestos. Después de hacerlo verá cómo los resultados llegan de manera inmediata. Ayúdese de la ciencia, en lugar del olfato o el archiconocido método ensayo y error, y comprobará las ventajas de tener a la persona idónea en cada puesto.

#105 30/12/15
¿VIVES COMO PIENSAS?

Fin de año, tiempo de repaso del que se fue y proyectos para el que llega. Tiempo de reflexión, de recuerdo de aciertos y aprendizajes. Desconozco el motivo por el que tomamos estos días para hacerlo. Al fin y al cabo, podríamos hacerlo en cualquier otro momento del año, pero aprovechamos que cambia el último dígito del año para hacerlo.

Sea como fuere, tiempo de saber si estamos viviendo como pensamos o no, y si esto último nos incomoda, qué es lo

que podemos hacer diferente en este año que comienza para conseguirlo. Y, para empezar, nada mejor que hacernos algunas preguntas:
- ¿Qué te gusta hacer que no estés haciendo ahora?
- ¿Qué sabes hacer bien?
- ¿Con qué te diviertes?
- ¿Cómo puedes monetizarlo?
- ¿Qué necesitas para conseguir las cosas anteriores?
- ¿Qué tienes que hacer para conseguir lo que necesitas?
- ¿Cómo sabrás que lo has conseguido?
- ¿Cómo vas a hacer para mantenerlo?

Éstas y otras son las que puedes hacerte, entre cenas y celebraciones estos días. Hay muchas más, pero, te hagas las que te hagas, te recomiendo que tengas papel y lápiz a mano. Se trata de que acabes este momento de reflexión con un sencillo pero concreto plan de acción, recogiendo las cosas que vas a poner en marcha o hacer de manera distinta para conseguir los cambios que esperas, con sus fechas o momentos en el año. Sólo cuando ponemos acciones a nuestros pensamientos, abandonamos los sueños para abrazarnos a nuestros propósitos.

Después de los años, albergo una buena colección de sueños inalcanzados anclados a excusas, peregrinas justificaciones y lamentables quejas sobre por qué no se pudieron llevar a cabo. Afortunadamente me impulsan muchos otros sueños, que se han llegado a cumplir sólo poniendo empeño, pasión, trabajo duro y constancia. Estos últimos son los que me ayudan a retomar los viejos no cumplidos y a formular nuevos. Mi amigo Pablo Herrero me recordaba estos días una frase que había vuelto a oír hacía poco que dice: *"Se es joven mientras se tiene un proyecto".* Y es verdad. El polifacético Albert Schweitzer decía que *"Los años arrugan la piel, pero renunciar al entusiasmo arruga el alma"* No puedo estar más de acuerdo.

Tiempo de reflexionar, de volver a redibujar el futuro, de mirar hacia delante sin contar con el pasado, salvo para recrearnos en el aprendizaje que nos dejó. Tiempo de explorar nuevas cosas.

Buen año 2016 a todos aquellos que seguís estas líneas. Gracias por hacerlo. Me siento honrado y feliz de recibir en el blog www.raulcastro.es casi 4.000 visitas al mes, y sólo eso es lo que me anima a continuar desde hace 8 años que lo alimento.

Permitidme que acabe este año con el bueno de Schweitzer de nuevo para mostrar mi principal propósito para 2016: *"El éxito no es la llave de la felicidad. La felicidad es la clave del éxito. Si te gusta lo que estás haciendo, serás exitoso."*

2016

#106 19/01/16
¿REPROCHAS O DAS FEEDBACK?

En muchos casos, y por mucho tiempo, la diferencia ha sido imperceptible. De hecho, hoy, bajo la pretensión de estar dando retroalimentación, se esconden todo tipo de reproches.

Para empezar, aprendí hace algunos años que el feedback es un regalo. Esa opinión, porque no deja de ser un juicio que nos dan, hay que tomarla como algo que estaba en la mente de quien nos lo brinda antes de que eso pasara. Por tanto, nada qué decir. Como receptor, gracias por el feedback.

Pero, ¿cómo dar un buen feedback profesional a nuestros colaboradores?

En primer lugar, como todo en la vida, preparando bien la sesión de feedback, no descuidando algunas cosas importantes:

- Elegir bien el lugar en el que lo vamos a hacer y el momento. No es lo mismo un bar que el despacho del interesado, que la sala de juntas.
- Si vamos a contar con testigos o va a ser cara a cara. Las áreas de mejora en privado, los halagos en público.
- Poner el foco en las acciones y no en la persona. *"No eres olvidadizo, has olvidado esto".*
- Hablar del presente pensando en el futuro y no en lo que ya no podemos arreglar del pasado. *"Sería mejor que dejaras de hacer esto e hicieras tal cosa para el desarrollo del departamento".*
- Ser respetuosos con las palabras y con la persona. Obvio, pero no por ello olvidado en muuuchas ocasiones. Si no te sale bien, lee "Comunicación no violenta".
- Buscar acuerdos y no rupturas. Para eso tenemos otras herramientas.

- Cuantificar y definir lo más posible. Haber llegado tres días tarde esta semana, no es lo mismo que "siempre llegas tarde". No uses el siempre y el nunca.
- Sé sincero, no "sincericida". Hay cosas que, aunque sean verdad para ti, no ayudan a mantener una sana relación.
- Hechos, no juicios. Aunque los juicios sean compartidos por otros, no los convierten en hechos. Habla de lo comprobable, no de tu interpretación o la de otros.

¿Por qué es importante el feedback?

Muchos empleados no hacen las tareas que se esperan de ellos por varios motivos. Uno muy significativo, y que olvidamos con frecuencia, es porque no saben lo que se espera de ellos, ni si lo han hecho bien o mal, ni cómo hacer lo siguiente. Así de duro. Según un estudio reciente en una multinacional, de la que omito el nombre para no perjudicar, sólo el 15 % de los empleados identificaron claramente las metas y los objetivos de la organización. Muy significativo también es que el 51% de los empleados no supieran qué es lo que debían hacer para ayudar. Si no conoces a dónde vas, no sabes qué hacer para ayudar, y no sabes si lo que estás haciendo suma, difícilmente van a llegar los resultados esperados.

Por eso es tan importante tener este tipo de conversaciones profesionales, enfocadas en la tarea con nuestros colaboradores, pares e incluso jefes. Porque el feedback no se da de abajo a arriba, sino también se puede encontrar espacio para dar feedback a compañeros que lo pidan, e incluso al jefe. Sana costumbre.

19/02/16
¿CONDUCES MIRANDO AL RETROVISOR?

Cada día tomamos decisiones sin tener la certeza del resultado final. En la vida de las personas hay muchos momentos de la verdad, en los que en un segundo todo puede cambiar, y nunca sabrás lo que habría pasado de elegir la otra opción.

Hace ya casi 20 años, Peter Howitt lo describió inmejorablemente en la película *Sliding Doors*, traducida al español como "Dos vidas en un instante", con una divertida Gwyneth Paltrow como protagonista. ¿Qué pasaría si el día que te despiden, en lugar de agarrar el tren para volver a casa temprano lo pierdes? ¿Y si llegas a montarte? La magia de esta película es que cuenta lo que habría pasado en ambos casos.

En la vida real no podemos saber qué nos habría ocurrido de tomar el otro camino, a dónde nos habría llevado, qué es lo que habríamos descubierto en la otra senda, cómo sería nuestra vida... Es imposible.

En cualquier caso, aquí va la provocación de este post. ¿Eres de los que miras al retrovisor para conducir? ¿Piensas sólo en lo que podría haber pasado? ¿Te martiriza pensar en cómo habría sido el otro camino? Mi pregunta es, independientemente de que hayas tenido éxito o no con tu decisión, ¿por que el que piensa de ese modo cree que la otra opción podría haber sido incluso mejor? ¿Cómo pueden vivir con semejante carga?

Yo creo que el pasado te sirve para haber llegado donde estás. Uno no debe arrepentirse de las decisiones tomadas. No sirve de nada lamentar no haber hecho otra cosa, sino aprender de la enseñanza que te ha dejado para no repetir los errores, si es que crees que los hubo. De las decisiones pasadas, por malas que fueran, siempre puedes extraer enseñanzas, siempre te van a dejar un mensaje.

No puedes manejar mirando el retrovisor. Siempre hay que tener la vista en el frente, en lo que estás viviendo y, más allá, en los nuevos retos y oportunidades que tiene el camino. Sólo de ese modo, estando atento a lo que está por llegar, conseguimos avanzar, por empedrado que esté el camino. Si a los baches normales de cualquier camino, añadimos que no estamos pendientes de ellos, sino mirando al pasado con los ojos vidriosos por lo que pudo haber sido y no fue, es seguro que acabaremos con las "llantas en el piso" (expresión mexicana), y el "carrito desbaratao" (influencia dominicana).

Toda una lección de vida aprender a mirar para adelante, construir nuestro destino, y encontrar una enseñanza positiva en todo lo que nos pasa.

#108 26/03/16
MILLENNIALS

¿Quién dijo que iba a ser fácil para los de las generaciones Baby Boomer y X trabajar con Millennials? Desde luego, dirigirlos con patrones propios de otra época no ayuda mucho. Estos días estoy preparando mi ponencia en el Congreso de Engagement y Productividad que se celebrará el 13 y 14 de abril, en Bogotá. En él hablaré de las claves para conseguir el engagement de una generación que hoy ya representa un porcentaje elevado en las plantillas de cada organización. ¿Qué tienen los Millennials distinto de las generaciones anteriores? Dejaré en este post algunas preguntas para reflexión de cada lector y aplicación en el entorno en el que tengan Millennials, a los que, en adelante, para simplificar llamaré MLNS.

¿Están convencidos los MLNS de que merece la pena trabajar y sacrificarse laboralmente en el presente por recompensas inciertas futuras? ¿Qué es lo que verdaderamente motiva a un MLN? ¿Dinero, fama, horas de trabajo? ¿Autonomía, maestría y propósito?

Sigo con algunas de las preguntas que están en el aire y que forman el cuerpo de mi ponencia: ¿Cómo pueden las empresas obtener el compromiso de esta nueva generación? ¿Sirven los planes de incentivos que se tenían hasta ahora? ¿Qué se puede esperar de una generación, de la que se dice que sólo piensan en ellos? ¿Por qué como empresarios o dueños de compañías debemos ponernos en sus zapatos? ¿No debería ser al revés? ¿Es verdad que escucharles nos hace rehenes de una serie de peticiones que se pueden tornar en chantaje? ¿No tendremos que perseverar e imponer lo que "siempre" ha funcionado? (entendiendo por "siempre" el periodo en el que el directivo piense que desarrolló una carrera exitosa, lo cual, como mucho, nos lleva a 30 años).

Si estamos convencidos de que debemos hacer algo distinto, ¿qué nos hace falta para entender los *drivers* de los MLNS? ¿Cómo podemos cambiar sin traicionar nuestra forma de ser y de pensar? ¿Y sin que el resto de la compañía lo sienta? ¿Cómo podemos comunicar que ahora está bien lo que antes no lo estaba? Es posible que los que estemos al frente de las compañías entendamos el cambio, pero no podemos presuponer que el resto de los colaboradores, que se han manejado con reglas distintas, estén dispuestos a cambiarlas ahora porque unos "niñatos", recién llegados, lo impongan siquiera de forma silenciosa. ¿Cómo no perder autoridad ante quienes nos han acompañado con otras normas durante años? ¿Qué les debemos brindar a ellos, para que la desmotivación nos les alcance ahora como consecuencia de los cambios?

Y, por último, ocupaciones. ¿Qué puestos tenemos para ellos? ¿Les vale empezar a trabajar sólo por aprender? ¿Cómo podemos conocer bien y valorar unas competencias que nunca hemos tenido o conocido? ¿Cómo puede un responsable valorar algo que ni él mismo sabe hacer o entiende? ¿De qué manera podemos ayudarles a mejorar en algo en lo que son mucho mejores que nosotros? ¿Qué profesiones nuevas tendremos que inventar para ellos? ¿Nos las darán ya inventadas? ¿Cómo subirnos a esos carros?

Hay una forma que acaba con todas las dudas anteriores, y que tristemente se sigue aplicando en empresas que tendrán serias dificultades de crecimiento y competitividad en el futuro: "Aquí se hace lo que digo yo", o peor, "lo que siempre se ha hecho". Eso sirve, desde luego, para mantener el presente, pero se cae en los siguientes 30 segundos. Ya no vale. Hay otros que están ya dando pasos para aunar las voluntades de los MLNS, para atrapar sus esencias, para exprimir su potencial, para explotar su presente. Y esa gente pasará por la derecha y por la izquierda a quienes, instalados en la soberbia del poder y el éxito, en el miedo a su pérdida, no sepan dar pasos firmes para gestionar un presente que hasta ayer era un futuro incierto.

#109 26/04/16
NEVER STOP EXPLORING

Ahora va hacer seis años que estuve con mis alumnos del MBA internacional de la Salle en el campus de esa universidad en

Filadelfia, cursando un Stage de verano que contenía asignaturas como marketing, relaciones públicas, finanzas o estrategia. De allí tome el lema de la universidad: "Never Stop Exploring", que hoy se convierte en el título de este post. Hace también algunos años me cautivó el lema de la revista LIFE en la película "La vida secreta de Walter Mitty": *Explorar nuevas cosas, ver el mundo, afrontar peligros, traspasar muros, acercarse a los demás, encontrarse y sentir: Ese es el propósito de la vida.*

En estas últimas dos semanas he podido comprobar otra vez cómo, no dejar de explorar nunca, es la mejor garantía de seguir creciendo personal y profesionalmente. Hace unas semanas estuve en Bogotá impartiendo y adquiriendo nuevos conocimientos. Pude conocer algunas de las más modernas iniciativas que, en el área de RRHH, están llevando a cabo las empresas más avanzadas en el mundo en temas de engagement, recruiting, motivación, flexibilidad, etc... Esta misma semana, un grupo de ejecutivos de uno de los mejores hoteles de Cancún, disfrutaba aprendiendo a desaprender muchos de los anclajes que tenían como profesionales, en unas sesiones que hemos organizado desde dpersonas. Ya sea como instructor, como conferenciante, como participante o como un simple observador de lo que nos rodea, uno no puede dejar de aprender nunca.

Es por eso que esta semana vuelvo a dar otro giro a mi vida profesional, subiéndome de nuevo al velero **dpersonas**, desde el que seguir ayudando a otras empresas a obtener el talento de sus personas, para ponerlo al servicio de la empresa. Prescindo de la comodidad del sueldo, de la tranquilidad aparente que da tener una nómina, para lanzarme de nuevo a la aventura de lo incierto, del riesgo, pero también de la esperanza.

Ilusión y vértigo

Al fin y al cabo, como hablamos cada semana en el programa "Llámame Fredy", de la cadena de Radio española 4G, la diferencia entre un asalariado y un profesional por cuenta ajena, no es más que el número de clientes. Mientras que cuando posees una nómina lo que tienes es un solo cliente que te paga puntualmente, lanzarte a la aventura de tener más clientes implica mucha adrenalina, para encontrar los clientes que puedan pagar tus servicios cada mes. De ahí la ilusión, pero también el vértigo.

Sin embargo, sé que estos años de experiencias, contar con un equipo de colaboradores y asociados de primera categoría profesional, y éste decidido (y en ocasiones testarudo) empeño por trasmitir conocimientos y experiencias que le sirvan a otros, es la mejor garantía de que esta nueva etapa va a ser apasionante.

Nos esperan varios países en los que ya tenemos experiencias, algunos del Caribe y LATAM, donde llevo trabajando ya unos años, Estados Unidos, donde estamos con proyectos interesantes para todo el mundo latino que allí está desarrollándose, y mi país de nacimiento, España, que tan necesitado está de acelerar algunos procesos de adaptación a un mundo cada vez más global y agigantado.

Acabo con una cita de André Gidé que he rescatado estos días de algunos momentos de cambio anteriores: *"No se descubren tierras nuevas sin perder de vista la costa, aunque sea por un instante"*

09/06/16
CUANDO LAS EMPRESAS ESCUCHAN...

...Pasan cosas mágicas. De todos es sabido que no hay en el mundo una empresa que tenga oídos, por lo que cuando decimos esto, lo que estamos queriendo decir es que "Cuando las personas que dirigen las empresas escuchan, pasan cosas mágicas" ¿Cómo por ejemplo?

- Entienden la diversidad de las personas con las que trabajan, y con ello sus características naturales, y cómo las adaptan cada día a lo que hacen.
- Certifican si las personas están haciendo las tareas, no sólo para las que estudiaron o se prepararon, sino aquellas para las que por sus condiciones naturales nacieron, aquellas que verdaderamente les apasionan
- Conocen los grados de madurez de las personas para la tarea concreta que están haciendo y, con ello, pueden llegar a saber si saben, pueden y quieren.
- Pueden mostrarse más cercanos con las personas que estén pasando un mal momento, profesional o personal, y brindarles ayuda.
- Pueden exigir más y mejor a cada quien en función, no sólo de la productividad presente, sino de los retos que están por llegar.
- Aprenden a motivar y liderar de manera distinta y personalizada, para obtener el mejor talento disponible.
- Tienen una idea objetiva y clara de lo que los empleados esperan a cambio de su esfuerzo y trabajo (y no, no siempre es dinero).
- Lanzan un mensaje a la compañía de que las personas importan de verdad, más allá del lema que dejaron en la puerta, de que las personas somos los activos más importantes y bla bla bla...
- Aprenden a pedir el "qué" y dejar el "cómo" de la mano de a quien pagan, que para eso se le paga.

- Mejoran los resultados, no incrementalmente, sino exponencialmente, al permitir a las personas crecer con la empresa y entregar no sólo su trabajo, sino su alma.
- Saborean el placer de obtener el talento de personas a su servicio, en lugar de mendigarlo cada día, o tratar de conseguirlo con veladas amenazas.
- Aprenden a no cerrar cada día cientos de ventanas de oportunidad, con normas rígidas más propias de siglos anteriores.

Cuando las empresas "escuchan" descubren estas y otras increíbles perlas. Cuando no lo hacen, se lo pierden.

27/06/16
NUNCA TOMES CAFÉ SÓLO

Parafraseando al genial libro de Keith Ferrazzi *"Nunca comas solo"*, comienzo este post sobre la necesidad que tenemos los profesionales de no descuidar nuestro networking, "incluso" cuando nos va bien.

Y esto último no es casualidad. Mucha gente tira del networking cuando ya es tarde, cuando se siente atrapado en la necesidad de contactar con otros que le ayuden, que le den. Las redes sociales ayudan, qué duda cabe. De hecho, en este espacio hablé de ello ya el año pasado. Pero tener una página de Facebook, colgar algunas fotos en Instagram, o juntar tarjetas de visita en LinkedIn como si de cromos se tratara, por sí solo, no es estar haciendo networking.

El networking se hace cada día, intentando dejar buen recuerdo por donde pasas, cuidando a las personas que trabajan contigo para que sean mejores que cuando llegaron a tu lado, entregando el mayor valor posible en cada cosa que haces, estando a disposición de los otros, dando antes de pedir, dando sin tan siquiera tener intención de pedir... Todo esto ayuda a tejer esa tela de araña de la que menciona el profesor del IESE, José Ramón Pin, cuando habla de la etapa de la araña, en su afamada conferencia sobre "Los tótems de las fases de la vida del directivo"

Dicen que si uno habla bien de sí mismo es petulancia, pero cuándo otros lo hacen de ti, el efecto es totalmente distinto. Y para que eso pase, además de hacer las cosas bien, te tienen que conocer, tienes que establecer relaciones, tienes que estar a la orden, como dicen en Dominicana, o simplemente a disposición de quien pueda necesitarte. Y responder. Uno de los mayores problemas de los directivos que se creen importantes, es no descolgar el teléfono cuando tienen el poder, y esperar a que otros lo hagan cuando desaparece. Porque en ese momento, cuando pierdes lo que crees que te ha estado haciendo grande, la gente tiene derecho a no querer nada de ti. Y lo peor es que no te lo van a decir. Como mucho te dirán: *"vamos a ver lo que podemos hacer, déjame hacer un par de llamadas..."*; y con suerte se medio-sincerarán para decirte: *"si hubiera sido hace un par de años, pero ahora las cosas ya ves como están".*

He contado alguna vez que cuando dejé de jugar en el Real Madrid de Basket, las llamadas en mi casa (porque obviamente no había móviles) descendieron hasta tender a cero. Cuando dejas de ser popular, cuando dejas el puesto, cuando dejas de "molar", la gente te lo hace saber. Y esa es una vacuna que me pusieron hace treinta años. Uno no puede vivir del cargo, de la tarjeta, de lo que aparenta. Eso es efímero. Uno, en esos momentos, tiene que aprovechar para hacer relaciones sanas, distinguir las interesadas de las sinceras, y armar el núcleo de gente que te acompañará pase lo que pase, gente de la que aprendes y con la que te gusta estar (y a ellos contigo). Eso que antes se llamaban buenos amigos.

Y para ello, toda ocasión es buena para tejer relaciones sanas que te aporten en el momento presente, de las que aprendas y que estén en el futuro. Toda ocasión es buena para charlar desinteresadamente con las personas, sólo por el placer de conocerlas mejor y aprender genuinamente de ellas. Para eso, para ayudarte, no hay nada más barato que un café acompañado de una buena conversación.

#112 06/07/16
PILLA A TU GENTE HACIENDO COSAS BIEN

Siguiendo con buenas prácticas de los líderes modernos, te proponemos una costumbre muy apreciada por los colaboradores y que raramente hacemos: *Pillar a la gente haciendo cosas bien.*

Hace unos años leí estas notas que me hicieron reflexionar sobre la costumbre que tenemos de destacar y poner de relieve lo malo sobre lo bueno.

El conferenciante empezó la sesión escribiendo en una pizarra unos números; eran simplemente unas sumas. Escribió seis sumas y en dos de ellas había equivocaciones, las otras cuatro estaban bien.

Al terminar las seis sumas pidió al auditorio que, por favor, le hicieran comentarios del hecho.

Todo el mundo se le echó encima diciendo:

—Atención a la tercera suma, le falta el signo de la suma.

—4 más 6 no son 8, sino 10.

—Y en la quinta sucede que 2 más 2 no son 5.

Él fue preguntando:

¿No hay nadie que tenga más que decirme al respecto del trabajo que he hecho?

Nadie contestó y él volviéndose al auditorio dijo:

Pensemos que, lamentablemente, la reacción nuestra ante una pizarra con seis sumas, cuatro de las cuales estaban bien y dos mal, es la que hemos tenido: nos dedicamos a criticar y a protestar contra las dos sumas que no estaban bien, pero nunca felicitamos al autor por las cuatro que ha hecho bien.

En la vida de las empresas esto pasa cada día. Conozco profesionales del fallo, gente que entra en las reuniones con el único objetivo de encontrar el más mínimo error para: 1.- desacreditar al compañero, 2.- quedar como el más listo, 3.- hacerse notar... n.- igual, con un poco de suerte, ayudar a subsanar el error. Doy como última opción la de crear, la de ayudar, porque no suele ser lo normal. Lejos de aportar la solución, al ser humano nos encanta únicamente quedarnos en poner sobre la mesa el problema.

Imagina que felicitaras al autor por las cuatro extraordinarias sumas y le hicieras preguntas sobre las dos que ha hecho mal, de manera que le ayudáramos a construirlas bien y, lo que es mejor, a que no se repita el error: ¿Qué te ha faltado para que el resultado fuera correcto? ¿Qué reharías ahora si tuvieras la oportunidad? ¿Cómo vas a conseguir lo que te está faltando? ¿Cómo lo harás la siguiente vez? ¿Qué harás para asegurarte del resultado antes de presentarlo? ¿Qué has aprendido de este fallo?

Media docena de preguntas bastan, para convertir un error en una oportunidad de aprendizaje extraordinaria. Sólo media docena de preguntas, para que la persona encuentre un reto en lugar de una reprimenda, para que la persona sienta que ya tiene ganas de que llegue la siguiente oportunidad, en lugar de evitarla, para que se encuentre motivada por el mero hecho de volver a hacerlo y hacerlo bien, para que lo cuente en casa con orgullo, en lugar de que oculte una vergonzosa regañina...

¿No estamos buscando en la empresa motivación en lugar de deserción? ¿No estamos buscando elementos de retención que aumenten la fidelidad de nuestros colaboradores y con ello mejorar los resultados? ¿No queremos que la gente mejore, que aprenda, que evolucione?

Pues, ¡pille a su gente haciendo bien las cosas de vez en cuando, y observará cambios increíbles e instantáneos! A veces nos enfrascamos en complejísimos sistemas de motivación, cuando cosas más sencillas tienen más efecto.

Cada día trabajamos con directivos de diferentes países que empiezan a encontrar en estos pequeños detalles grandes palancas con las que cambiar efectivamente los resultados.

#113 08/08/16
EL ENTRENAMIENTO EN LAS EMPRESAS

Ya tenemos aquí los juegos de Río. Hace unos días podíamos ver a miles de atletas entrar al mítico estadio de Maracaná, convertido para la ocasión en Estadio Olímpico.

Todas estas personas han pasado meses, años, entrenando y compitiendo para estar al máximo nivel, para jugársela en la hora de la verdad. A pocos entrenadores se las pasaría por la cabeza poner a un jugador en el campo o lanzar a un nadador a la piscina, que no hubiese tenido el entrenamiento previo necesario, que simplemente no tuviese las habilidades para desempeñar su tarea. Nadie, ningún responsable de equipo, dejaría en manos de gente sin la capacitación necesaria el futuro del encuentro. Nadie esperaría obtener buenos resultados con personas que no están bien entrenadas. Y claro, eso requiere tiempo, esfuerzo y recursos económicos.

En el deporte hay competencias técnicas que mejorar, hay preparación física que hacer, y hay trabajo en equipo que implementar cada día. En el deporte se entrena para competir, se estudian todas las posibilidades y se preparan las alternativas, se interiorizan movimientos defensivos y ofensivos, todo ello dedicando tiempo. La diferencia entre entrenar o no determina el éxito.

Y, ¿en las empresas?

Bueno, en las empresas es distinto. ¿Distinto? ¿Por qué? ¿No competimos con otras organizaciones por los clientes? ¿No somos acaso empresas luchando en los mismos mercados que otras? ¿No reivindicamos a menudo el concepto de trabajo en equipo para ello? ¿No tenemos que mejorar los resultados o, en ocasiones, batir récords? ¿No luchamos cada día por ser mejores? ¿No diseñamos estrategias para que nuestros equipos logren mejores resultados? ¿No les pedimos a las personas que sean mejores, que busquen esa milla extra? ¿No necesitamos la mejora permanente?

Y, ¿por qué apenas dedicamos tiempo y dinero para que nuestra gente entrene?

Hace años que me hago esta pregunta. Se nos llena la boca hablando de equipos de alto rendimiento, de mejora permanente, y cuando las cosas van medio mal eliminamos la inversión (yo me resisto a llamarlo coste), en formación. Escatimamos en horas, número de personas para capacitar, y en ocasiones los hacemos que aprendan en el alambre, como hicieron con nosotros. Puro ensayo y error en plena competición. ¿Cómo van a mejorar entonces? ¿Cómo vamos a conseguir resultados excelentes, si no les brindamos tiempo y recursos para entrenar? Y lo peor, ¿cuánto nos cuestan los errores que se cometen por falta de entrenamiento? Nos ahorramos inversión que podría ser preventiva, y pagamos inmensas cantidades en despidos, costo social de renuncias, profesionales buenos que abandonan por no haberles prestado la atención debida mientras pudimos hacerlo, por no haberles ayudado a desarrollarse.

Piense en ello.

1. Trabaje con su equipo en entender en qué pueden y deben ser mejores.
2. Busque a buenos especialistas, y permita a su gente pasar por programas de entrenamiento con ellos.
3. Vigile sus marcas, sus resultados y posibles desviaciones, y ayúdeles a volver a la senda del éxito cuando lo necesiten, con más entrenamiento.

Sólo así conseguirá que, cuando llegue la hora de la verdad, su gente esté verdaderamente preparada y obtengan los resultados esperados.

#114 22/08/16
COMIENZA LA TEMPORADA

Acaban los juegos de Río y nos dejan muchas enseñanzas: pasión, esfuerzo, superación de límites, alegrías, decepciones, metas, trabajo en equipo, individual, por parejas, mixtos... Pero hayas ganado o no, los focos ya se han apagado.

¿Y ahora?

A seguir entrenando para nuevos retos. La vida no para, es un continuo. Y lo es para todos igual. El mundo de la empresa no es muy distinto. Cada día, cada nueva temporada, nos enfrentamos a retos diferentes, a situaciones para las que no siempre estamos preparados. ¿Ayer tuviste éxito con tu equipo? Pues aquí lo que sigue:

¿Cómo vas a preparar el de mañana?
- ¿Qué necesitas?
- ¿Qué tienes que dejar de hacer que ya no te va a servir?
- ¿Tienes a la gente que te va a ayudar a conseguirlo?
- ¿Están preparados?
- ¿Están en los puestos en los que más van a rendir?
- ¿Tienen las funciones claras?
- ¿Saben todos lo que han de hacer?
- ¿Saben exactamente cómo hacerlo y las alternativas en caso de no conseguirlo?
- ¿Saben dónde están sus límites y qué hacer en caso de que se presente una buena oportunidad para la empresa y se los tengan que saltar?
- ¿Saben cómo ayudar al resto del equipo?

Tiempo de pararse a pensar en ello y externalizar aquellas tareas a las que no se llega. Al fin y al cabo, los directivos saben de sus negocios y han de dedicarse a ellos. Tiempo que no lo hacen es coste de oportunidad difícil de recuperar.

#115 25/09/16
NO DESMOTIVES A TU EQUIPO

A menudo, cuando vemos directivos que nos muestran su preocupación por formar a la gente y que se vaya, les repetimos el viejo adagio que dice: "Lo que te debería preocupar es no formarlos y que se te queden".

De ahí que la idea de este post sea: No te preocupes tanto en motivar, sino en no desmotivar a tu equipo. Lo importante no es estar pasando la mano por el lomo, sino más bien evitar hacer cosas que hagan que la gente se baje del carro.

Literatura sobre la motivación no falta, desde los clásicos Maslow y Herzberzg, hasta el superventas Daniel Pink. Sin embargo, muchas de las cosas que hacemos cada día en automático, sin ser conscientes, o lo que es peor, a sabiendas, desmotivan a la gente, produce altas rotaciones y causa enormes costes a las empresas. ¿Le damos una vuelta a alguna?

- **Dirige sin dar ejemplo.** Haz lo que te digo, pero no lo que yo hago. Tú has de llegar pronto, a tu hora, pero yo, que soy el jefe, llego cuando me da la gana. Tú has de pedir permiso para salir a una diligencia personal, pero yo lo hago cuando me viene en gana. Tú no te puedes ir a casa a tu hora porque tenemos mucho lío, pero yo ya tenía un compromiso. ¿Cómo suena? Sería innumerable el número de veces que he visto cosas de este estilo.
- **No respetes al colaborador.** ¿Para qué? Está aquí para hacer su trabajo, no para pensar. Que se limite a hacer. Si me enfado o grito o pongo mala cara, que no se preocupen, es que soy así. Y si llego tarde a reuniones teniendo a la gente esperándome es que tengo mucho lío. ¿O es que su tiempo vale lo mismo que el mío?
- **Delega las responsabilidades** (sobre todo cuando la cosa sale mal). Si sale bien somos todos, si sale mal, el equipo no ha estado a la altura. "No tienen ni idea".
- **Promete y no cumplas.** "No te preocupes". "Tu haz y luego yo cumplo". "En un año estás en ese puesto". "Tu subida

salarial no ha podido ser, pero está prevista para el siguiente semestre". ¿Quién no ha visto promesas como estas que luego no llegan a cumplirse?

- **Diles el "qué" y el "cómo".** "Coge un papel y un bolígrafo y apunta: *Querido Mariano, buenos días. Esta semana deberás mandarme lo comprometido o habrá consecuencias.* Ponlo en letra Times de 10, se lo envías ahora y le llamas por teléfono". Esto, dicho a un junior, podría tener un pase. A un senior sólo has de decirle el "qué". El "cómo" es lo que justifica su sueldo, es por lo que le pagas. Si se lo dictas lo matas.
- **Restringe la libertad al mínimo posible.** Limita la creatividad. "No se puede". "Porque es así". "No se hizo antes". "No lo veo". Cientos, miles de veces he visto actitudes similares en muchos ejecutivos. Buen ejercicio para estimular la innovación, ¿cierto?
- **Aprópiate de las ideas de otro y no le dejes siquiera acercarse a "tus" medallas.** ¡Ah!, y si hemos acertado, si algo salió bien con el trabajo de todos, es mi mérito. Soy buenísimo. Todo el mundo debe saberlo.
- **El feedback sobre lo que ha hecho mal.** A menudo sólo nos dirigimos a los colaboradores sólo cuando han hecho algo mal, sólo cuando hay un incendio para ver lo que ha pasado y ponerle remedio como salvadores que somos, asegurándonos de que se entere que la siguiente vez tendrá consecuencias. No te preocupes en poner en valor lo que ha hecho bien.
- **Abronca en público.** No lo hagas en privado, que entonces nadie se va a enterar de quién lleva la manija, de quién manda.
- **Amenaza que algo queda.** Y si lo anterior no ha sido suficiente, aprovecha que fuera las cosas no están del todo

bien, o juega con su miedo como padre o madre de familia, como divorciado/a con compromisos, o como soltero/a con ilusiones. Es lo mismo. Asegúrate que vean que estarán en dificultades si no te obedecen al pie de la letra.

La responsabilidad de un directivo, entre otras, es optimizar los recursos que le brinda la compañía para tener el mayor retorno posible. Y las personas no son "Recursos", por mucho que los apellidemos "Humanos". Son mucho más. Son quienes hacen posible el funcionamiento de la empresa.

17/10/16
¿TE PARECE IMPORTANTE HACER UNA BUENA SELECCIÓN "DPERSONAS"?

Podría parecer una pregunta retórica y autorrespondida ya en el origen, cuando la realidad que vemos cada día es que no es así.

En muchas compañías la selección de algunas posiciones es algo a lo que no se presta la atención que debiera. Y es un proceso lo suficientemente crítico como para adaptarlo a los cambios que la sociedad está imponiendo. Como comentábamos en la sección del programa de radio que hago, los propios criterios de selección han de irse adaptando a una realidad, ya muy distinta, a la que probablemente tuvieran los entrevistadores, cuando entraron en la empresa para la que ahora seleccionan.

Repasemos algunos de los elementos:
1. Baterías de test. De hecho, más que tests sueltos, las empresas empiezan a hacer complejos y completos assessments gracias a las enormes posibilidades que ofrece el mundo digital. Ya no es suficiente el psicométrico o el test de personalidad. Ya no vale con hacer sólo un

test de inteligencia emocional. Hoy trabajamos con herramientas potentes que nos permiten conocer cómo se adaptará la persona al puesto de trabajo con base en su perfil conductual. Podemos ponerle en situaciones simuladas para conocer el tipo de respuesta que dará cuando se le presente el problema. Todo un cambio que muchas empresas aún no han podido o sabido abordar.

2. Entrevistas. Con suerte, en el formato clásico, el candidato pasaba por 4-5 entrevistas en función de la posición: La primera de ellas con el reclutador externo, como filtro previo, después con el socio de la firma, otra con RRHH del cliente, otra con un responsable funcional de la empresa, y la última, si la posición lo requería, con el máximo responsable de la compañía. El candidato quedaba exhausto, pero también iba perfeccionando su discurso en el proceso, y eso llevaba al final a saber perfectamente lo que la empresa quería oír, y así salvar con nota el proceso, si era una persona mediamente atenta. Hoy ya hay muchas modalidades en las que una simple grabación de una entrevista en profundidad, previa conformidad del candidato, acelera y acorta los procesos para todas las partes.

3. Resume-CV o Biografía. El caso es que ambos han cambiado con el tiempo. De hecho, muchos empleadores empiezan a recibir formatos cada vez más novedosos de CV. Hoy el empleador necesita saber, no tanto la cantidad de logros que tuvo en el pasado, las funciones de sus posiciones anteriores (algunas infladas, todo sea dicho de paso), sino **lo que el candidato puede hacer**

por la empresa, sus habilidades, sus competencias, en definitiva, cual es el valor que puede aportar. De hecho, como oí una vez a Pilar Gómez Acebo, el Curriculum debía apellidarse Mortis en lugar de Vitae. Sólo cuenta aquello que ya hizo, pero aporta una visión muy limitada de lo que podrá hacer.

4. Referencias. Mientras en muchos países se sigue pidiendo al candidato que aporte tres o cuatro personas con sus puestos y teléfonos, en otros se ha entendido que es una práctica ya muy poco útil. Al final estás llamando a quien el candidato quiere que llames... Y, ¿van a hablar mal de él? Yo sólo lo he visto una vez en mi vida profesional. Lo normal es que no te den mucha información objetiva. Hoy, las redes sociales especializadas como LinkedIn nos proporcionan mucha info del candidato, pero sobre todo nos ponen sobre la pista de personas que pudieran coincidir con el candidato en anteriores empresas para que nos hablen de él o ella.

5. Evidencias. Mucho más interesante es conocer las cosas que sabe hacer o que ya ha hecho, para ver la aplicación práctica y el acople con lo que la empresa requiere. Muchos de los video-curriculums, de las video-bios, ya dejan ver estas capacidades de los candidatos, bien sea de su aspecto profesional o de la parte personal, que también cuenta en un tiempo en el que las personas simultanearán ambas cosas al tiempo, sin distinguir muchas veces entre los dos campos.

Y a pesar de todo eso, Laszlo Bock, el vicepresidente de Recursos Humanos de Google, decía hace unos días lo siguiente:

Hace unos años hicimos un estudio para determinar si alguien en Google era particularmente bueno a la hora de contratar a gente. Analizamos decenas de miles de entrevistas, a todos los que las habían realizado, la puntuación que había obtenido cada candidato y cómo realmente esa persona había realizado su trabajo. Encontramos que no existía ninguna relación.

La conclusión a la que llegaron es que ni el expediente académico, ni el pasado profesional, ni un brillante proceso tradicional, aseguran un buen desempeño futuro del candidato en la posición.

Por eso en dpersonas ayudamos a nuestros clientes es los procesos de recruiting, aplicando sencillos, pero ya probados y modernos procesos de selección, que obligan al candidato a mostrar lo que es capaz de hacer ante las dificultades que se le van a plantear en la posición. Y si no las pasa, por muy bueno que hubiera sido en el pasado, no debe subirse al barco. El coste de equivocarse en una elección es muchísimo más alto que lo que la empresa ha de pagar por tener un buen proceso de selección profesional.

#117 06/11/16
LIDERAZGO CONTROLADOR

Salía publicado estos días una noticia sobre la posible delantera que le esté tomando Microsoft a Apple, con motivo de algunos nuevos modelos que la primera ha sacado al mercado.

Ya hace bastante tiempo que se viene hablando de que la *casa de la manzana* ha dejado de ser puntera, innovadora, al menos como lo ha sido hasta ahora. Los últimos 4 años, casi coincidiendo con la desaparición de su líder impulsor, Steve Jobs, no se ha dado al mercado una señal de hacer algo alocadamente distinto, radicalmente diferente, como pudimos ver con los sucesivos nacimientos de las gamas iPhone, iPod, iPad, Apple tv, Apple watch, etc...

¿No será que cuando los liderazgos son tan marcados pasa que, con la desaparición del jefe, desaparece la "motivación"? ¿No será que este tipo de liderazgos sólo funciona cuando está el que manda? ¿Puede ser que cuando alguien que tiene ese carácter tan fuerte, al que todos tienen que seguir, deja de estar, ya no hay a quien seguir y el modelo se agota?

Hay empresas que tienen líderes impulsores, líderes muy controladores que hacen que las cosas pasen, líderes que se ocupan mucho del micromanagement, líderes que están en la operación para que se dé bien. Muchas de ellas tienen resultados exitosísimos en el corto plazo, pero, ¿Qué pasará en el largo? ¿Son sostenibles estos modelos? ¿Por cuánto tiempo?

La realidad es que muchos liderazgos, que se basan en tener el pie en la yugular de los colaboradores, dejan de producir resultados tan pronto el pie se levanta por el motivo que sea.

Yo creo que es una cuestión de confianza. Si no confías en la gente, la vigilas y la sometes a observación y aprobación diaria. Y si las personas se acostumbran a eso, más que disfrutar, padecen una tiranía profesional basada en la búsqueda de la aprobación permanente del líder. Si no confías, tiendes a controlar las horas de salida y llegada, las costumbres de las personas y te centras más en eso para obtener el resultado, que en el desarrollo del equipo. Lo que he podido ver estos años es que tan pronto este tipo de líderes se ausentan, la productividad cae, la gente se desquita y por fin respira aliviada. Y eso, al tiempo, es lo que refuerza al líder controlador para hacerse más imprescindible: *"Cuando yo no estoy nada funciona igual", "Sin mí esto no va bien"*.

Si por el contrario confías en tu equipo, lo formas, tienes paciencia y sabes lograr su compromiso de forma voluntaria, la organización aprenderá a vivir por sí misma, las personas crecerán y pondrán su talento al servicio de los resultados. Y éstos siempre van a ser mejores. El talento del grupo siempre está por encima de la "sabiduría" de una persona.

La complementariedad de un grupo siempre va a ser mejor que la brillantez de su líder, por mucho que de verdad lo sea. Un líder con equipo comprometido, a la larga, será siempre mejor que un líder con equipo sometido. Los segundos igual ganan algún partido, pero los primeros ganarán las grandes ligas. Mandar sabe cualquiera, pero dirigir bien es un arte.

2017

02/01/17
LA GERENTE QUE CAMBIÓ LAS UVAS POR POST-IT

Érase una vez una Gerente, la de más alta responsabilidad del país en la multinacional en la que trabajaba, que estaba terminando de rematar el año. Estaba segura de que ella y su equipo habían hecho un ejercicio estupendo. Así se lo habían hecho saber días antes los miembros del Consejo al que reportaba, en la última reunión de cierre que se había tenido a modo de repaso del año. Las cifras de cierre previsionales habían sido muy buenas. Si había una persona feliz y satisfecha por el trabajo hecho, era ella.

Esa mañana de fin de año pensaba en los rituales que llevaría a cabo cuando el reloj la llevara al año siguiente. ¿Contar hasta 12? Lo había hecho muchos años en su país de origen. ¿Contar desde 10 hacia atrás en inglés? Era lo que llevaba viviendo seis años desde que cambió su residencia. ¿Uvas? Las uvas son síntoma de buena suerte. ¿Necesitaba buena suerte para el año que entraba? Siempre se necesita algo de fortuna, pero... En esas andaba enfrascada mientras manejaba por la interestatal de camino a casa. Llegaría con el tiempo justo de comer algo, hacer unas compras, e ir a casa de unos amigos con los que había organizado la cena.

¡Este año llevaría 10 Post-It que iría poniendo en la mesa a modo de mosaico como deseos para cumplirlos en el año!

10 – Escuchar más a su equipo. Por alguna razón sentía que no había hecho el esfuerzo suficiente en atender y entender las múltiples sugerencias que, de forma explícita o implícita, le había hecho su equipo cercano. De hecho, sentía que éstas habían ido disminuyendo, al no encontrar receptividad de su parte.

9 – Descubrir al menos 10 personas talentosas. "Escuchar" significaba también estar más atenta a personas que

quizá le estaban pasando desapercibidas. Se esforzaría por detectarlas y darles visibilidad. El talento de los colaboradores, en el futuro, va a ser la base del éxito de una manera como no lo ha sido hasta ahora

8 – Seguir actualizándose. El mundo cambia cada día, y ella no podía estar anclada a viejos paradigmas, por útiles que le hubieran sido hasta ese momento. Necesitaba conocer cada día lo que iba siendo tendencia.

7 – Mejorar algunas de sus competencias. No creyó necesario apuntarlas, porque ella sabía bien que se trataba de mejorar su idioma de trabajo, hacer mejores presentaciones o dirigir mejor las reuniones. Por eso debajo anotó un significativo "...y también algunas habilidades"

6 – Extremar su puntualidad. No sólo respetando los tiempos de las múltiples reuniones y el tiempo de los colegas y colaboradores, sino cuidando mucho el tiempo de proveedores y clientes a los que a menudo recibía. Era "marca de la casa" hacerlos esperar, como si ya fuera una costumbre. Y eso no podía seguir ocurriendo.

5 – Mejorar en el respeto a sus colaboradores. Aquí escribió a continuación en letra más pequeña "acabar con mis arrebatos de ira". Aunque no eran muy frecuentes, de cuando en cuando soltaba por su boca "sapos y culebras" cuando las cosas no iban como esperaba, creyendo que eso ayudaría a solucionarlo. En el fondo sabía que no era así, por lo que estaba dispuesta a erradicarlo.

4 – Delegar más decisiones en su equipo. La responsabilidad nunca se delega, lo sabía, pero no hacerlo le llevaba a cargarse con un extra de tarea para que ésta saliera como ella quería.

Y eso le estresaba sobremanera, añadiendo con ello un coste de oportunidad con respecto a otras ocupaciones, en las que ella sí que aportaba un valor significativo.

3 – Mejorar su networking. En los últimos años, especialmente desde que cambió de país, había descuidado sus relaciones personales y profesionales. Consciente de que su "Net worth" era su "Network", se proponía mejorar la calidad de sus contactos para incrementar también su valor.

2 – Trabajar en Pensamiento Lateral. Se daba cuenta de que esta capacidad de dar soluciones mejores a problemas existentes, pasaba por mejorar su creatividad para salirse de lo habitual. Hoy, más que nunca, un directivo ha de estar por delante de su equipo en estos temas. Era también consciente de que en los tiempos que corren debía estar dispuesta a pensar más "fuera de la caja".

1 – Ser más asertiva en la defensa de sus posiciones con sus jefes. En el último 360 que habían tenido, algún colega —seguramente amparado en el anonimato— le había dicho que ella "era fuerte con los débiles y débil con los fuertes". Eso le había molestado sobremanera, y pensaba que quizá tenía que ver con aceptar a la primera todo lo que le venía desde la central, sin pelear su punto de vista. Eso sí que le podía estar pasando, así que, en adelante, defendería mejor aquello en lo que creyera.

Al acabar la cuenta atrás, había puesto todos los Post-It encima de la mesa, y alguno le preguntó por tan desacostumbrada tradición. Ése era tiempo de disfrutar el momento y entrar con buen pie en el año, así que sonrió y aplazaron el debate. Los días siguientes mantuvo interesantes conversaciones al respecto, y muchos de sus amigos se brindaron a apoyarla.

El plan ya estaba en marcha, y el año siguiente volvería a hacerlo.

¡Feliz 2017 para todos!

#119 16/01/17
EL DIRECTIVO QUE SE CREÍA IMPRESCINDIBLE

Leía hace unos días un artículo sobre la importancia de salir bien de los trabajos. Hace años conocí el caso de una persona que se despidió de su empresa voluntariamente dando un portazo. Cuando llegó a su casa tenía una llamada de su nuevo empleador, pidiendo disculpas por romper el acuerdo, ya que no podía contratarle. Desde entonces no me quito de la cabeza cómo lo tuvo que pasar por haber actuado de aquel modo.

La actitud en la vida lo es todo. Comparto a continuación un cuento que descubrí hace años y que me ha acompañado en toda mi trayectoria, recordándome que siempre recoges lo que siembras.

Un joven llegó al borde de un oasis contiguo a un pueblo y acercándose a un anciano preguntó: "¿Qué clase de personas viven en este lugar?"

El anciano preguntó a su vez: "¿Qué clase de personas viven en el lugar de donde vienes?"

—¡Oh, un grupo de egoístas y malvados!, replicó el joven. "Estoy encantado de haberme alejado de allí".

A lo cual el anciano contestó: "Lo mismo habrás de encontrar aquí".

Ese mismo día, otro joven se acercó a beber agua al oasis y viendo al anciano preguntó: "¿Qué clase de personas viven en este lugar?"

Él respondió con la misma pregunta: *"¿Qué clase de personas viven en el lugar de donde vienes?"*

—Un magnífico grupo de personas: honestas, amigables, hospitalarias, me duele mucho haberlas dejado, dijo el joven.

—Lo mismo encontrarás aquí, replicó el anciano.

Un hombre que había oído ambas conversaciones preguntó al anciano: "¿Cómo es posible dar dos respuestas tan diferentes a la misma pregunta?"

A lo cual respondió: **Cada uno lleva en su corazón el medio ambiente donde vive. Aquel que no encontró nada bueno en los lugares donde estuvo no podrá encontrar otra cosa aquí. Quien encontró amigos allá, podrá encontrar amigos aquí, porque, a decir verdad, lo que ellos han "visto" en los lugares donde han estado, no es más que el reflejo de ellos mismos.**

En la vida, tan importante como ser bueno en lo tuyo, tan importante como ser exitoso, es entender que hay un elemento fundamental detrás de cada empresa: sus personas.

Desarrollar la inteligencia emocional suficiente para dejar de ser egoísta, miserable, antipático o grosero, te hará un mejor directivo, un mejor compañero o un mejor colaborador. Y cuando salgas, si es que has de hacerlo, encontrarás gente que te ayude en tu nuevo camino.

Si por el contrario persistes en pensar que el mundo gira alrededor tuyo, lo hará todavía por algún tiempo. Pero cuando el mundo te ponga en tu sitio de una patada, lo tendrás difícil para volver a su órbita.

#120 01/02/17
CUANDO TRABAJAS CON EGOÍSTAS

En un mundo en el que los resultados, la inmediatez del éxito requerido, lo que algunos llaman el "performance", son la tendencia predominante, lo que tenemos es el mejor caldo de cultivo para los egoístas.

Igual que en el deporte, si a una persona le mides sólo por los goles que mete, se empeñará en meterlos, y no verá a ningún compañero al que pasar, por mejor ubicado que esté que él mismo. Si le mides por los puntos que mete en basket, hará lo propio.

Eso nos va configurando como sociedades tremendamente competitivas, pero también como individuos un tanto egoístas.

He convivido con profesionales que son capaces de atropellar a un compañero en una reunión con tal de quedar bien, gente que se apropia de las ideas de otros para lo mismo, gente que no tiene reparos en desacreditar a compañeros con tal de flotar como el aceite. Obsérvese que digo "flotar" porque muchos de ellos tristemente sólo obtienen como retorno con estas actividades "mantenerse" en su mediocre mundo. Entendería que, si sacaran un ascenso, una promoción, un premio, pudieran anteponer su ambición, y usar cuantos elementos estuvieran a su alcance, por poco éticos y legítimos que me parecieran. No lo compartiría nunca, pero si llegan a perseguir obtener ganancias, todavía podría entender lo racional de hacerlo. Pero lo triste es que muchas veces son capaces de hundir a otros, sólo por seguir manteniéndose con el agua al cuello.

¿Que hay gente generosa? Sí, afortunadamente, claro. Hasta en tiempos difíciles encuentras gente que apoya, que entre sus valores está ayudar a otros antes de ponerse a salvo. Pero son los menos. Por eso son elementos tan preciados en las empresas. Aquellos que sirven de soporte a otros, que generan buen clima por donde pasan, que ayudan a elevar la moral a quienes la tienen por los suelos, son hoy casi piezas de museo, pero indudablemente reportan beneficios no siempre suficientemente valorados por las empresas.

Si usted genera egoístas en las empresas, la compañía tendrá ese sabor. Y la competencia no tardará en darse cuenta, pero también sus clientes, y seguro que sus proveedores, a quienes estrujará sin remordimientos con tal de mejorar sus resultados. Y, ¿cuánto recorrido cree que tienen estas actitudes?, ¿por cuánto tiempo cree que podrá mantenerlas?, ¿cuánto tiempo cree que sus accionistas tardarán en darse cuenta de que estas dinámicas no son buenas para la pervivencia de su empresa?

Además de mirarse al ombligo, hoy los buenos líderes han de velar por el difícil equilibrio y bienestar de sus stakeholders. ¿De sus accionistas? Obvio. Esos los primeros. Pero sin dejar de poner un ojo en los competidores, con los que en algún caso le será más provechoso colaborar que sólo competir a muerte. ¿Con sus proveedores? También. Cuánto más les apoye, especialmente si son pequeños, cuánto más les ayude a crecer, más fieles le serán y mejor servicio le prestarán. Y los más importantes: sus colaboradores. Hágalos sentir únicos, ayúdeles a desarrollarse, ponga en valor sus virtudes y ayúdeles con sus carencias, y tendrá personas fieles y confiables en el tiempo. Exprímales y se habrá ganado a pulso que sólo unos pocos quieran trabajar para usted.

#121 26/02/17
SOBRE NUEVAS FORMAS DE TRABAJAR

Con la llegada de nuevas mentalidades a las direcciones de las empresas, cada vez se van instalando modernas y novedosas maneras de trabajar en las mismas. Al concepto de Open Spaces que esta misma semana volvía a reivindicar el profesor del IE, Enrique Dans, se han unido todas las opciones de home office imaginables, horarios flexibles, centros de coworking, garajes, encuentros de profesionales, cafeterías, etc...

Y con ello aparecen sus detractores: gente que sigue encontrando que la mejor manera de conseguir los resultados es vigilar a los profesionales como se hacía 100 años antes. Y es que, con ese alejamiento de los centros de trabajo llega la dispersión de los colaboradores, y con ello nuevos retos de comunicación, nuevas maneras de medir, nuevas estructuras de reporte, nuevas organizaciones y repartos de las tareas. Eso, y sólo eso, es el principal obstáculo que ven muchas de las empresas con las que hablo, para dar el necesario paso adelante. Muchos de los detractores lo son porque no encuentra las ventajas de deslocalizar las tareas, corriendo el riesgo de perder el control sobre ellas. Y otros porque supone cambiar lo que existe, aunque no funcione tan bien como ellos quisieran.

La mayor parte de las tareas que no están orientadas a ser la cara visible de la empresa en un lugar físico, se pueden deslocalizar. Ya hay interesantes iniciativas en Call Centers que han demostrado que desde casa se mejora la productividad, disminuyen las ausencias y se incrementa la satisfacción del operador. Ni qué decir de las posiciones comerciales o tareas administrativas, financieras, legales, o de procesos. Hoy sólo se trata de saber aprovechar la mejora que las tecnologías brindan a las comunicaciones, y cambiar la forma de medir, para darse cuenta del ahorro en espacio, energía, combustible, tiempo y con ello dinero, que tendrían las empresas.

Hace unos días preguntaba en una reunión en Buenos Aires cuánto tardaban las personas en ir a trabajar. El promedio fue de 1:30 horas... de ida, y lo mismo de vuelta. ¿Imaginan lo que dan de sí trabajando 15 horas a la semana pensando sólo en 5 días? Claro que eso es tiempo personal, y les pregunté si estarían dispuestos a "ceder la mitad" a la empresa, a cambio de la comodidad de no tener que desplazarse cada día. La respuesta fue contundente: sí, claro. ¿La mitad de 15? Siete horas y media que cada una de esas diez personas "regalaría" a la empresa cada semana. Multiplicando sólo en este pequeño grupo 7,5 horas x 48 semanas x 10 personas= 3.600 horas. Para los amantes de la productividad, aquí tienen 90 semanas de trabajo de 40 horas. Como para pensarlo, ¿no?

El síndrome "De 9 a 6"

Pero resulta que, con la aparición de estas nuevas formas de trabajar, están apareciendo también nuevas sensaciones que se producen en los colaboradores. Por ejemplo, pensar que está haciendo algo mal si sale a pasear al perro a media mañana, o se toma 10 minutos viendo un reportaje en la tele, o si se entretiene con un vecino en el garaje, cuando vino de dejar a los niños en el colegio: "es tiempo de la empresa que estoy usando, estamos en horario de 9 a 6".

Y es que son tantos años de medición de la productividad con lo que por acá llaman "hora nalga", que no es fácil abstraerse de ello. Pero deben pensar que ese tiempo no es nada comparado con los tiempos empleados en chismes, en cafés de pasillo, en conversaciones y reuniones interminables, en las múuuuuuultiples interrupciones que tenemos en un centro de trabajo. Hace unos meses leí un estudio en el cual demostraron que las cosas importantes, las que requerían concentración, rigor y detalle, se hacían en todos los sitios imaginables menos en las oficinas. Curioso, ¿no? Como para pensárselo.

Muchos de nuestros clientes, con quienes trabajamos en esta parte de la gestión del cambio en las personas lo experimentan como un proceso natural. Deshacer hábitos instalados es difícil. Implementar nuevos es todo un tema. Pero cuando se ven los resultados se comprueba que ha merecido la pena el esfuerzo.

#122 11/03/17
INSPIRAR PARA CONSEGUIR RESULTADOS EXCELENTES

De todos los métodos que conozco para conseguir los resultados esperados con el equipo que tienes, sólo con uno me he sentido completamente satisfecho: inspirando a otros.

Y es que cuando inspiras a otras personas es que te has ganado su confianza. Y la gente trabaja mucho mejor. Y los resultados son asombrosos. Pero resulta que la confianza es eso que tarda tanto en construirse y que se esfuma con una rapidez pasmosa. Por eso cuesta, no sólo conseguirla, sino mucho más conservarla. Para conservar la confianza hay que dar ejemplo, hay que ser coherente, hay que ser consistente, hay que demostrar interés legítimo en las personas, hay que estar para los otros, a su servicio. Si algo de esto se quiebra, la confianza se pierde, y con ello la inspiración que se generaba, entonces las personas pasan a modo automático. Algunos de ellos se quedan a tu lado esperando que vuelva la magia de aquel momento. Pero sólo un milagro, es decir, que vuelvas a dar ejemplo, que demuestres interés, etc., puede hacer que no acaben marchándose.

Y es que hoy las personas se enamoran de sus proyectos, pero se casan con ellos cuando creen en las personas que los dirigen. Con el tiempo y la posibilidad que te dan las tecnologías y las redes de conocer otros proyectos para trabajar, se va a ir incrementando la capacidad de decidir en los proyectos en los que uno quiera trabajar.

Ya está muerto el concepto de un único trabajo para toda la vida. Es anacrónico, no es verdad que demuestre fidelidad sino comodidad, y por tanto está desapareciendo para bien de empleadores y empleados. Y eso va a permitir dos cosas: que las decisiones de cambio se mediten con más liviandad, porque no son para siempre, y que se investigue antes quiénes son los líderes de los proyectos. Hace años era muy difícil conocer a las personas y sus trayectorias; hoy sólo basta con teclear su nombre en Google y buscar referencias. El líder hoy está obligado a ser inmaculado. No sólo por su gente y su presente. Sino por su futuro y lo que quiera conseguir en él.

El resto de formas con las que he visto conseguir resultados: la coerción, la imposición, la amenaza, la obligación, el miedo, son métodos ciertamente exitosos, pero en el pasado, llamados a poner de manifiesto la incapacidad y mediocridad de quienes los emplean como único método para conseguir sus resultados. A mí no me cabe duda de que funcionan y dan excelentes resultados en el corto plazo, pero en el largo sólo producen colaboradores incapaces de tomar decisiones por sí solos, dañados emocionalmente, estresados sobremanera por ser conscientes de estar traicionando aquello que piensan sólo por mantener su sueldo.

Por eso, conseguir aunar las voluntades de quienes trabajan en el proyecto, hacer que estimulen a otros a unirse, conseguir de ellos la milla extra sin que haya que pedirla, hacer que trabajen el doble cuando tú no estás, que asuman responsabilidades aunque se equivoquen sin miedo a represalias, sin tener que andar pidiendo autorización para cada cosa de su área de expertise, nos garantiza no sólo el compromiso, sino el éxito.

#123 30/04/17
SACRIFICARSE TE DA LIBERTAD

Hace años oí que el sacrificio te proporcionaba libertad. Nada más oírlo no puedes dejar de pensar en el contrasentido que significa. ¿Cómo, algo que resta tiempo, que te consume energía, que te cansa, puede reportarte libertad? Quien me lo explicaba me ponía varios ejemplos: aprender a tocar el piano es sacrificado, pero el día de mañana te permitirá decidir en una reunión de amigos, por ejemplo, si quieres tocar el piano. Igual no es el mejor ejemplo, pero cuando pienso en cosas por las que me sacrifiqué, como aprender a jugar al basket, o escribir periódicamente un blog, o prepararme las clases para luego impartir, me da una inmensa libertad de decidir si quiero hacerlo o no.

En el fondo, la libertad, como la entendía Aristóteles, no es más que la esencia del ser humano. Por eso la anhelamos. Guiar nuestra vida conforme a la capacidad que tenemos de decidir nuestro destino es una de las cosas más satisfactorias. Y esa libertad pasa siempre por decidir. Todo el día estamos decidiendo.

El proceso de toma de decisiones que enseñamos en las escuelas de negocio, y en los programas que llevo a cabo para directivos en empresas, no se basa más que en eso, en poder elegir entre dos o más opciones. A veces sólo tengo una opción, y mi decisión se basa en saber si la tomo o no. Y es aquí donde el ejemplo de mi amigo cobra sentido. Si te sacrificaste en algún momento por mejorar tus habilidades, muy probablemente tengas más opciones, y eso no te hará tomar la mejor decisión por sí solo, pero aumentará las posibilidades de encontrar una buena solución y te brindará la libertad de tomarla o no.

En sentido contrario, muchas personas que no se tomaron la molestia de pasar un mal rato, que no quisieron abandonar su zona de confort, la que fuere, anhelan muchas veces una libertad que no les es dada por no contar con suficientes opciones.

He conocido en estos años muchos ejemplos de gente triunfadora que ha llegado tras sacrificar cosas: a veces tiempo personal, a veces tiempo familiar, horas de sueño, etc. El triunfo no llega sino después de sacrificar algo. Y de nuevo, como en un círculo virtuoso, el ser humano tiene la libertad de decidir si le merece la pena sacrificarlo por el fin que persigue, o no.

#124 — 09/06/17
LIDERAR SONRIENDO

Estos días estamos trabajando con diversos equipos, de diferentes industrias, en temas de liderazgo. Es curioso lo poco que ha evolucionado el concepto que tienen los líderes sobre lo que es el "Liderazgo", en un mundo que cambia cada minuto a velocidades que no imaginábamos. Y es que cuando se trata de dirigir personas, cuando se trata de influir en ellas, pueden cambiar las formas, pero en sí la esencia es la misma.

Hay liderazgos atemorizantes que consiguen resultados por coacción, miedo o posibles consecuencias. Y en el otro extremo hay liderazgos amables, que consiguen resultados gracias a ganarse a las personas para la causa, poniéndoles en el centro. Hoy todavía los primeros piensan que con liderazgos suaves no podrían conseguir resultados. Y tienen razón. Ellos se sentirían frustrados porque no entienden que el concepto "persona", está por encima del concepto "resultado". Y, por otro lado, los del segundo grupo no podrían gestionar resultados teniendo subyugadas a las personas en pos del resultado, dándole igual las condiciones, las circunstancias, o el precio a pagar por conseguir el éxito. Dos estilos que hoy siguen conviviendo en las empresas, complementarios. Dos polos opuestos desde los que conseguir éxitos.

Estos días hemos visto un líder de los que se podría considerar suave en las formas, siempre con una sonrisa, con un buen gesto, creando buen clima, ha conseguido revalidar el torneo de la Champions League para el Real Madrid. Estoy hablando de Zinedine Zidane. Tres entrenadores antes que él, con un modelo muuuuy diferente, José Mourinho, no consiguió más que un buen palmarés de records de partidos ganados, puntos, etc., pero una sola Copa de Rey con un equipo de una calidad similar. Con gesto mal encarado, con problemas con la prensa, con los rivales a los que metía literalmente dedos en los ojos, con sus propios jugadores creando un clima de sospecha, temor y malentendidos, que le llevó incluso a apartar del equipo a su capitán y portero talismán...

Hoy, más que nunca, estoy convencido de que un buen liderazgo no está reñido con ser exigente en la tarea y suave en las formas. Las cosas han de hacerse, pero no todo vale para conseguirlo. Mano firme en guante de seda. Hay muchas maneras de decirlo, y otras tantas de hacerlo. Pero me alegra que por fin veamos en los liderazgos amables los resultados de forma tan visible. Me alegra que triunfe el sentido de equipo por encima del de las estrellas *killers*, que se abren espacio a codazos en la empresa, aprovechando la primera ocasión para pisar al de al lado, trepando sin importar a quien ponen el pie en la cabeza. Y nada más me alegraría que los líderes que tienen personajes como estos en las empresas, empiecen a entender el daño que hacen, a valorar que les iría mejor sin ellos, y que los empujen a cambiar o salir.

#125 19/07/17
LOS MOMENTOS DE LA VERDAD

Bajo este concepto nos referimos habitualmente a aquellas decisiones que tomamos voluntaria o involuntariamente para abordar un reto grande, difícil o estimulante, en el que hay mucho en juego.

Para mí los momentos de la verdad son aquellos en los que los directivos se miran por dentro, se dan tiempo para conocerse mejor y analizar aquello en lo que pueden ser mejores. Y cuando hablo de "mirarse por dentro" no hablo de lo que muchos hacen a diario que es "mirarse al ombligo" que, como se puede entender, son dos cosas muy diferentes.

Pocas veces tiene un directivo oportunidad de meter en su apretada agenda tiempo para sí mismo, para pensar, para meditar, para leer, para conocer tendencias. Los viajes, las esperas en aeropuertos y trenes, suelen ser un buen lugar. ¿Las fuentes? Muchos utilizan las redes sociales, ya sean profesionales o de índole más personal, para encontrar inspiración a través de artículos, noticias y comentarios.

Muchas de las redes cuentan con grupos especializados en los que encontrar aquello que uno pueda estar necesitando.

En ocasiones los directivos han encontrado en el Coaching Ejecutivo ese espacio en el que poder reflexionar sin ser juzgado, en el que compartir inquietudes, dudas o miedos, sin ser cuestionados por ello. En dpersonas hemos sido testigos de algunos de estos buenos resultados, gracias al trabajo de nuestra red de *coaches* directivos.

Pero no hace falta hacer mucha inversión, ni contar con un presupuesto elevado. Muchas veces basta con sentarse ante un café con papel y lápiz y reflexionar sobre: ¿Qué retos tengo en la mesa? ¿Qué alternativas tengo para conseguirlos? ¿Cuál de ellas es la mejor? ¿Qué necesito para ponerla en marcha? ¿Qué puedo hacer para conseguir lo que necesito? ¿Cuándo lo voy a hacer? ¿Cómo sabré que lo he logrado? ¿Qué plan o planes alternativos he de tener previstos? Lo único que necesitamos para esto es, aparte del café y lápiz/papel (también vale un buen Excel), un bien mucho más preciado: Tiempo.

Emplee parte de su tiempo en pensar en su destino y lo podrá imaginar. Separe la vista de los números, enfoque hacia el horizonte, y podrá verlo con más nitidez. Dibuje su futuro para poder moldear su presente. Un buen rato de reflexión puede ayudarle a organizar sus ideas, pero también a cambiar de algún modo su vida.

Mathieu Ricard decía que "somos el fruto de una serie de actos libres de los que somos los únicos responsables". Tome su tiempo para tomar decisiones, porque si no, estará viviendo con las decisiones que otros tomen por usted.

#126 11/04/17
APRENDER, RECORDAR Y PASAR PÁGINA

NOTA DEL AUTOR. En la primavera de 2017 decidimos traspasar todos los contenidos del blog de raulcastro.es a dpersonas.com/blog, con el fin de unificar criterios de contenidos, y derivar el tráfico al *site* de la empresa. Pero el blog raulcastro.es seguiría unos meses activo. Esa es la razón por la que en esta parte se solapan algunas fechas.

Para los que llegáis aquí desde www.raulcastro.es no es novedad alguna que escriba usando recursos del deporte; fue mi vida y es mi esencia. Para los que nos encuentran ahora: ¡bienvenidos! Es un placer ganar adeptos cada día a esta particular forma de ver los asuntos de empresa.

¿Cuánto tiempo pasamos en las empresas lamentando una mala decisión? Ese plan que no se dio como se esperaba, ese cliente que perdimos, ese año que se nos fue sin hacer lo que sabíamos que teníamos que hacer... Una de las actitudes que le tomé prestada al deporte y que me ha acompañado toda la vida, es que el más importante es el partido que está por venir. El pasado ya lo fue. Ganáramos o perdiéramos, ya no podemos cambiar el resultado, y por tanto conviene **aprender, recordar y pasar página**.

¿Qué se puede **aprender** de una derrota?

Para mí, la ducha (la regadera que dicen en México) siempre fue un lugar mágico para pasar la película del partido. ¿Qué hice mal? ¿Qué podría hacer mejor? ¿Qué hice, de todos modos, bien? Y en ese orden. ¿Para qué quedarte con los malos recuerdos, si aún en una mala tarde seguro que algo te salió como esperabas? Y es que cualquier deportista está acostumbrado a gestionar el error como algo necesario. Un excelente porcentaje de tiros de 3 puntos en basket podría ser un 40%, pero eso significaría que fallaste 6 de cada 10. Sería incomprensible no ver esos fallos como algo necesario para meter los otros 4.

Esos son los que debemos **recordar**.

Aquellos puntos que metimos. Lo que hicimos bien. Y también memorizar lo que debería haber hecho para no fallar. ¿Qué movimiento me faltó? ¿Qué llamada no hice? ¿Qué podría haber dado la vuelta a la situación? ¿A quién debía haber visto para desatascar el problema? ¿Necesitaría haber sido más incisivo? ¿Menos? ¿Qué habría cambiado de haberlo hecho? Imaginar y memorizar el resultado que habría obtenido en positivo después de haber hecho algo distinto. Apalancar sensaciones de logro, incluso no obtenido. Pero este ejercicio debe tener fecha de caducidad. No puede ser interminable. Debe ser finito. ¡Ya! Se acabó.

Es tiempo de **pasar página.**

Pasar página es de las cosas más difíciles, pero se entrena. No hacerlo mantiene a la gente atrapada en inseguridades, miedos, odios y rencores absurdos. Actitudes todas ellas tóxicas para un desempeño sano de cualquier actividad. Olvidar es también aceptar. Dicen que las sociedades, como los equipos, están condenados a repetir su historia cuando la olvidan. Es verdad. Yo no creo que convenga olvidar lo que aprendimos, pero sí librarnos de las reacciones paralizantes que nos producen esos recuerdos, eliminar del recuerdo lo que nos hizo daño y quedarnos con lo bueno. Eso se llama supervivencia, y es un mecanismo que tenemos por defecto los humanos, salvo cuando nos empeñamos en revivir el doloroso pasado testarudamente.

Así que recuerda que el más importante es el partido que aún está por jugarse. Y ponte a entrenar para ello.

#127 01/06/17
¿DESAPARECERÁ RECURSOS HUMANOS?

Con esta inquietante pregunta dándoles vueltas en la cabeza se presentaron los asistentes a un Panel en el que participé esta semana, promovido por La Salle, con el inquietante título "DESAPARICIÓN DEL ÁREA DE RECURSOS HUMANOS".

Y la pregunta es: ¿tienen que desaparecer?

Del debate salieron puntos de vista más conservadores que creen que es necesario mantener los departamentos de RRHH como están hasta ahora, con sus funciones de seguimiento y control de la plantilla, elaboración de nóminas, aplicación de sanciones y premiación, capacitación, elaboración de manuales, procedimientos y políticas, etc.

También se puso encima de la mesa la necesidad de adaptarse a los tiempos, poniendo el foco en lo que de verdad es relevante en el área de RRHH: el desarrollo de las personas que trabajan para la empresa. Hoy ya buena parte de muchas de esas funciones "tradicionales" se están dando a empresas externas para su ejecución. Por lo tanto, quedan tiempos y recursos disponibles para mejorar el capital humano con el que contamos. Pero ¿quién tiene que hacerlo?, ¿tiene sentido que siga habiendo un departamento de "personal" ajeno al negocio, a las diferentes áreas, que capitanee esto?, ¿tiene ya sentido que sean las áreas, conocedoras de sus necesidades, las que deban solicitar el desarrollo de las personas a RRHH? O por el contrario debe ser RRHH el que se imbrique más en el negocio, conozca las necesidades de la industria, y provoque estas acciones…

Los Business Partners

Esta es la dicotomía en la que muchas empresas se encuentran varadas. Hace años, con la idea de conocer mejor las necesidades del negocio, se empezaron a introducir a personas con especialidad en RRHH en las áreas. Se entendía que estos BP apoyarían desde dentro del negocio con el conocimiento específico. En algunos casos fue un verdadero avance y en otros, las celosas áreas de RRHH, temerosas de perder su poder a favor de quienes dirigen los negocios, han replegado velas y están recuperando estas funciones.

La tendencia

Algunos de los avances más significativos los están propiciando quienes, conscientes de la importancia que las personas tienen en el desarrollo de sus negocios, las tienen en el centro, como un fin en sí mismo, y no como un medio para conseguir sus resultados.

Muchas de las organizaciones que van abandonando las obsoletas estructuras piramidales o matriciales, y las están sustituyendo por incluyentes estructuras en forma de círculos, proyectos, o intraemprendimientos, empiezan a ver las ventajas de la autoadministración del capital humano por parte de estas estructuras autónomas. El empresario chino y fundador de Alibaba, Jack Ma, dice que las empresas tienen que tratar a las personas mucho mejor que a los accionistas: ¿saben que hicieron los accionistas cuando llegó la crisis?, *¿saben quiénes se quedaron a mi lado?*

Diferentes puntos de vista, múltiples enfoques, que convergen en la única realidad que conozco: hoy, todavía, son las personas las encargadas de hacer que las cosas pasen en las empresas.

Sin su conocimiento, sin su apoyo, sin su voluntad, las cosas, sencillamente, no van a pasar.

#128 29/06/17
¿DEBE EL MANDO MEDIO DESOBEDECER?

Con frecuencia nos encontramos en nuestros programas de Competencias Gerenciales con líderes que lo son habiéndose acostumbrado a obedecer, y limitándose a hacer lo que les decían. Y no tengo dudas de que esa forma de hacer, que le permitió llegar hasta allí, tiene todo el sentido para él o ella.

Pero nuestro trabajo es estimular y despertar un sentido crítico que en ocasiones permanece adormilado tras años de no usarlo. Los mejores líderes que he visto cuestionan las cosas, no se conforman con los "porque así sea hecho siempre", provocan nuevas soluciones, arriesgan al emitir sus ideas y opiniones, frente a los que simplemente ni se lo cuestionan. Muchos de ellos no lo hacen por no "desobedecer". "Si haciendo lo que hago y como lo hago, he llegado hasta aquí, ¿para qué cambiar?", parecen decir a veces.

Sin embargo, el mundo es tan competitivo y tan cambiante, que quien no se adapte estará fuera de su mercado en tiempo récord. Los negocios están, como el mundo, en permanente evolución, y las empresas que tienen a sus mandos medios adoctrinados para obedecer, se pierden nuevas ideas, se pierden iniciativas valiosas, se pierden, en definitiva, su talento.

Hable con ellos

Haciendo este guiño a la provocación, del muchas veces premiado y reconocido por su provocación, Pedro Almodóvar, animamos a las empresas a conocer lo que sus colaboradores tienen que decir. A escuchar iniciativas que permanecen latentes, ocultas, bajo la engañosa justificación de la obediencia debida. Con un grupo de gerentes con los que trabajábamos estos días hablábamos de esto, de la necesidad de provocar cambios, de que estábamos todos seguros qué es lo que necesitan las empresas, pero que eso no sería posible sin que ELLOS provocaran el cambio. Y no se trata de desobedecer instrucciones, pero sí de confrontarlas con toda la educación y contraargumentos disponibles, sí de cuestionar tantas veces como fuera necesario, si creen tener una solución mejor para la empresa. Esa no es sólo una buena opción; debería ser la razón de ser de un ejecutivo que aspire a crecer y a aportar más a la empresa para la que trabaja. Para eso han de ser escuchados por sus jefes y, a la vez, escuchar a sus colaboradores.

Comunicar, comunicar, comunicar

A las dos cosas que ha de hacer cualquier directivo del mundo en cualquier sector, tomar decisiones y dirigir personas, se le suma esta tercera que es comunicar. Siempre estamos comunicando. Cuando escuchamos, cuando no lo hacemos, cuando hablamos por los codos y cuando callamos. Siempre estamos comunicando. Nuestra gente siempre está observándonos en esta sensible tarea. Es por eso que es la primera competencia que trabajamos en nuestro programa. En TODOS los estudios de clima que hemos hecho y para los que hemos organizado planes de acción, la comunicación suele estar en las puntuaciones más bajas. Por eso es lo primero que hay que trabajar. Por eso y porque con una adecuada comunicación las ideas fluyen, las conversaciones se dan, la gente se siente valorada, la confianza crece y los resultados llegan. Cambiar de un círculo vicioso de mala comunicación, a uno virtuoso como el que acabo de describir, sólo tiene un responsable: USTED. Cambie para que todo cambie. Estimule el pensamiento crítico, permita aflorar el talento de su gente, y tendrá éxito. No lo haga, siga igual, y desaparecerá. Así de tajante.

#129 02/08/17 CAMBIAR

Muchos de los que estáis leyendo este post sois profesionales exitosos. Sois personas a las que os ha ido relativamente bien. Muchas, muchos de vosotros habéis tenido grandes éxitos, algún patinazo, alguno incluso sonoro y visible, pero fruto de esas experiencias ocupáis un puesto de responsabilidad que os permite mirar hacia atrás y decir: ha merecido la pena. Muchos sois exitosos no sólo por lo que habéis hecho, sino por **cómo** lo habéis hecho. A muchos se os tiene como referencia en vuestras organizaciones. Sois "gente de éxito".

Entonces, ¿para qué cambiar?

Y es que las mayores resistencias al cambio se producen precisamente en los vértices de las empresas. ¿Para qué cambiar si haciendo lo que he hecho y de nuevo, **como** lo he hecho, me ha ido súper? Muy probablemente alguno de vosotros ha logrado éxito siendo lo que se ha dado en llamar un "agente del cambio". Habéis crecido haciendo del cambio bandera. No faltará quien solicita a su gente, **siempre de la misma manera**, cambios permanentes. Pero por desgracia, aún sigue pasando en algunas organizaciones que la mayor resistencia al cambio se produce en los propios directivos.

No podemos olvidar que el cambio es inherente al mundo en el que vivimos. ¿Quién se acuerda de cómo eran las cosas hace

5 años?, ¿y 10?, ¿y 20? Sólo se tiene perspectiva de cómo hemos cambiado cuándo uno mira hacia atrás y piensa en los diskettes flexibles, o en los vinilos, o en las máquinas de escribir o los carretes de fotos. Pero si pensamos en términos de empresa, ¿verdad que no hacemos las mismas cosas que hace unos años? Y una pregunta más difícil de contestar: ¿seguimos dirigiendo como lo hacíamos hace unos años? En mi experiencia pocos de los que leéis esto, con la mano en el corazón, podrá decir un rotundo NO. A muchos se nos caerá un sí sigiloso, flojito. Un sí que implica que, aunque el mundo haya cambiado, aunque las cosas no sean como antes, aprendí a hacer las cosas de una manera, me va bien, y no veo por qué he de cambiarlas.

La mala noticia es que esa era la forma en la que directivos de muchas empresas que hoy ya no existen pensaban. Que cambien otros. A mí no me sale a cuenta. Adoptar nuevos hábitos obliga a dejar de lado los anteriores. Dirigir personas de manera distinta implica abandonar viejas pero exitosas prácticas. Supone asumir riesgos, supone jugársela. Y ya se sabe cómo se pagan los errores en estos exigentes tiempos. Así que, de veras, ¿para qué cambiar?

No queda más remedio.

La mala noticia para quien así piensa es que el cambio es lo único constante. Ha llegado y está aquí para quedarse. O nos movemos o nos quedamos atrás. Decía mi buen amigo Bernard Wyss que *"renovarse o morir"* ya no es una frase hecha. En la cadena hotelera para la que trabaja ahora *"renovarse ya no es suficiente"*. Me gusta mucho la frase de Guy Kawasaki que dice que *"al final, o eres diferente o eres barato"*.

Por eso los directivos estamos condenados a renovar nuestra forma de hacer, estamos obligados a mejorar nuestras competencias, y adaptarlas al trepidante momento que estamos viviendo. Las generaciones que nos siguen no van a ser tan poco beligerantes con nosotros, como lo fuimos con nuestros antecesores. Los que vienen empujan, exigen, y lo peor de todo, son quienes nos van a dirigir en unos pocos años. Así que más nos vale: 1.- Entenderlos, 2.- Mejorar nuestro performance como líderes para integrarles y obtener su talento y 3.- Dirigir de manera diferente a aquellos que están deseando dejar huella en tiempo record, y no están dispuestos a pagar por ello el precio del sacrificio que nosotros conocimos. Y de verdad, el que no adapte a los tiempos su forma de dirigir estará fuera. El despiadado mercado y la insolente realidad que lo acompaña le sacará de la ecuación.

#130 25/08/17
ABRIMOS OFICINA EN LOS ESTADOS UNIDOS

Hace casi seis años que escribía en el blog un post del cual extraigo la cita de Ortega y Gasset que me inspiró ese post.

El hombre ha sido siempre así: ha sido una cosa y luego otra, se ha embarcado en un ideal, lo ha agotado y, por haberlo agotado y en virtud de la experiencia que esto le proporcionaba, ha ensayado otro. Las formas más dispares del ser han pasado por el hombre; pues el hombre es pasar, es irle pasando cosa tras cosa.

Hoy, un tiempo después, puedo comprobar cómo esa forma de pensar, no sólo no ha perdido vigencia para nosotros, sino que se ha convertido en nuestro mantra. Hoy iniciamos un nuevo ciclo, hoy damos un paso más en el emprendimiento que fundamos hace ahora seis años. **Hoy dpersonas comienza a funcionar en los Estados Unidos, a través de una primera oficina en Tampa, Florida, bajo la marca People Development Consultants.**

En esencia vamos a seguir prestando los mismos servicios y soluciones que ya veníamos haciendo, bajo el paraguas del método DAS, que tanto ha ayudado ya a quienes nos han confiado lo más valioso: el desarrollo de las personas de su empresa.

¿Y por qué lo hacemos?

Porque los retos continuados son los que han empujado a la humanidad a crecer. Porque trayendo a Tácito a nuestros días: *"No hay atractivo en lo seguro. En el riesgo hay esperanza."* Pocas cosas hay tan interesantes, y tan estresantes, como perseguir nuevos retos. Esperamos seguir atendiendo con el equipo de la Florida a un mercado mucho mayor, manteniendo el mismo nivel de servicio, o mejor, con quienes ya son nuestros clientes fieles.

¿Para qué meternos en líos?: ¿Aprender? ¿Crecer? ¿Desarrollar nuevas cosas? ¿Perfeccionarse? No se me ocurren motivos más nobles que esos. Y como sólo las experiencias intensas generan aprendizaje, en eso estamos.

Iremos compartiendo en este blog novedades, mejoras que incorporemos, modelos que podamos adaptar, nuevas herramientas... Ese es parte del objetivo. Y del reto... Como leí hace unos años en el hall principal de La Salle University, en Philadelphia: *"Never Stop Exploring"*

2018

#131 11/04/18
IQ O EQ, ¿QUÉ ES MEJOR?

El título es lo bastante provocador como para entrar en el debate enseguida. ¿Cociente (que no coeficiente) Intelectual, o Cociente Emocional? ¿Cuál de los dos es más importante? ¿Cuál de ellos me garantiza más éxito? ¿Se pueden desarrollar ambos? ¿Cómo puedo hacerlo? ¿Para qué me puede servir? ¿Qué nuevas cosas he de hacer para mejorar? ¿Qué tengo que dejar de hacer?

Éstas y otras preguntas están siempre en la sala. cuando abordamos una de las competencias más importantes que tiene que dominar un directivo, la Inteligencia Emocional, que al tiempo es de las más desconocidas. Cuando la gente habla de ella, rara vez sabe que forma parte del grupo de 8 Inteligencias que Howard Gardner nos presentó allá por los 80, antes de incluir las dos nuevas en las que está trabajando: Las Inteligencia Existencial y la Pedagógica. Poca gente sabe que la Inteligencia Emocional se compone al tiempo de otras dos: La inteligencia Interpersonal y la Intrapersonal.

Y es que, si hay algo inevitable en las empresas, son los conflictos. Muchos de ellos se han tratado de gestionar siempre desde la parte racional, aquella que dominaba las compañías, cuando a los tipos que las dirigían se les contrataba y medía por el uso que hacían de su IQ. Hoy se ha descubierto que es el manejo de la Inteligencia Emocional el mejor instrumento para la gestión de conflictos. Y que esto pasa por mejorar, entrenar, desarrollar y manejar la IE que en mayor o menor medida todos tenemos.

Como decía al inicio, a pesar de estar en la boca de todos, no mucha gente sabe cómo abordar aspectos tan relacionados como la mejora de su autoconocimiento, autoestima, autocontrol, para llegar a empatizar, ser asertivo y entender mejor a los otros. Si no me conozco, ¿cómo voy a conocer a los otros?, si no me respeto, ¿cómo voy a respetar a otros?, si no me controlo, ¿cómo voy a dirigirme a otros en momentos de tensión y conflicto? Si por el contrario soy capaz de conocer y manejar mis emociones, si soy capaz de entender las del otro, voy a saber manejar la situación desde una posición más ventajosa. Y es que gestionar conflictos correctamente, pasa por aprender antes a conocerme, para entender al "diferente otro" que me encuentro cada día en la empresa, y en la vida.

Esto, que sólo es una de las ventajas de la IE, creo que aporta mucho valor, hoy todavía poco tangible a las empresas que no lo miden, pero mejora sustancialmente el ambiente de trabajo, la libertad y flexibilidad de las interacciones entre sus miembros, el intercambio de experiencias y conocimientos... Y eso se traduce en *revenue*, se traduce en dinero, en menores costes de oportunidad.... De ahí que muchas empresas nos estén contratando precisamente para que sus directivos mejoren el manejo de estas competencias, que durante mucho tiempo se denominaron "blandas" con un indudable puntito peyorativo.

Afortunadamente los resultados no tardan en llegar. Cuando se trabaja en ello, el ambiente mejora, y la comunicación también lo hace, y florecen las ideas y los proyectos, y aflora el talento, llegan los buenos resultados y las oportunidades aprovechadas. Y con todo ello, aparece el bien más preciado de la empresa: el mayor ingreso.

#132 16/04/18
¿CON QUIÉN PUEDO HABLARLO?

Esta es una de las preguntas sin respuesta más habituales de un líder. ¿A quién recurre un líder cuando tiene un verdadero problema del que no sabe cómo salir? ¿A quién le puede contar esas dudas para hacer o arriesgar con algo? ¿A quién decirle que no sabe qué camino tomar o cómo hacerlo? ¿A quién consultar esa decisión estratégica que no le deja de dar vueltas en la cabeza?

Cuando hablamos de la soledad del líder nos referimos, entre otras, a estas situaciones, que se dan día a día, en quienes tienen la responsabilidad de dirigir negocios y personas. No pueden mirar arriba, a sus jefes, porque no tienen. Y cuando tienen, no son lo suficientemente accesibles para entender sus vulnerabilidades. Si reportan a un consejo, ni decir. No pueden mirar al lado porque no hay muchos colegas con quienes sincerarse, desnudarse, o de nuevo mostrarse vulnerable. Y por supuesto no les cabe en la cabeza dudar, vacilar o mostrarse dubitativos o inseguros con la gente de su equipo. No hay manera.

Es por eso que necesitan la figura del Mentor, Consultor o Coach, y las pongo separadas porque creo que las tres tienen roles distintos y aportan cosas diferentes.

- Un **mentor** le ayuda con experiencias similares que él o ella ya tuvieron. Le muestra el camino, los riesgos, y le dice lo que debería hacer en tal o cual situación. Un mentor es un consejero. Tiene la experiencia previa, ya pasó por allí, y le dice lo que ha de hacer.
- Un **consultor** tiene los conocimientos del sector, lo ha vivido en otros clientes o lo aprendió trabajando. Desde

cualquier punto de vista, el consultor cobra por compartir sus conocimientos y experiencias, por aconsejar la mejor solución, y en ocasiones, por ayudar a implementar los planes.

- Un **coach** escucha el reto del directivo, lo hace suyo, y le acompaña en el camino para encontrar sus mejores soluciones. ¿Cómo lo hace? En el coaching ontológico ejecutivo que nosotros trabajamos se hace basándose en la mayéutica, en las preguntas poderosas que permiten al directivo reflexionar, y a través de sus propios conocimientos y experiencias, encontrar la mejor solución.

Cualquiera de estas tres figuras ayuda a los directivos en sus momentos de soledad. Nosotros trabajamos con las tres, diferenciándolas en función de lo que el cliente necesita. A veces sólo quieren un consejo. A veces necesitan ayuda. Y casi siempre requieren un espacio para reflexionar y, desanclando viejas creencias limitantes, encontrar por si solos sus soluciones, que generalmente son las mejores. Esto último es donde podemos apoyar en nuestro rol de Coaches para Directivos.

¿Cómo hacerlo?

Muchos directivos no se lanzan a buscar apoyo en estas figuras, porque igual se imaginan al coach como alguien al pie de un diván, o algo similar. Nada más alejado de la realidad. El 90% de nuestros procesos los tenemos hoy en día apoyados en la tecnología, a través de conversaciones a distancia vía Skype, gotomeeting, google hangouts, o cualquier solución con la que el cliente se sienta a gusto. Son espacios para ellos, que pueden tener en la oficina, en su casa o en el lugar donde se sientan más cómodos. Nuestros coaches están a su servicio.

Resultados

Y los resultados llegan con la primera buena decisión que toman tras su proceso o en el ínterin. Nuestra experiencia es que los beneficios que reportan a las compañías, líderes seguros, reciclados, actualizados, comprensivos, exigentes y comprometidos, son tantos que merece la pena apostar por estos procesos.

#133 04/05/18
LOS CONFLICTOS EN LAS EMPRESAS

Hace unos días, en la entrega de diplomas de la quinta generación del Programa de Competencias Gerenciales del ICAMI que tuvimos en Cancún, una de las autoridades habló acerca de lo bueno que son los conflictos en las compañías, y las ventajas que tiene que existan.

¿Qué aportan los conflictos en las empresas?

¿Qué crees? ¿Es bueno que haya diferentes puntos de vista? ¿Para qué sirve? ¿Qué valor hay en que la gente discuta? ¿Cómo incentivarlo sin que se nos vaya de la mano?

Hace unas semanas, preparando una conferencia que daré en breve, leí un artículo de Mark Gerzon, quien lleva más de 20 años trabajando con conflictos en política, e introduce el concepto de "temperatura". Tan malo es que la cosa esté demasiado "caliente", como que esté "gélida". La idea es abordar los conflictos una vez que la temperatura sea la adecuada. El autor habla de tender puentes, de construir soluciones de beneficio mutuo, sólo cuando las condiciones sean las óptimas. Yo he trabajado para empresas en las que sus directivos "gozaban" poniendo al rojo vivo las relaciones entre las personas, en un intento de servirse del viejo "divide y vencerás". En otras ocasiones he visto cómo las relaciones eran tan frías y distantes, que el conflicto vivía instalado en la empresa como si de un hábitat natural se tratara.

Negociar

Una de las competencias que más nos están pidiendo en las empresas para entrenar, sin duda por la complejidad de eliminar los viejos vicios de "lose-lose", es la de Negociación. Y no es casualidad. La vieja forma de dirigir se basaba en el "ordeno y mando". Hoy, con las nuevas generaciones, eso ya no sirve. Ya no se trata de "vencer" sino de "convencer". Para ello usamos el método que Roger Fisher y William Ury, cofundadores del Programa de Negociación de Harvard, y coautores del clásico *Getting to Yes*, quienes desarrollaron el "Método Harvard de Negociación". Cuando trabajamos con los directivos en cada uno de los 7 pasos, descubrimos con ellos, y ellos con nosotros, los beneficios que tiene negociar los conflictos encontrando espacios de beneficio mutuo. Ahí es donde crece el valor de las compañías.

Lo importante es que los directivos, los líderes en las empresas, dominen estas "artes" para conseguir los retos que están por llegar. Si al tomar decisiones de forma correcta y liderar personas, unimos buenas capacidades de comunicación y el dominio de técnicas para negociar y resolver conflictos, estaremos ante líderes mucho más completos.

#134 11/05/18
ENTRENAR PARA GANAR

Melbourne, febrero 2009. El tenis nos regala una de esas escenas que como deportista o profesional en cualquier materia es difícil dejar de recordar.

Unos jovencísimos Roger Federer y Rafa Nadal suben a recoger sus trofeos en la final del Grand Slam, después de jugar 4 horas y 23 minutos, casi lo que dura Cleopatra, una de las películas más largas del cine. Nada nuevo en la serie de estos grandes jugadores, si no fuese por algunos detalles. Ese encuentro que Roger perdió con Rafa, podría haber supuesto igualar el récord de 14 Grand Slam que tenía hasta ese momento Pete Sampras. Todo el público australiano lo sabía y le estuvieron llevando en volandas a lo largo del partido. Pero no fue así. Rafa ganó después de marearse en el entreno de la mañana, dolores en un gemelo, cuádriceps e isquios, y calambres generalizados tras haber necesitado más de cinco horas para pasar su semifinal anterior.

Sin embargo, no traigo este pasaje aquí para destacar la gesta del mallorquín, otra más, sino para poner de relieve lo que pasó después. *"Dios, esto me está matando"* es lo que acertó a decir Federer entre sollozos, mientras Rafa se acercaba a él para consolarlo. *"Recuerda que eres un gran campeón. Eres uno de los mejores de la historia y seguro que vas a mejorar los 14 de Sampras".* La grandeza de este momento merece y la podéis encontrar en YouTube.

¿Qué hace a los líderes grandes?

En primer lugar, la capacidad de ser exigentes para conseguir el resultado, y al tiempo tener la humanidad de estar cerca de las personas, aunque sean el rival más duro. En segundo lugar, la capacidad de sufrir, de no dejar de intentarlo, de pelear cada bola como si fuera la definitiva. En tercer lugar, la humildad de saber que ganar un torneo grande no te hace ni mejor ni peor, sólo significa eso, ganar un grande. Podríamos continuar con el respeto, el compañerismo, la generosidad, la disciplina, etc...

Pero sin duda lo que les hace grandes es seguir entrenando cada día para mejorar. Un detalle en el saque, un mejor giro en la volea, un revés más liftado... Hace unos días, Rafa, recién acabada una semifinal, le pedía a Carlos Moyá, su nuevo entrenador, que bajara a "dar unas bolas" a la pista más cercana, para recuperar algunas "sensaciones" perdidas en el partido. Y al día siguiente jugó la final. Y la ganó. Eso diferencia a los campeones, de los que piensan que ya no tienen nada más que aprender.

Por eso, hace años que impregnamos nuestros programas del sabor que el deporte y sus enseñanzas pueden dejar en el mundo de la empresa. Nuestros programas de entrenamiento de directivos son largos y prolongados en el tiempo, porque aspiramos a que la enseñanza que dejan perdure. Sólo las experiencias intensas generan aprendizaje.

#135 31/05/18
UN LÍDER EXTRAORDINARIO

Una sociedad llega a ser lo que enseña, y cómo lo hace, a sus ciudadanos. Cuando yo era pequeño bastaba con conseguir un 5 sobre 10 para pasar una materia. Siempre me ha sorprendido. Técnicamente eso significa que, sabiendo sólo la mitad de lo necesario, la asignatura se daba por aprobada. Obviamente, fallar el 30% de la materia suponía un 7, y se denominaba Notable. ¡Fallando 3 de cada 10! Obviamente la forma de educarnos, la forma en que hemos sido enseñados, determina en cierto modo el desempeño posterior. Sólo así se explica que se sea tan benevolente cuando las cosas salen mal, que no haya consecuencias, que la gente no espere dar la milla extra, porque con la mitad de ella tiene suficiente.

Hace ya 6 años y medio que empecé a trabajar para compañías de América. Tras vivir en cuatro países distintos en este tiempo, múltiples empresas asesoradas, cientos de directivos conocidos, he podido entender y asimilar otro concepto de la cultura del esfuerzo, de la meritocracia, de entender que *vale más quien más aporta*. Y si eso lo llevamos al concepto del liderazgo, me gustaría compartir algo que me llamó mucho la atención la primera vez que lo vi: El concepto del líder extraordinario.

Como líderes, todos tenemos uno o varios talentos que desarrollamos, más o menos, en función de muchos factores: la libertad que tengamos para desempeñarnos, el tipo de trabajo y la autonomía, la posibilidad de tomar decisiones, el entorno profesional, etc. Cuando analizamos perfiles conductuales de directivos, competencias, o cualquier otro elemento que midamos, es muy habitual que se vayan los ojos a los que están más bajos. Parece como si se sintieran mal por no tener todos nivelados, al menos, a la mitad. Cuando vemos métrica de competencias, muchos de ellos respiran más aliviados cuando ven todas las calificaciones en la media, que si vieran un par de ellas por debajo de los estándares, aunque en otro par de ellas sean buenísimos.

En estos años aprendí sobre esta nueva forma de entender el liderazgo. Quien es bueno en algo trabaja denodadamente para ser mejor, para ser excelente en esa competencia. Y, por el contrario, a aquellas competencias en las que se está más abajo, salvo que sean críticas para su desempeño diario, no se les presta atención. El líder extraordinario persigue ser reconocido por ser el mejor en algo, por ser un especialista reconocido, en lugar de un mediocre generalista que no es bueno en nada. De ese modo, el esfuerzo que ahorras dejando de trabajar áreas de mejora en umbrales bajos, que no te van a servir de mucho, es el mismo que empeñas en ser brillante en aquello que ya eres bueno. ¿No es un interesante cambio de paradigma?

#136 08/06/18
EL MÉTODO DEL CASO

En dpersonas utilizamos como eje principal para el entrenamiento y el perfeccionamiento de las competencias de los directivos el denominado Método del Caso. En algunas empresas nos preguntan por los motivos y las ventajas que tiene sobre la capacitación tradicional del PowerPoint. De ahí el post de esta semana.

Origen y motivación

El Método del Caso nace en la Universidad de Harvard en 1914 con el fin de que los estudiantes de su Escuela de Leyes pudieran aplicar los conocimientos prácticos adquiridos. Desde ese momento, el resto de escuelas fueron adoptando esta metodología, incluida su escuela de Negocios, que hoy es una de las más prestigiosas del mundo. Fue en 1956 cuando el Instituto de Estudios Superiores de la Empresa (IESE) lo pone en marcha en España, tras un histórico acuerdo con Harvard que dura hasta hoy en día. Desde entonces es el método por excelencia de esta escuela, mi *alma máter,* que le ha hecho conseguir este año, por cuarto consecutivo, el reconocimiento de ser la Mejor Escuela de Negocios del Mundo en Executive Education para Financial Times.

Aprender haciendo

Unos años más tarde, tuve que preparar un programa para mis colegas del claustro del MBA Internacional de La Salle, para el manejo de la metodología. Ahí profundicé en todo lo relacionado con el aprendizaje adulto para habilidades de gestión. Empezamos a utilizar el método por algunas de sus innumerables ventajas:

Los participantes, que es como denominamos a quienes asisten a las sesiones:

- Adquieren diversos aprendizajes y desarrollan diferentes habilidades, gracias al protagonismo que tienen en la resolución de los casos.
- Evalúan situaciones reales y aplican conceptos, a partir de ejemplos prácticos propios de la vida real.
- Aprenden a desarrollar conceptos nuevos, y a aplicar aquellos ya establecidos a situaciones novedosas.
- Asimilan mejor las ideas y conceptos que utilizan ellos mismos.
- El trabajo en grupo, y la interacción con otros estudiantes, constituyen una preparación eficaz en los aspectos humanos de la gestión.
- No recompensa a quien mejor memoriza definiciones o conceptos, sino a quien hace un mejor uso de esos conocimientos.

¿Qué es un caso?

Es una detallada sucesión de **situaciones de negocio reales**, que describen el dilema o el problema al que se enfrenta una persona real en una situación real.

El autor, y sus asistentes de investigación, emplean semanas en la compañía objeto del caso, detallando las "tripas", la necesaria inmediatez con la que abordar el problema a través de decisiones y las perspectivas que tienen los líderes que lo tienen que gestionar.

Un caso **presenta la historia exactamente como los protagonistas lo vivieron**, incluyendo ambiguas evidencias, variables cambiantes, conocimiento imperfecto, información incompleta, respuestas correctas no obvias, y con un reloj permanente que te recuerda que debes tomar una decisión.

El aprendizaje llega en tres momentos: su lectura inicial nos lleva a reflexiones personales que igual antes no nos hemos hecho, dado que es la primera vez que nos enfrentamos a una solución de la naturaleza de la que el caso nos muestra. Después ponemos a los participantes a trabajar en pequeños grupos multidisciplinares, cuyos diversos miembros aportan soluciones y alternativas diferentes, ya que el problema lo enfocan de manera distinta. Ahí se produce el segundo nivel de aprendizaje. Después se pasa al trabajo con el grupo completo, donde el profesor juega un rol de facilitador de la discusión para el descubrimiento.

Uno de los autores que habla del aprendizaje adulto, y que tuve que estudiar cuando quise profundizar más sobre el método del Caso, destaca la habilidad de quien enseña con la boca cerrada, simplemente propiciando que el conocimiento fluya desde el participante al participante. Eso, cuando alguno de los profesores que estamos especializados en el Método del Caso lo conseguimos, me parece magia.

#137 13/06/18
TRABAJAR EN REMOTO

No hay sesión de trabajo con directivos, conferencia o evento en que participe, donde no me pregunten por el teletrabajo, home office o remote job, como forma eficiente, o no, de trabajar.

Mi primera impresión es siempre la misma: ¿es que tenemos acaso opción de escaparnos a una tendencia que ha llegado para quedarse? Cada día más empresas grandes, medianas y pequeñas están convenciéndose. Desde luego los autónomos, freelance o micro-empresarios lo tienen claro: *Esta es una tendencia que ya no tiene vuelta atrás.* Con sus ventajas e inconvenientes, hay un antes y un después.

Funciona

Hace unos años leí un informe sobre el experimento que llevaron a cabo el operador turístico chino Ctrip y Stanford, enviando personas de su call center a trabajar a casa. Tras unos meses descubrieron que eran más productivos y más eficientes que sus pares que se habían quedado en la oficina. ¿Las razones? Se entretenían menos, trabajaban más y mejor, porque empezaban frescos el día, sin tener que emplear hora y media hasta el trabajo, se ausentaron menos, se enfermaron menos, no tenían interrupciones, se concentraban mejor en el silencio de su casa que en el barullo de la oficina. Para la empresa obviamente reducía el gasto en oficinas, energía y absentismo laboral. Y además incrementaba la productividad... ¿Son suficientes razones para, al menos, intentarlo? Definitivamente sí. Un buen número para ambas partes.

Lo confirmo

Desde que dpersonas creció, hoy tenemos cinco personas, además de mí, trabajando en esta modalidad. Karla y Brenda viven y trabajan en Cancún, Ruth lo hace desde Tampa, en Florida, Sacha está en Bogotá y Fernanda nos ayuda desde Ciudad de México. Todos ellos lo hacen en remoto, donde quieren y como quieren. Todos sabemos cuál es nuestro rol, lo que tenemos que hacer, cómo aportamos valor al proyecto. Cada uno tiene su tarea, su cometido, su tiempo de ejecución, y lo que hacer en caso de que algo falle. Todos son responsables de sus tareas y las cumplen a la perfección. Todos deciden cómo, cuándo, dónde y con quién trabajan. En definitiva, todos administramos nuestro tiempo y nuestro trabajo. Y el resultado no puede ser más gratificante.

Ellos saben que cuentan con la total confianza de la dirección, y administran su libertad como el bien más preciado, que saben que en pocos sitios tienen. Todos conciliamos nuestras responsabilidades familiares como padres, e incluso como hijos. No hay discusión. A cambio entregan todo cuando hay que hacerlo. Da igual que sea sábado, domingo, de día o de noche. Cuando hay algo importante, todos estamos a una.

Soledad

Mucho se ha hablado de la soledad de trabajar en casa. Nosotros lo suplimos con conferencias frecuentes, con llamadas de check-up, con reuniones físicas cuando coincidimos en alguna de las ciudades, con conversaciones continuas colaborativas en chats que hemos montado en los que la información fluye... Muchos no trabajamos siempre desde casa, sino que en ocasiones nos juntamos con otros en lugares de coworking.

Eso sí, hemos pasado del control de la productividad desde la hora nalga, al proyecto, a la tarea concreta. Y hasta que no la acabamos, no "nos vamos". Y si la acabamos antes, pues a por otra.

#138   22/06/18
EL EQUIPO AL SERVICIO DEL LÍDER

Estos días está medio mundo pendiente del fútbol, lo que es una magnífica oportunidad de ver algunas prácticas aplicables al mundo de la empresa. Ayer, sin ir más lejos, uno de los astros mundiales desapareció del mapa, y su equipo cayó vapuleado sin que nada pudiera hacerse.

Hace unos días se jugaron las finales de la NBA en U.S. Otra de las estrellas mundiales, para muchos el mejor jugador con tres anillos de campeón, vio cómo su equipo era vapuleado por otro que no era mucho mejor, pero que sí contaba con una plantilla más equilibrada.

A ambos los he visto hacer cosas maravillosas, parece que hacen magia cuando tocan la pelota, ya sea con los pies o con las manos, respectivamente. Ambos son mágicos, de otra galaxia. Pero ambos no son nada sin un equipo potente al lado. Todo el mundo ya lo sabe a estas alturas, pero los equipos siguen insistiendo en el mismo error de hacer pivotar el juego **sólo** sobre ellos.

"Al servicio de", en lugar de "a mi servicio"

En muchas de nuestras sesiones con directivos trabajamos el concepto de que los líderes deben estar al servicio de su equipo, y no al revés. Cuando las últimas seis jugadas de un equipo empiezan y acaban en las manos del mismo jugador, que sólo reparte juego cuando no le queda más remedio, cuando todas las jugadas buscan al mismo jugador, aunque esté defendido por tres jugadores, ese equipo tiene un problema. Es posible que una genialidad sirva una, dos veces, pero también es muy probable que el equipo acabe perdiendo el campeonato.

Y es que estos equipos se vuelven previsibles y vulnerables. El resto de componentes sabe que su "sino" es trabajar siempre para el líder, y que cuando este no está, o tiene que ser sustituido, sus opciones desaparecen. Justo cuando debería ser al contrario, cuando deberían poder brillar más, sus opciones de ganar se esfuman, porque el equipo no sabe jugar sin su líder.

No cabe duda que si un jugador es bueno hay que aprovechar sus características para el equipo, pero en la medida en la que sean generosos con los demás, en la medida que estén al servicio del resto, los resultados no tardarán en llegar, y serán sostenibles en el tiempo.

Generosidad

Un buen jugador debería medirse, no sólo por los puntos anotados o los goles metidos, por seguir con el símil, sino por las asistencias que da, por los pases de gol, por las oportunidades que da a otros de brillar. Y egoístamente debería hacerlo por él mismo, ya que cuanto más fuerte sea el equipo, más va a brillar.

En el mundo de la empresa se ve claramente. Cuanto más generosas son las mujeres y los hombres que lideran equipos, mejores resultados tienen. Los componentes del equipo confían más en sí mismos, el ambiente de trabajo es bueno, los competidores lo saben, y los clientes lo valoran. Y los resultados llegan.

#139 28/06/18
MATAR LA VACA

Hace ya tiempo leí esta historia que he rescatado esta semana, preparando mi sesión sobre Storytelling para el Master en Marketing Político en Barranquilla, Colombia, organizado por el Centro Interamericano de Gerencia Política de Miami.

Un maestro Samurái paseaba por un bosque con su fiel discípulo, cuando vio a lo lejos un sitio de apariencia pobre, y decidió hacer una breve visita al lugar.

Durante la caminata le comentó al aprendiz sobre la importancia de realizar visitas, conocer personas y las oportunidades de aprendizaje que obtenemos de estas experiencias. Llegando al lugar constató la pobreza del sitio: los habitantes, una pareja y tres hijos, vestidos con ropas sucias, rasgadas y sin calzado; la casa, poco más que un cobertizo de madera...

Se aproximó al señor, aparentemente el padre de familia y le preguntó: "En este lugar donde no existen posibilidades de trabajo ni puntos de comercio tampoco, ¿cómo hacen para sobrevivir? El señor respondió: "amigo mío, nosotros tenemos una vaca que da varios litros de leche todos los días. Una parte del producto la vendemos o lo cambiamos por otros géneros alimenticios en la ciudad vecina y con la otra parte producimos queso, cuajada, etc., para nuestro consumo. Así es como vamos sobreviviendo."

El sabio agradeció la información, contempló el lugar por un momento, se despidió y se fue. A mitad de camino, se volvió hacia su discípulo y le ordenó: "Busca la vaca, llévala al precipicio que hay allá enfrente y empújala por el barranco."

El joven, espantado, miró al maestro y le respondió que la vaca era el único medio de subsistencia de aquella familia. El maestro permaneció en silencio y el discípulo cabizbajo fue a cumplir la orden.

Empujó la vaca por el precipicio y la vio morir. Aquella escena quedó grabada en la memoria de aquel joven durante muchos años.

Un bello día, el joven agobiado por la culpa decidió abandonar todo lo que había aprendido y regresar a aquel lugar. Quería confesar a la familia lo que había sucedido, pedirles perdón y ayudarlos.

Así lo hizo. A medida que se aproximaba al lugar, veía todo muy bonito, árboles floridos, una bonita casa con un coche en la puerta y algunos niños jugando en el jardín. El joven se sintió triste y desesperado imaginando que aquella humilde familia hubiese tenido que vender el terreno para sobrevivir. Aceleró el paso y fue recibido por un hombre muy simpático.

El joven preguntó por la familia que vivía allí hacia unos cuatro años. El señor le respondió que seguían viviendo allí. Espantado, el joven entró corriendo en la casa y confirmó que era la misma familia que visitó hacia algunos años con el maestro.

Elogió el lugar y le preguntó al señor (el dueño de la vaca): "¿Cómo hizo para mejorar este lugar y cambiar de vida?" El señor entusiasmado le respondió: "Nosotros teníamos una vaca que cayó por el precipicio y murió. De ahí en adelante nos vimos en la necesidad de hacer otras cosas y desarrollar otras habilidades que no sabíamos que teníamos. Así alcanzamos el éxito que puedes ver ahora."

A veces ha hecho falta que a uno le tiren *"la vaca"* por el barranco para darse cuenta de la cantidad de conocimientos que atesoraba y que, puestos al servicio de nuevos clientes, le hacen ganarse la vida más que bien. Hace un par de años tomé la decisión de pegarle yo un empujoncito a la inocente *"vaca"* y el resultado no ha podido ser más satisfactorio.

 **05/07/18**
LA GENTE SE VA DE SUS JEFES

"Cada día hago un esfuerzo por quedarme" nos decía una persona que trabaja en una empresa con la que colaboramos. *"Salgo de aquí*

emocionada por ser mejor líder, pero mi jefe es completamente lo opuesto de lo que estoy aprendiendo. Quiero irme".

Esta es la triste realidad. Las personas no se van de sus trabajos, se van de sus jefes. Este pasaje, que no deja de ser más que una simple conversación, revela lo importante que es para las empresas cuidar el talento de sus personas. Un mal jefe, un mal líder, puede echar por tierra todo el esfuerzo de una corporación para mejorar asuntos tan importantes y tan estrechamente ligados a los resultados, como es el clima laboral.

Hace unos meses un buen amigo me enseñaba algunos indicadores de recursos humanos, y su correlación directa con los resultados de la empresa. Cuando las personas se sentían bien, el negocio iba bien. Obviamente, del mismo modo, cuando los indicadores de factor humano estaban bajos, los resultados de negocio se resentían tozudamente. Y es que todo el mundo sabe mandar, pero no todos dominan el arte de liderar.

Una de las actividades que más nos gusta hacer con directivos es preguntar con qué se obtienen mejores resultados, si con la imposición y el miedo, o con la persuasión o el convencimiento, en clara alusión a la pregunta de Maquiavelo al Príncipe: ¿Qué es mejor, que te teman, o que te amen? La respuesta de Maquiavelo no deja lugar a dudas: *"Los hombres tienen menos cuidado a la hora de ofender a un príncipe que se haga amar que a uno que se haga temer; porque el amor es un vínculo de gratitud que los hombres, perversos por naturaleza, rompen cada vez que pueden beneficiarse; pero el temor es un miedo al castigo, y ese miedo nunca desaparece".* La de algunos de nuestros directivos tampoco: *"Si quieres resultados en el corto plazo, la gente te tiene que tener respeto"* (creo que se refieren a miedo, por lo que dicen a continuación). *"Cuando levantas la voz, cuando les muestras que no van por el buen camino, reaccionan".* Es posible que muchos de ellos no sean conscientes del daño que hacen a las organizaciones en el largo plazo.

Algunos de ellos suelen rodearse de gente que los secunda en su forma de hacer, que son capaces de traicionarse a sí mismos con tal de agradar al jefe. Retomando a Maquiavelo, os dejo esta semana con este pasaje para reflexionar:

El príncipe cuyo gobierno descanse sobre soldados mercenarios no estará nunca seguro ni tranquilo, porque están desunidos, porque son ambiciosos, desleales, valientes entre los amigos pero cobardes cuando se enfrentan a los enemigos; porque no tienen disciplina, y ya durante tiempos de paz, despojan a su príncipe tanto como sus enemigos en tiempos de guerra, pues no tienen otro amor o pasión que la paga del príncipe, la cual, por otra parte, no es suficiente como para que deseen morir por él.

¿Quieres cuidar, estimular y mantener el talento en tu organización? ¿Quieres tener mejores resultados? ¿Quieres al tiempo que la gente trabaje en un ambiente agradable, que encuentren sentido a su trabajo? ¿Quieres que permanezcan el tiempo suficiente para que te ayuden en tu cometido? ¿Quieres que sus responsables aprendan cosas de ellos?

#141 16/08/18
ARRASTRANDO LOS PIES

¿Ha llegado así alguna vez al trabajo? ¿Ha visto a otros hacerlo? ¿Le sigue pasando? Si su respuesta es positiva a esta última pregunta, está en un problema.

Llegar arrastrando los pies, ir al trabajo sin ganas, padecer los lunes, es una de las mayores alertas que le indican que ha de cambiar de ocupación. Y es que no hay nada peor que trabajar sin ganas, sin pasión en lo que uno hace porque, además, la calidad de lo que hacemos baja, el resultado es pobre, y con ello llega más desánimo y desmotivación.

¿Qué hacer si eso le pasa?

Este es el primer ingrediente que creo que tiene que tener una buena ocupación: que **puedas hacer lo que te guste**. Si no es así, se hace muy cuesta arriba, por más que te la paguen bien.

El dinero sería el segundo elemento. Una ocupación no remunerada es un *hobbie*. Está bien, pero no es sostenible en el tiempo. Si no conseguimos "monetizar" lo que hacemos, nos durará poco. Haga lo que haga, **busque la manera de ponerlo en valor**, bien sea con clientes que se lo compren, con patrocinadores, con mecenas, inversores, etc...

El tercero de ellos es **la preparación**. Si tenemos las dos anteriores, pero no estamos preparados nos durará poco. Es más, si estando preparados no seguimos actualizándonos, alguna vez comenzaremos a arrastrar los pies de camino al trabajo también. Los que siguen habitualmente nuestros posts saben de la necesidad de no dejar nunca de aprender.

Entusiasmo

Una de las frases de las que primero me enamoré y que estuvo presente varios años en mis mesas de trabajo es: *"Con entusiasmo hay logros. Sin él, sólo pretextos"*. Se la atribuyen a Henry Ford y a mí me ayudó en la búsqueda de algo que me apasionara. Cuando uno hace las cosas a la mitad, con desgana, para salir del paso, se nota. Y el resultado es malo, y con él llegan las excusas y los pretextos, las culpas a otros y la negación de la realidad.

Motivación

De ahí que la motivación empiece por uno mismo. A menudo nos piden recetas para "motivar" a las personas en las organizaciones. Trabajamos a diario en concienzudos planes de acción, en adaptaciones de buenas prácticas, en mejoras en las condiciones, pero lo que nunca falla es la motivación personal de saber que lo que entrego tiene valor, que tiene una finalidad, y que mi contribución tiene sentido para alguien.

#142 14/09/18
LAS SOCIEDADES QUE APRENDEN, AVANZAN

Estos días estoy terminando una conferencia en la que hablaré de los retos que tenemos como sociedad, ante la revolución tecnológica que estamos surcando a modo surferos inmersos en una gigante ola.

En estos tiempos hemos sido espectadores de lujo de cómo cientos de compañías, cientos de modelos de negocio, cientos de profesiones, han ido desapareciendo. Por empezar por las últimas, ascensoristas, gasolineros, recepcionistas, cajeros, telefonistas, operarios de fábricas, son oficios que van muriendo con sus últimos titulares. Todos conocemos empresas que desaparecieron junto a sus modelos de negocio o tienen hoy una presencia insignificante: Kodak, Blockbuster, Olivetti, Blackberry, Nokia...

El futuro en 2030

¿Es verdad que desaparecerán la mitad de los trabajos, como anticiparon hace cinco años los estudiantes de Oxford, Carl Benedikt Frey y Michael Osborne? ¿Es verdad que nos encaminamos hacia un futuro sin empleos? ¿Qué va a hacer el ser humano cuando ya no tenga que trabajar para tener un sustento? ¿Qué podemos hacer en las empresas para estar preparados si eso pasa?

A todo eso estaré intentando dar algo de luz, con mi punto de vista, y algunos de los aprendizajes de todo lo que estoy leyendo estos últimos años sobre el particular.

Dejo aquí algunas notas sobre la última cuestión, sobre lo que creo que podemos empezar a hacer desde ya, preparándonos y preparando a los nuestros para lo que creo a buen seguro que va a llegar.

Salvo que quieras ser el mejor ingeniero nuclear o el mejor cirujano cardiovascular del mundo, no va a seguir teniendo sentido formarse sólo una vez por 4 o 5 años, en una sola especialidad y dejar de hacerlo por el resto de tu vida. Volver una y otra vez a formarte en disciplinas que te ayuden a mejorar, a adaptarte a los nuevos mercados, a relacionarte con personas diferentes, a conocer tendencias, va a ser obligado. Complementar tu especialidad con otros campos de índole diferente va a permitirte tener un pensamiento crítico/abstracto, resolver problemas complejos, desarrollar la creatividad, competencias todas ellas absolutamente imprescindibles en el tiempo que está por llegar.

Y es que la velocidad de los cambios dejó hace tiempo de ser porcentual para hacerse exponencial.

#143 14/10/18
LOS 7 PASOS PARA CREAR UN DEPARTAMENTO DE RRHH

Muchas veces nos preguntan sobre el número de colaboradores que se debe tener en una empresa para que merezca la pena tener un departamento de Recursos Humanos. Hay un número mágico que se cifra en 25. A partir de ahí ya deberías pensar en tener a alguien que se encargue de armar el departamento. Pero, ¿por dónde empezar?

Aquí siete sencillos pasos que debes dar:

1. **Empieza bien desde el inicio**. Para empezar, yo ya no lo denominaría con una nomenclatura que suena al pasado peligrosamente. Los colaboradores no son sólo un recurso, sino algo más importante. Son personas que hacen posible que la empresa funcione y por tanto hay que ponerlos en el centro. Puedes llamarlo Gestión de Personas, Personas y talento, Personas y Conocimiento... Hay muchas maneras, pero no trates de camuflarlo como Capital Humano, porque al final los recursos son parte del Capital, es decir, un medio para conseguir los fines, y no un fin en sí mismo. Las personas somos más que "recursos humanos".
2. **Lo "Hard"**. Administrar al personal, como todavía se sigue oyendo por ahí, podría decirse que es la parte "Hard" de la gestión de los colaboradores. Es la tarea más sensible, pero también la más fácil de externalizar. ¿Puedes subcontratar estas tareas? Si es así, hazlo. Si no, busca un buen software de gestión de nóminas y/o una empresa especializada para ayudarte a variabilizar estos costos, y profesionalizarlos. Te quitarás muuuuuchos dolores de cabeza. Hay infinidad de ellos. Date una vuelta por Meta4, Success Factors, Workday, etc.
3. **Lo "Soft"**. Llegamos a la parte más sensible de lo que se ha llamado siempre RRHH: Las cuatro "D´s". Definir, detectar, desarrollar y diseminar el talento de las personas

en las organizaciones me parece la función más bonita del departamento. Saber qué talentos se necesitan, detectarlos en los colaboradores a través de programas de evaluación y seguimiento, armar planes de entrenamiento y crecimiento, y "regar" este conocimiento por la organización, no sólo es lo más estimulante, sino es pieza clave en las organizaciones modernas. Por eso, debe depender de la cabeza, bien sea de un CEO, Director General o propietario. Ellos han de abanderar todos estos planes y velar porque se cumplan.

4. **Mide que sino no existes.** Crear indicadores de la contribución del departamento al negocio es lo siguiente que has de hacer. Un cliente me mostraba hace poco cómo los indicadores de satisfacción de sus clientes internos y los colaboradores estaban estrechamente ligados a los resultados de los centros para los que trabajaban. Hay muchos, pero te recomiendo que empieces por los más sencillos: rotación externa, beneficio por colaborador, rotación interna, duración media en los puestos, absentismo laboral, tiempo de reposición de bajas, salarios en mercado y fuera de él, etc.

5. **El clima importa.** Nada de lo anterior te va a servir si no escuchas a los colaboradores, pero no una vez cada dos años, como se hacía cuando se medían las encuestas de clima. Hay que poner el termómetro cada día. Afortunadamente hay cientos de softwares como Happy or Not, Tinypulse, OpenMet People, Happyness at Work, que te van a ayudar a entender en tiempo real qué es lo que está pasando en la organización. Si lo sabes, podrás ajustar el timón en tiempo real, y no cuando ya sea tarde.

6. **Cuida el *Employee Experience*.** Si los resultados están ligados a la felicidad, ya puedes ir pensando la batería de acciones sencillas que puedes ir montando para que la gente se encuentre bien. Pero no busques "cojoideas" que no sabes si van a funcionar. Pregúntales, habla con ellos, entiende lo que les mantiene activos, lo que más les gusta de su trabajo. Mantente alerta con iniciativas de otras compañías, de otros sectores, de otras industrias. Nunca vas a saber si te funcionan o no hasta que no las pruebes. Atrévete y monta cosas divertidas y distintas. Igual te encuentras resistencias internas (seguro), pero eso no debe pararte. Persiste, mide, rectifica cuando toque, mejora, y llegarán los resultados. Y ¿sabes qué? Los primeros que se pondrán las medallas serán tus primeros detractores. Así es la vida.
7. **No bajes la guardia.** Si ya tienes todo en marcha, convierte en buenos hábitos cada iniciativa exitosa que hayas tenido. No dejes nunca de aprender cosas nuevas para tu organización, no dejes de tenerles en la vanguardia, no dejes de explorar nuevos procedimientos, nuevas tendencias. En un mundo tan cambiante, no tiene sentido que con los colaboradores hagamos lo mismo que 365 días antes. ¡365 días! La de cosas que cambian en el mundo en este tiempo.

#144 — 05/12/18
¿ADMIRAS A TU JEFE?

Esta semana hablamos de una de las mejores satisfacciones a las que un directivo puede aspirar: que las personas que trabajan con él o ella, lo admiren. Pero no por su dinero o por su posición social, sino por aspectos como el respeto profesional, sus capacidades como líder, la dedicación a su equipo, los logros obtenidos, sus reconocimientos, ¿por qué no?

¿Qué hace falta para que te admiren?

Hace algún tiempo publicamos un decálogo del buen líder, recogido de centenares de profesionales que ya han pasado por nuestros programas, que de alguna manera hemos podido pulir en estos diez puntos.

1. Dar ejemplo: si un líder quiere pedir algo a su equipo de colaboradores, demuestra que también lo puede hacer. Por pequeño que sea. Temas como la puntualidad, el cumplimiento, el rigor, la tolerancia, el compromiso, son asuntos en los que, si el líder da ejemplo, se instalan solos en la empresa. Al fin y al cabo, somos espejos en los que se miran los colaboradores.
2. Ser humilde: por ser líder no sé todo, y no pasa nada por ponerlo de manifiesto. Los buenos líderes reconocen los méritos de las personas con las que trabajan, los valoran, y los ponen como ejemplo de logros de un trabajo en conjunto, donde cada quien aporta.
3. Actualizarse: en un mundo tan cambiante, no importando el sector, la ocupación, ni en momento en la carrera profesional, hay que seguir esforzándose por buscar nuevos conocimientos y entrenar las habilidades. Ya no es una buena opción, sino una obligación para ser un mejor líder. ¡Siempre hay algo nuevo que aprender!
4. Coherencia: que lo que hagas y digas, al menos, se parezca, hoy es uno de los valores en alza en un directivo, por estar perdiéndose en buena parte en la sociedad. Cuando uno no es coherente deja de ganarse el respeto de su equipo.

5. Resiliencia: vivimos en un entorno profesional cambiante en donde se suceden fracasos y éxitos. Aprender de los primeros, reponerte y luchar por los segundos, es el reto más importante que tenemos los directivos para mantener la moral de la tropa intacta.
6. Potenciar el talento de los equipos: identificar las fortalezas de los colaborares, cultivarlas y mejorarlas va a permitir que los logros lleguen y que además las personas disfruten con su trabajo.
7. Escuchar y entender: oír atentamente para entender es una de las cualidades más valoradas en el líder. No menos del 50% del tiempo de un líder debería estar dedicado a escuchar a su gente para brindarle apoyo.
8. Dejar espacios: uno no puede controlar todo. Permitir que la gente aprenda, tomando decisiones, es de las tareas más difíciles para quien gusta de tener todo bajo control. Deje espacios a su gente y le verá crecer. No lo haga y seguirá en el *micromanagement* mientras lo mantengan en su puesto, que no será mucho.
9. Pedir retroalimentación a su equipo de tanto en tanto: recibir, tanto opiniones como críticas constructivas de sus colaboradores le hará reparar en lo que le queda por pulir. Recíbalas con agradecimiento y habrá dado un salto de gigante en la confianza con su equipo. Si no sabe cómo, busque el apoyo de un mentor o coach ejecutivo. Usted no tiene la verdad absoluta, lo sabe y tener una persona externa que lo apoye y guíe en ciertas situaciones, puede ayudarle mucho en su desempeño.
10. Muestre compromiso y responsabilidad: la responsabilidad es la habilidad para dar respuesta ante cualquier circunstancia.

Actuar con responsabilidad significa comprometerse con aportar soluciones que nos permitan abordar los retos del futuro, con las herramientas del presente.

Cuando alguien maneja con soltura es más fácil que sus equipos los vean como un referente.

#145 10/12/18
PREPARANDO 2019

Cuando un año va a comenzar, nos damos todos a la tarea de proponernos nuevas metas, nuevos retos, que nos permitan dar un paso más desde donde estamos, a donde queremos llegar.

Da igual que sean retos profesionales o del ámbito personal. El 31 de Diciembre se convierte en un parteaguas que nos lleva a olvidar el pasado, para centrarnos en el futuro, para dejar atrás lo viejo y centrarnos en lo nuevo. Por eso, el empeño de ponernos nuevas metas y nuevos retos. En el mundo profesional suele ser tiempo de evaluar los desempeños de los equipos para inmediatamente después voltear a establecer los nuevos objetivos.

Uno de los módulos que más nos solicitan las empresas, dentro de nuestro programa de competencias gerenciales, es el de la Orientación a Resultados.

¿Por qué estar orientado a resultados?

Porque es la razón de ser de las empresas. Éstas nacen para proveer servicios o productos a sus clientes. Si no hay productos o servicios ni clientes a los que ofrecerlo, no hay procesos, no hay marketing, no hay Recursos Humanos, no hay departamentos financieros... Si no hay resultados, no hay nada. Esto, que podría haberlo dicho el mismo Perogrullo, a veces se les olvida a algunas personas en las organizaciones que creen que trabajar es sólo ir, estar, o cualquier tarea que le asignen. Se va, se está, se hace, para conseguir unos resultados, y TODOS los miembros de la empresa tienen que tener sus objetivos individuales como aportación personal, sus objetivos como equipo y su participación en el conjunto de la empresa. Sólo así sentirán que su tarea aporta valor y, lo más importante, que se puede medir y evaluar.

¿Cómo establecer objetivos?

A estas alturas yo creo que ya todos conocemos el acrónimo SMART para poner objetivos que sean específicos, Medibles, Alcanzables, Retadores, y acotados en el Tiempo. Pero ahora mi pregunta es sobre el paso previo. ¿Tienen TODAS las personas en la empresa sus objetivos en forma SMART claros? ¿Saben cómo contribuyen al éxito general y cómo se les va a medir? ¿Tienen claras las consecuencias de no hacerlo? ¿Y el valor que reporta conseguirlos? Si no es así le pido encarecidamente que se tome algo de tiempo en hacer ese ejercicio, siquiera con su primera línea de colaboradores.

Lo que no se mide, no existe

Imagino que, a estas alturas, este mensaje ya tampoco es la última novedad para los lectores, pero sigue siendo absolutamente necesario recordarlo. En algunos sitios se sigue midiendo con impresiones, con juicios, con etiquetas. Medimos con lo que nos parece, con lo que nos han contado, con los que vimos una vez a modo de anécdota que lo elevamos a categoría. Usamos el SIEMPRE y el NUNCA con una ligereza que asusta. Somos capaces de echar el trabajo de todo un año de una persona por una impresión subjetiva del desempeño de un día que le vimos hacer tal o cual cosa. Sonríanse al leerlo si han visto hacerlo, sonrójense si lo han hecho alguna vez. Pero piensen que la mejor manera de evitarlo es establecer metas claras, objetivos sencillos y retadores que les permitan a las personas tener claro cómo van a poder contribuir al éxito general. Tómese su tiempo y verá resultados. No lo haga y la gente no sabrá cómo ayudarle, o si con lo que están haciendo es suficiente.

Tiempo de pasar página y comenzar una nueva. Tiempo de evaluar y volver a poner retos.

2019

03/05/19
3 AÑOS

Hay estudios que dicen que 8 de cada 10 empresas no superan su 2º año de vida.

dpersonas consultores comenzó operaciones en enero de 2011, en Europa, aunque durante algunos años permaneció en "stand by" hasta que el 1 de mayo de 2016 reabrió sus puertas en México.

Han sido desde entonces más de 600 horas impartidas de aprendizaje a través de nuestra plataforma e-learning, más de 3.000 horas en sesiones presenciales con el método del caso, 400 horas facturadas de consultoría, más de 300 sesiones de coaching ejecutivo, una veintena de directivos contratados por empresas a través nuestro.

Hoy ya somos 4 personas trabajando full time en la empresa, 10 consultores part-time que colaboran con nosotros, 3 socios estratégicos que nos apoyan en tareas clave, más de una docena de empresas, universidades y entidades con las que tenemos algún tipo de acuerdo de colaboración. Definitivamente nos hemos hecho grandes. Pero lo más importante sois los más de 50 clientes que ya habéis confiado en nosotros.

Hemos trabajado en México, República Dominicana, Estados Unidos, España, Colombia, Costa Rica, Panamá, Argentina, Bahamas, Jamaica, Cuba... Nuestra propuesta y visión ahora es más global y más internacional que nunca.

Hoy, especialmente hoy, queremos daros las gracias a todos: clientes, participantes de nuestros programas, embajadores y amigos, "Decision Makers" que en algún momento nos brindasteis la confianza, asistentes a conferencias y eventos, proveedores, partners, colegas de otras consultoras con los que mantenemos estrechísima colaboración desde la admiración mutua. MUCHAS GRACIAS, en mayúsculas. Somos lo que somos por vosotros.

Hoy no sólo hemos superado con creces esa barrera del primer y segundo año, sino que somos más, más fuertes, más sólidos, con más recursos y experiencias, con mejores valoraciones de nuestros clientes y usuarios.

Gracias, mil gracias, por dejarnos hacer lo que sabemos, aquello con lo que nos emocionamos, con lo que nos brillan los ojos, que no es otra cosa que lo que dice nuestro lema:

Ayudamos a las empresas en sus procesos de cambio con quienes los hacen posible: las personas.

Por todos vosotros y por muchos años y éxitos más...

#147 13/05/19
¿MENTALIDAD FIJA? O DE CRECIMIENTO...

Hace unos días veía una conferencia TED en la que Carol Dweck habla de los dos distintos tipos de pensamiento: de mentalidad fija y mentalidad de crecimiento.

En el día a día podemos ver cientos de ambos comportamientos. Coincide por estos días una medida que han adoptado en mi país de origen, por el que los trabajadores han de registrar las horas de entrada y salida, con este literal: *"El registro horario se aplica a la totalidad de trabajadores, al margen de su categoría o grupo profesional, a todos los sectores de actividad y a todas las empresas, cualquiera que sea su tamaño u organización del trabajo"*. Cuando todo el mundo está caminando hacia pensamientos de crecimiento, otorgando libertad a los trabajadores para auto gestionar tiempos, cuando el teletrabajo es una realidad, los espacios de coworking, cuando existen trabajos cada vez más creativos, para los que medir como se hacía en el siglo XIX no tiene ningún sentido, aparece esta medida de mentalidad fija.

Lo mismo se podría decir de cada una de las medidas coercitivas que se ponen en las compañías para mantener al "personal" controlado como prohibir los celulares, en lugar de enseñar a administrar su uso, prohibir las redes wifi, limitar con firewalls, limitar, en definitiva, las libertades que más allá de la valla de la empresa cualquier persona pueden tener... ¿Qué sentido tiene ir a trabajar a un lugar en el que presumen que no voy a ser responsable, administrar bien mi tiempo, o entregar lo que se me pide?

Hace ya muchos años trabajé en un banco en el que el primer ejecutivo animaba a la plantilla a navegar por internet, a crecer, a saber más, a empaparse de todo el conocimiento que empezaba a estar a nuestro alcance. Esto es pensamiento de crecimiento, libertad y confianza en las personas, como no he visto nunca más en otro sitio.

Y, obvio, requiere cambiar mentalidades, formas de medir el desempeño, nuevos y diferentes entregables, pero ahora que se está tanto en eso del salario emocional, muchos podrían tomar nota de ello. Es obvio también que por parte de las personas se debe corresponder con un notable celo, mucho más allá del resultado que se podría esperar en un sistema tradicional. Con ello ganan todos: empresas, colaboradores, gobiernos, ciudadanos... Esas mentalidades de crecimiento generan círculos virtuosos que, sólo los que quedan anclados a viejos paradigmas, propios de otras épocas, pueden querer cargarse. Pero la mala noticia para ellos es que el mundo sigue en movimiento y va a seguir proporcionando cambios imparables, que tendrán que empezar a asumir y saber gestionar más pronto que tarde.

Cualquier empresa moderna, cualquier liderazgo que se precie de ello, tendrá que comprender esto, y pedir ayuda si no sabe cómo hacerlo. Lo único que está claro es que las mentalidades fijas están llamadas a sucumbir en un mundo de crecimiento.

#148 28/07/19
LA OBLIGACIÓN DE ESTAR ACTUALIZADO

¿Alguien cree que puede seguir dirigiendo como lo hacía diez años antes? ¿Y cinco? ¿Y como el año pasado? Si el mundo está cambiando a una velocidad nunca antes vista, ¿cómo seguir haciendo las cosas de la misma manera?

Ese es el principal reto de los directivos: estar permanentemente actualizados en tendencias, cambios en los mercados, nuevos competidores, formas diferentes de organizarse y trabajar...

Hoy, cuando la revolución 4.0 está aquí para quedarse, cuando somos más conscientes que nunca del mundo VUCA en el que estamos viviendo, cuando las empresas van a cambiar radicalmente con la llegada del mundo 5G que ya está aquí, cuando las generaciones más jóvenes están pidiendo (exigiendo) paso más que nunca, la obligación de un directivo es dedicar tiempo a su propia actualización. Y no sólo en los conocimientos, sino en nuevas competencias que le permitan liderar nuevos proyectos de forma diferente.

Y no sólo para dar respuesta, sino para adelantarse y marcar tendencia. Para provocar cambios, para ser el "jugador" de referencia al que todo el mundo siga. Ya no vale esperar a ver lo que hacen otros para seguir la estela, porque igual puede uno quedar fuera rápidamente.

Nuevas competencias

En los últimos tiempos estamos trabajando con las empresas en nuevas competencias como Gestión del Cambio e Innovación dentro de nuestro Programa de Competencias Gerenciales.

Estos días estamos trabajando para incorporar dos nuevas: Pensamiento Sistémico y Análisis Crítico, dos de las más demandadas para los cuadros de mandos medios, los primeros en tomar el pulso a las situaciones y dar respuestas. Ya no vale sólo con obedecer órdenes, sino que el rol de estas posiciones va a ser crítico para acompañar a los directivos en los retos que llegan.

Mundo "Agile"

Todas las metodologías "agile" que ahora empezamos a aplicar a entornos no industriales: SCRUM, Kanban, Lean, etc., están abocadas al fracaso si no van acompañadas de un radical cambio cultural previo. Muchas de las empresas que ahora están adoptando metodologías ágiles saben que no son meras herramientas, sino que implican una total transformación cultural en la empresa. Optar por un camino, por nuevas formas de hacer, siempre exige dejar otras. Y, en ocasiones, quienes dirigen las empresas son quienes menos quieren cambiar su exitosa manera de hacer. De ahí que empecemos estos cambios culturales por el vértice de empresas, cuyos directivos son conscientes de la necesidad del cambio.

¿Aún sigues sin pensar que algo hay que cambiar en tu empresa?, ¿estás dispuesto a dar el primer paso y ser abanderado del cambio?, ¿sientes que no puedes hacerlo sólo y necesitas apoyo?

#149 06/09/19
AGILE LEADERSHIP

Termino una semana de sesiones con directivos de una de la compañía de seguros más grandes del mundo, y la aseguradora comercial más grande de los EE.UU.

Hemos estado trabajando en la adopción de nuevos métodos ágiles como KANBAN, LEAN, SCRUM, etc., pero sobre todo en el CAMBIO CULTURAL que se debe dar en la compañía antes de nada. Siempre se suscita el debate: ¿Se trata de un nuevo modelo cultural que se apoya en tecnología?, ¿o es un cambio tecnológico que conlleva una adaptación cultural?

Honestamente, creo que el primer enfoque lleva a una ejecución que siempre va a ser incierta, pero esperar que la tecnología cambie por sí sola el "mindset" de las personas es casi garantía de fracaso.

Escuchar al usuario

Hace años trabajé en un banco en el que se metió con calzador lo que por entonces era un novedoso sistema de CRM. Era tanta la presión para que se implementara, que las personas decidieron, activa o pasivamente, boicotearlo. Cuantos más leads comerciales soltaba la máquina, peor información de su resultado se le metía. A estas alturas ya sabemos que si a un CRM le llega la data mala, lo que saca es malo. Y cuanto más malo era el algoritmo que generaba el lead, peor era la respuesta que se le daba. Y en este círculo virtuoso se estuvo por un año, hasta que no hubo más remedio que echar todo abajo para empezar de cero.

Y entonces, y sólo entonces, se escuchó a los usuarios y su experiencia, se entendieron sus necesidades y se construyó, con base en el aprendizaje conjunto, una herramienta que por años fue la mejor del mercado. Algo que adoraban usuarios, clientes y entidad. Una fuente inagotable de oportunidades comerciales con tasas de éxito antes no conocidas. ¿La clave? Escuchar a los usuarios y ayudarles a cambiar el *mindset*, en lugar de lanzarse a una alocada carrera por una cuesta abajo y sin frenos.

Cultura/estrategia

Ayer me acordaba de esto, cuando uno de los participantes confiaba en que la compañía tenía un interés verdadero en el éxito de la implementación, cuando estaba contando con consultores de factor humano, antes de implantar el método. Si no trabajas en el factor cultural antes, si no abonas el terreno y lo haces fértil, si no explicas los motivos del cambio antes, empezando por las personas de vértice, no habrá metodología alguna de la que la organización no se defienda.

Si está pensando en implementar modelos ágiles, si está trabajando en proyectos de transformación digital, piense antes en la adopción cultural que necesita.

#150 12/10/19
ACABAR Y EMPEZAR: EL CAMBIO CONSTANTE

Estos son días de acabar programas, de despedirnos de personas que hace unos meses eran sólo unos desconocidos y hoy son colegas y amigos con los que hemos compartido conocimientos, inquietudes, dudas, alegrías, risas y algún que otro llanto. Estos días se acaba un ejercicio formativo con muchas personas a las que hemos conocido. Más de 600 personas han pasado este 2019 por los programas que hemos entregado, de duraciones variadas, desde una sola sesión, hasta 6/8 meses, que han sido la mayoría. Programas que han ido desde 8 a 128 horas por grupo.

Pero también sabe a nuevos retos, a nuevos clientes, nuevas empresas, nuevos grupos y lo más importante, nuevas personas a las que volveremos a conocer. Y para eso hay que hacer desde ya un trabajo de adaptación de contenidos, de mejorar lo que no estuvo excelente, de nuevos módulos, de incorporar tendencias y nuevas dinámicas. Es el ciclo de la empresa y de la vida.

Estos días hemos sabido de la desaparición del gigante de la distribución turística Thomas Cook. 178 años, 22.000 empleados, 105 aviones, 200 hoteles, operación en 16 países... Un desastre que muchos no han dejado de denominar "la mayor quiebra turística de la historia". Pero, ¿qué ha pasado para que el tour operador más antiguo del mundo acabe así? Esta semana he preguntado a muchos colegas del sector para tener una mejor idea. Algunos apuntaban a la gestión de la deuda, a la evolución de la libra con el Brexit, a la falta de involucramiento de sus *stakeholders*. Otros decían que eso sería como achacar a una gripe la muerte de un paciente con cáncer de pulmón. El problema es mucho mayor. El problema es estructural, decían otros. El problema es no haberse dado cuenta que ya mucha gente ha dejado de necesitar a un intermediario que le busque hotel y avión, cuando lo puede hacer directamente. Que la oferta ha crecido y que modelos como Airbnb, aerolíneas del *low* cost, etc., están acumulando unas cifras de negocio en detrimento de la oferta tradicional. Y lo peor, como le pasa al mundo del taxi, es que en lugar de gastar energías defendiéndose de modelos como UBER, no se emplean en reinventar su negocio para que no desaparezca. En estos tiempos estamos reviviendo el diálogo de la máquina de escribir hablando mal del computador.

¿Qué pueden hacer los directivos de las empresas para gestionar esta nueva realidad? Los cambios en los modelos de negocio exigen actuar rápido y con soluciones diferentes. Se requieren soluciones imaginativas, tener un ojo en la operación y otro en qué va a pasar en los siguientes 2 a 5 años. ¿Cuáles son las tendencias? Si en el mundo se cierran las agencias de viaje físicas, oficinas bancarias, videoclubs o fruterías de barrio, si los clientes hacen las cosas de otro modo, ¿por qué persistir en hacer lo mismo? ¿No será mejor repensar el modelo de negocio, encontrar nuevos valores añadidos, cambiar la promesa de valor, hacerla crecer, encontrar nuevos nichos?

Ese es el trabajo que se espera que se haga por lo que se les paga: anticiparse y provocar. Y para eso muchas veces han de desaprender aquello que les hizo grandes.

EPÍLOGO

Querido lector:

Esto no acaba aquí.
Ya estamos en lo que sigue. Hemos comenzado con los podcats que puedes seguir escuchando en Apple Podcasts, Ivoox y Spotify, en nuestro canal dpersonas radio.

En el blog de dpersonas seguimos publicando cada semana nuestras novedades, y hemos dejado el espacio de raulcastro.es para conferencias, seminarios, talleres y eventos, en los que sigo participando.

Y por supuesto, seguimos con nuestra comunidad dpersonas, a la que te puedes inscribir en la siguiente página.

Si has llegado hasta aquí, dos cosas: Felicidades y Gracias. Felicidades por la paciencia de aguantar mis pensamientos, compartiéndolos o no, y muchas gracias por ello. Espero que hayas encontrado algo de utilidad en todas estas reflexiones, y que esto no se quede aquí. Contáctame a mi correo personal raul.castro@dpersonas.com y continuemos la conversación. Me encantará seguir peloteando ideas contigo.

NOTA CURIOSA FINAL: Mi primer libro lo acabé en un tren desde Madrid a Valencia. Hoy estoy escribiendo estas líneas en un avión desde Dallas a Cancún. Está visto que mi "sino" es escribir viajando.

dpersonas.com dpersonas radio

dpersonas.com/blog raulcastro.es

Inscripción comunidad dpersonas   Programa de Competencias Gerenciales

www.ingramcontent.com/pod-product-compliance
Lightning Source LLC
Chambersburg PA
CBHW060822220526
45466CB00003B/944